照亮生命的阳光

——燕山二小教育科研成果汇编

朱志湘/主编

『为了每一只雏燕的快乐飞翔』

一切为了学生 高度尊重学生 全面依靠学生

中南大学出版社
www.csupress.com.cn
·长沙·

编辑出版委员会

Editorial and Publishing Committee

序
Preface

我们常说：百年大计，教育为本；教育大计，教研为本。的确，教育研究是提升教师队伍素质的最佳办法，因为参加教育研究常常要与理论为伴，与大师为友，在这个过程中能获得一种思想的支撑力量和焕发出一种探究的精神，能提高对自身价值的认识，增强前进的动力。教育研究是提高学校办学水平最快捷的途径，因为许多教育教学问题、教学改革难题不通过教育研究是无法解决和突破的。摆在案头的这本《照亮生命的阳光》汇集了近几年燕山二小开展教育研究的成果，全面展示了教师们在教研方面的所思、所悟、所研、所得，从中我们可以看到燕山二小教师在教育研究的道路上是如何从艰难跋涉、柳暗花明到化茧成蝶的，从中也可以看到燕山二小是如何从呱呱坠地、蹒跚学步到独立行走的。因此，这本书是燕山二小教师快速成长的最好写照，是燕山二小快速发展的最好见证。这也是一本有亮点、有看点的好书，值得每一位试图从事教育研究的教师学习。

我们常见：在学校的办学过程中，不同的校长对待教师会有不同的表现方式。一位平常的校长会注重教师待遇，一位聪明的校长会帮助教师出点子，一位高明的校长会激励教师。我所认识的志湘校长就是这样一位懂得激励、注重激励、擅长激励的优秀校长。她能恰到好处地将正能量传递给每一位教师，激励老师们在专业发展和自我实现的道路上越走越远。作为教育研究者，我为志湘校长带领的燕山二小这个全员参与研究的奋发向上的团队点赞，为他们在繁杂的工作中还能将所得所感加以整理，对平常的教育教学活动实践进行总结提炼的这份对教育的责任和不断行动喝彩。我们的教育正是因为有了这样一批校长而变得越来越好。

燕山二小是长沙市芙蓉区的一所名校，不仅办学条件好，更有一批优秀的教师。这批教师之所以优秀，就在于他们善于捕捉教育教学中的难题并通过教育研究予以解决。他们在管理、德育、教学、创新作业等方面进行了大量地探索，对生命化视野下的小学减负提质、小学生体验式法制教育、幼小衔接视角下一年级学生社会适应性、提高小学生核心素养的室内体育课、小学生思维能力表现标准与分析等问题作了深入地研究，取得了丰硕的成果，促进了本校教学质量的提升，也让区内、市内乃至省内一些学校从中受益。

我们都在追求幸福，那么教师的幸福在哪里？苏霍姆林斯基说："如果你想让教师的劳动成为他们幸福的生活，使一节节课不至于成为教师单调乏味的义务，那么你就把教师们引到从事教育科研的幸福道路上来。"教师的幸福就在积极主动从事教育教学研究和不断超越自我、不断自我实现的追求中。只有幸福的教师才能培养和造就幸福的学生，我们的教育需要无数幸福的教师。希望每一位教师能够不断增强教育研究意识，提高教育研究能力，展开教育研究行动，收获教育研究成果，让自己的教学更精彩、生活更充实、人生更幸福。

生命需要阳光，需要阳光去温暖，需要阳光去照亮。因为只有在温暖中才会慢慢成长，在照亮中才会发出夺目的光彩，愿这本书为广大教师带去一缕缕温暖的阳光，温暖我们的生活，照亮我们的生命、照亮大家前行的路。衷心祝愿燕山二小在志湘校长的带领下，敢为人先，开拓进取，勇于创新，不断创造辉煌！

杨 敏

2018 年 1 月 12 日于湖南省教科院规划所

目录
Contents

课题聚焦

管理纵横

德育天地

教学经纬

优化设计

课题聚焦

课题类别：湖南省教育科学“十二五”规划2011年度立项课题·青年专项资助课题
课题批准号：XJK011QJJ008
学科分类：基础教育
课题主持人：朱志湘
主要研究人员：陈喜琴　陈　薇　任　慧　罗水姣　龙晓宇　胡　芳
刘红丹　肖　悦　刘琳琳　丁任飞　谭　璐　肖群雁
杨　欣　黄　晶　徐　婧
注：该课题成果被评为2015年度长沙市基础教育教学成果一等奖、第四届湖南省基础教育教学成果奖三等奖

“生命化教育视野下的小学减负提质的应用与实践”开题论证书

问题提出

百年大计，教育为本！

中国经济持续活跃，社会期望值不断提高，综合型人才、创新型人才成为推动现代文明不可或缺的重要储备。在此大背景下，各行各业对学校的教育教学提出了新要求。针对现行教育中出现的问题，教育部提出中小学教学应从应试教学中走出来，要全面实施素质教育，要减轻学生过重的课业负担。

2000年1月7日，教育部召开“减轻中小学过重负担工作电视会议”并印发了《关于在小学减轻学生过重负担的紧急通知》，明确要求：“切实减轻学生过重负担，全面推进素质教育。”教育部“减负”通知下发10年来，各级各类学校都不同程度地进行了“减负”改革，但在很多地区中小学课业负担过重的问题仍然存在，甚至有愈演愈烈的趋势。我们对长沙市芙蓉区三所学校的家庭作业量进行了调查统计（表1－1、表1－2、表1－3）。

表 1-1　燕山小学作业量调查（城区学校）

完成时间	60 分钟	120 分钟	180 分钟	240 分钟
调查人数	52	85	143	177
比率	11.4%	18.6%	31.3%	38.7%

注：调查人数为 457 人

表 1-2　火星小学作业量调查（城乡接合部学校）

完成时间	60 分钟	120 分钟	180 分钟	240 分钟
调查人数	47	34	18	1
比率	47%	34%	18%	1%

注：调查人数为 100 人

表 1-3　杉木小学作业量调查（乡村学校）

完成时间	60 分钟	120 分钟	180 分钟	240 分钟
调查人数	50	34	13	3
比率	50%	34%	13%	3%

注：调查人数为 100 人

表 1-4 ~ 表 1-6 是对三校学生参加周六、周日课外班情况的调查统计。这里的课外班指的是以兴趣爱好为由头的语文、数学、外语、作文、表达训练等为主的补习班。

表 1-4　燕山小学课外班调查（城区学校）

调查人数	未参加	1 个	2 个	3 个	4 个
500	6	241 人	153 人	92	8
比率	1%	48%	31%	18%	2%

注：每名学生参加的课外班数量

表 1-5　火星小学课外班调查（城乡结合带学校）

调查人数	未参加	1 个	2 个	3 个	4 个
100	7	14	34	31	14
比率	7%	14%	34%	31%	14%

注：每名学生参加的课外班数量

表 1-6　杉木小学课外班调查(乡村学校)

调查人数	未参加	1个	2个	3个	4个
100	62	26	12	0	0
比率	62%	26%	12%		

注：每名学生参加的课外班数量

从表 1-1～表 1-3 可以直观得出，多数学生完成家庭作业的时间在 2～3 小时。从表 1-4～表 1-6 可以直观得出，多数孩子在周末休息时间里在忙着上各类名目的课外班，这种情况在城市学校尤其严重。家庭作业、课外班已经严重挤占了孩子们的休息时间。孩子们基本上把课余的时间都用在了继续学习或重复学习知识上，自己可以支配的时间少得可怜。减轻学生课业负担已是迫在眉睫的事。

另外，长期以来在教学中存在的“费时多、收效微、负担重”的状况并未得到根本性的改变。学生的主体地位未曾得到真正确立，学生的学习主动性欠缺，学习能力有待进一步提升。学生在校时间长，教师的负担重，课堂教学中普遍存在教师讲得多、学生练得少，课堂教学高耗低效，整个课堂无效劳动过多，教师教得辛苦，学生学得费劲。教师把向课堂要质量演变成了向课后要质量——通过布置大量课后习题来弥补学生课堂学习的不足。由此，提升教师课堂教学质量，构建有效、高效课堂成为推动教学革新向纵深处发展的原动力。同时，向课堂要质量，又是学生减负的最根本措施和着力点。

对于这一课题的相关研究，虽然时常有报道，却基本上停留在局部的教育教学改进上，例如“构建高效课堂”“分层作业布置”“学生乐园”等，在整体上都缺乏统一部署。减了负，不一定提了质；提了质，又不一定减了负。即使意识到需要统一推进，却又多浮于表面，并未真正落实。江苏洋思中学施行的“先学后教，当堂训练”“无课后作业”教学模式，虽对我们的课堂教学有借鉴意义，但其大开放意识要求学生有超强的自学能力，并不能完全适用于小学教学。同时，其针对的是应试教育下的学习，对于学生的全面素质关注得并不充分。实际上，如果我们不能改变以分数为根本的教育观念，就很难说真正地实现减负。只要中考、高考的指挥棒在学生的眼中仍然有分量，那么他们精神上就始终不能减负。因此，关注整体性深入推进、减负同时全面提质，是我们的课题区别于二者的独到之处。

因此，从上述调查和课堂现状以及兄弟学校对于类似课题的研究实施情况来看，我们进行减负提质的方法与应用研究有相当大的现实意义与实践价值。

概念界定

减负提质，就是要减轻学生负担，提高育人质量。减负的重点在课堂，要把学生从繁重的学习负担中解放出来，合理配置学生的课业量，改变过去那种不管学生喜不喜欢、能不能接受，都采取“一刀切”的“填鸭式”教学方法，而积极提倡一种开放的、启发式的教学，从学生的兴趣入手，充分尊重学生的个性，因材施教，循循善诱，努力培养和调动学生的学习积极性，把“要我学”转变为“我要学”。

“减负”的根本目的在于“提质”。这里的“质”不仅仅单纯指课堂教学质量，而且指包括创新能力、抗压能力、人际交往能力、语言表达能力、审美能力、合作能力等在内的学生综合素质。为了实现这一“质”的提升，我们要把学生看成一个个鲜活的生命体，要积极创造各种有利条件，鼓励和引导学生参加各种学科活动、体育活动、社会实践活动，在实践中挖掘和培养他们的创新能力和创新精神，让他们在实践的天空展开创新的翅膀自由翱翔，使育人质量得到真正的提高。

研究目标

在生命化教育理念下，通过对学生课业负担过重、教学质量低下、教学效率不高等问题产生原因的分析，研究减轻课业负担的具体途径和举措，构建高效的课堂教学模式，创新教师的教学策略和学生的学习策略，为全面推行素质教育，促进学生身心健康发展提供实践范式和借鉴。

研究内容

(1)小学课业负担过重形成的原因分析。
(2)减轻学生课业负担的具体途径、方法、策略研究。
(3)高效课堂教学提高学生综合素质的研究。
(4)课外活动培养学生综合素质的研究。
(5)减负提质的发展性评估研究。

理论依据

(一)素质教育理论

在教育学意义上，对于素质教育的概念可以做如下概括：素质教育就是培育、提高全体受教育者综合素质的教育。它以促进人、社会、自然的和谐发展为价值取向，以德智体美劳全面发展的合格公民为培养目标，以全面贯彻党和国家的教育方针为根本途径，以教育质量的全面提升为显著特征。

关注人的发展是素质教育的灵魂、核心和目标。素质教育始终把人的全面发展放在中心地位，注重人整体素质的全面提高、个性发展以及创新精神和能力的提高，使人有能力掌握自身的发展，并为人的发展提供条件。素质教育将个体的发展与社会发展统一起来，强调个性化与社会化的统一、个体本位与社会本位的统一、人文教育与科学教育的统一。

素质教育理论对课题的指导作用体现在学校育人要以生为本，全面发展。

(二)主体教育理论

所谓主体教育，就是指根据社会发展的需要和教育现代化的要求，教育者通过启发、引导受教育者内在的教育需求，创设和谐、宽松、民主的教育环境，有目的、有计划地规范组织各种教育活动，从而把他们培养成为能够自主地、能动地、创造性地进行认识和实践活动的社会主体。简而言之，主体教育是一种培育和发展受教育者主体性的实践活动。

主体教育理论对课题的指导作用体现在学生是育人的主体对象，要通过各类有序的活动激发学生潜能，完善独立个体。

(三)生命化教育理论

生命化教育是对可能更健全的生命的成全。每一个生命个体都具备了更健全发展的可能性，每一个生命个体都内在地蕴含了这种更健全的可能性。生命化教育就是要培养人对生命的珍爱，要让每一个人都有过更有尊严的生活的意识，引导人对更美好的未来充满期待。

生命化教育是随顺人生命自然的教育；生命化教育是个性化的教育；生命化教育是人心灵觉悟的教育，其中最重要的就是人生意义的觉悟；生命化教育是一种范本教育。

生命化教育理论对课题的指导作用体现在唤醒学生的生命健全意识，培育学生幸福生命的意识。

（四）创新理论

创新教育是适应知识经济时代人才素质培养的一种重要的教育形式，它的实施有助于加速应试教育向素质教育转轨的进程，同时也使素质教育具体化，是实现素质教育的核心。

创新教育的主要目标，不是像传统教育那样去培养同一规格的人才，而是要全力以赴地开发学生的创造力，矢志不渝地培养创造型、复合型、通才型的新型人才。

创新理论对课题的指导作用体现在社会的需求、生产力的发展，都需要各类富于才干的人。

（五）多元智能理论

多元智能理论对传统的标准化智力测验和学生成绩考查提出了严厉的批评。传统的智力测验过分强调语言和数理逻辑方面的能力，只采用纸笔测试的方式，过分强调死记硬背知识，缺乏对学生理解能力、动手能力、应用能力和创造能力的客观考核。因此是片面的、有局限的。

多元智能理论认为，人的智力不是单一的能力，而是由多种能力构成。因此，学校的评价指标、评价方式也应多元化，并使学校教育从纸笔测试中解放出来，注重因人而异的培养。

多元智能理论对课题的指导作用体现在人的智能由多个方面组成，智能的发展也有时空间的变化，各种类型的活动有利于激发学生的多项潜能。

研究方法

本课题属于应用研究的范畴，以行动研究为主，辅以调查法、经验总结法、文献法等。

（1）调查研究法。通过问卷调查、家长会等形式，全面把握学生负担过重的成因。通过比较分析等手段和方法，总结作业现状，进一步明确研究的切入口，以提高研究的针对性，为制订具体改革措施做准备。

（2）行动研究法。根据实施计划有组织、有系统地开展课题研究活动。

（3）经验总结法。通过定期的教师交流，及时反馈和总结减负提质方法应用的效能与偏差。

（4）文献研究法。查阅与课题相关的基础理论，应用理论资料，及时分析整理，并且接纳和运用新的相关信息，建构课题的理论框架。

研究步骤

第一阶段：申报阶段（2011 年 3 月—2011 年 6 月）

（1）选题讨论。

（2）撰写课题研究方案，申报立项。

（3）成立课题研究小组，召开课题开题会。

（4）确定实验教师，明确人员分工。

（5）查阅相关资料，学习相关理论

第二阶段：准备阶段（2011 年 6 月—2011 年 10 月）

（1）开展调查工作，写出调查报告，建立专门档案。

（2）请专家对课题教师进行技术培训。

第三阶段：研究阶段（2011 年 10 月—2013 年 7 月）

（1）制订具体可行的研究计划，并按计划开始实施。

（2）每月召开课题研讨活动，及时调整研究方案，初步形成体系。

（3）收集课题研究成果，撰写论文及阶段性小结。

（4）展示、交流、评比课题成果。

第四阶段：总结阶段（2013 年 7 月—2013 年 12 月）

（1）全面收集、整理与课题有关的材料，整理档案、编印优秀课外作业集、教师个案反思集等。

（2）进行系统、全面的总结，撰写课题结题报告。

预期成果

（1）研究报告：《生命化教育视野下的小学减负提质的应用与实践》。

负责人：朱志湘、陈薇。

（2）论文、教案与课例专集（光盘）：小学实施减负提质的方法及应用研究的教学实录、教学设计、说课录像和实例精选与评析。

负责人：陈薇、阳艳萍以及两校教研组长。

（3）减负提质大型活动。

负责人：陈薇、阳艳萍。

(4)校园资源库：资源库的目录和内容。

负责人：尤文杰。

课题组织与实施要求

(一)课题组组织成员

专家顾问：常思亮(湖南师大教育学院教授)、陈纲要(芙蓉区教育局副局长)、任质斌(芙蓉区教育科研中心主任)。

课题负责人：朱志湘(燕山二小校长、中学高级教师)。

课题主持人：朱志湘(燕山二小校长、中学高级教师)。

课题成员：陈薇、王泽芳、罗霞、陈喜琴、阳艳萍、许建新、曹雪佳、王蓉、任慧、李妹娥、姚攀、皮文荣、许可敦、田鸫、范双、赵毅、周叶松、尤文杰。

(二)课题组实施要求

(1)注意结合各门学科的特点，建构高效的课堂教学模式，促进教学质量提高，从而减轻学生过重课业负担，促进学生全面发展。

(2)以创新教育、素质教育、协同教育、心理学教育理论为指导，自始至终地贯彻到减负提质的环节之中，从而有效促进科学教学方式和学习方式的变革。

(3)严格遵循省课题组的管理规定，统一设计、分工协作、努力钻研、反思总结，做好课题每个阶段的研究工作，做出课题特色。

课题研究经费

采用上级资助和学校自筹相结合的办法，确保经费落实到位，主要用于学习培训、硬软件更新、资料收集、论文发表等方面。

参考文献

[1] 王长礼. 素质教育理论与实践[M]. 贵阳：贵州民族出版社，2003.

[2] 史根东. 主体教育概论[M]. 北京：科学出版社，2001.

[3] 冯忠良，等. 教育心理学[M]. 北京：人民教育出版社，2015.

[4] 刘景泉. “创新”的三个重要特征[J]. 资料信息，2006(3)：5-6.

[5] 人民出版社. 国家中长期教育改革和发展规划纲要：2010~2020年[M]. 北京：人民出版社，2010.

“生命化教育视野下的小学减负提质的应用与实践”结题报告

问题提出

百年大计，教育为本。随着我国经济社会的持续深入发展，现实对于人才特别是综合型人才、创新型人才的需求越来越迫切，他们成为推动现代文明不可或缺的重要储备。在此大背景下，社会对人才教育的期望值不断提高，各行各业对学校的教育教学提出了新要求。针对未来教育的科学发展以及现行教育中出现的问题，教育部明确提出中小学教学应从应试教育中走出来，全面实施素质教育，减轻学生过重的课业负担。十多年来，国家及各省市区的减负政策层出不穷，虽然取得了一定的成效，但从总体上看收效甚微，在很多地区中小学学生课业负担过重的问题仍然存在，甚至有愈演愈烈的趋势。

在这样的背景之下，“生命化教育视野下的小学减负提质的应用与实践”课题就是以生命化教育为理论基础，着眼于学生综合素质的全面发展，贯彻落实“以学生为本”的新课程理念；以执行减负政策为出发点，理论指导实践，致力于培养具有思辨意识的创新型人才，还孩子们一个幸福快乐的七彩童年。

课题界定

“生命化教育”是立足于生命视野，对教育本质的一种重新理解和界定。这种教育理念以生命作为教育的基点，认为教育就是要遵循生命的特性，不断为生命的成长创造条件，促进生命的完善，提升生命的价值。

“减负”是在基础教育领域，减轻应试教育制度下学生超负荷的课业负担，把学生从繁重的课业负担中解放出来，使之有足够的时间去培养其他方面的兴趣爱好，使其能够全面发展，让他们有更多的时间接触世界，培养独立思维和创造能力。

“减负”的根本目的在于“提质”，这里的“质”不仅仅指课堂教学质量，还指包括思想品德、创新能力、抗压能力、人际交往能力、语言表达能力、审美能力、合作能力等在内的学生综合素质。

研究综述

目前，在国内外相关的文献搜索和资料查询中，没有找到完全与生命化教育视野下的小学减负提质的应用与实践相关的内容，多数是专注于生命化教育或小学减负提质单一方面的研究，且多集中于理论研究层面（表1－7）。

表1－7　课题相关研究情况

	时间范围	研究生命化教育的文章	研究小学减负提质的文章	备注
中国知网	2003—2014年	162篇	30篇	
中国博硕士学位论文全文数据库	2007—2014年	23篇	0	仅3篇硕士论文研究小学减负

（一）生命化教育方面的研究现状

近年来，学者们对生命化教育的关注越来越多，分别从不同的角度对生命化教育的内涵及应用进行了探讨，但系统的研究并不普遍，也鲜有相关论文。就现有研究成果来看，存在以下几方面的问题：

（1）研究多停留在学生层面，缺乏对整个教学过程的全局掌控。

（2）研究多为静态研究，欠缺对教学动态本质的把握。

（3）研究偏重基础理论，实践运用不足。

教育实践是以直接影响人的发展为宗旨的，教育学内含着实践的品质，因此对理论的灵活运用理当引起广泛关注。

（二）小学减负提质方面的研究现状

国内外研究主要从减负的客体介入研究对象，如教师、家长的角度或社会层面，并提出相应的对策。但是，相关研究对减负的主体研究较少，有的只是简单提出要重视学生的主体性。因此，本课题组认为站在理论的高度，对减负的主体进行研究将在一定程度上丰富研究的内涵，更具有现实意义。

研究意义

第一，社会发展与现代化进程呼唤生命化教育。教育的终极目标是“人的全面发展”，生命化教育以尊重学生生命为基点，追求人的发展性和多样性，关注学生快乐健康成长，使学生成为掌握生存知识和技能、学会与人和谐相处、探索生命价值和意义的终身学习者。

第二，人才培养目标的调整及知识经济时代的发展呼唤减负提质和生命化教育。要想彻底革除重知识灌输和机械复制的顽疾，增强广大青少年学生在国际化开放性环境中的应对能力，就必须将学生从繁重的课业牢笼中解放出来，加强生命化教育。

第三，教师的自身发展呼唤减负提质和生命化教育。基于生命化教育的减负提质研究不仅关注减负政策与学生，同时还关注教师的职业生存状态与生命质量的提升，使教师体验到教师职业的尊严与欢乐，体验到教育是一种充满智慧挑战的工作。

第四，现代基础教育呼唤减负提质和生命化教育。必须加快学校教育的改革，从生理、心理和伦理等多方面对学生进行全面、系统、科学的生命化教育，引导学生善待生命，帮助学生完善人格、健康成长。

第五，生命化教育和减负提质是家庭教育的重要职责。家庭教育是生命化教育必不可少的环节和重要组成部分，需要引导家庭开展科学、正确的生命化教育。

第六，把具体的减负政策内容付诸实践，检验其是否符合实际要求，并为新政策的制定提供依据。

理论依据

（1）生命哲学——维护人的生命尊严，提升人的生命素质和人生境界。

（2）生命化教育理论——把生命作为教育之核心，教育就是点化和润泽生命，为生命的不断发展和完善创造条件。

（3）人本主义——强调人的自主性、独特性和整体性，强调人的成长和发展，把自我实现作为人生追求的目标。

（4）建构主义——学习是一个意义建构的过程，强调学习的主动性、社会性和情境性。

（5）多元智能理论——人类的智能至少可以分成七个范畴（后来增加至九个），即语言智能、逻辑数学智能、空间智能、肢体运作智能、音乐智能、人际智能、内省智能、自然探索智能和存在智能。基于多元智能理论的评价体系也应该是多元化的，即评价指标和评价方式都应多元化。

研究目标

在生命化教育理念下，通过对学生课业负担过重、教学质量低下、教学效率不高等问题的现状调查及其产生原因的分析，研究和发现减轻课业负担的具体途径和有效举措，创新教师的教学策略和学生的学习策略，构建生本课堂的教学模式，为全面推行素质教育，促进学生身心健康发展提供实践范式和借鉴。

研究内容和具体方法

(一)研究内容

(1)了解和研究我国生命化教育以及减负提质的现状，探讨现行生命化教育及减负提质的现存问题。经总结发现，现存问题是由多方面的原因共同作用引起的结果。

(2)了解生命化教育与减负提质对教学实践的作用，探讨生命化教育以及减负提质的方法与途径。

(3)从生命化教育的理论渊源、现代课程的三大价值取向等方面来阐述基于生命化教育的小学减负提质研究的理论基础，为基于生命化教育的小学减负提质研究奠定理论基础。

(4)充分阐述基于生命化教育的小学减负提质研究的特征，明确基于生命化教育的小学减负提质研究对学生、教师、教育发展的三大功能。

(5)制订以人的全面发展为核心的减负提质的具体实施原则、方法与注意事项，从而使对学生的人文关怀与减负提质落到实处。

(二)具体方法

(1)文献调查法。以文献调查法作为基本的研究方法，学习生命化教育以及减负等方面的著作，从理论上提升课题研究的深度，并查阅互联网上国内外相关的报告、著作、论文等。

(2)比较法。比较法研究的客观依据在于事物之间的普遍联系，它是建立在分析与综合基础上的人们认识客观世界的一种研究方法。通过对国内外相关领域研究的比较，借鉴现有研究工作的思想与结论，吸取其中有益成分，探索新的研究方向与思路，为课题研究的创新打下基础。

(3)问卷调查法。在对减负现状进行问卷调查的基础上，注重收集当前有关生命化教育和减负的大量事实材料，运用教育学相关理论，使研究的科学化与理论分析有机地结合起来。

(4)访谈法。通过对学生、家长和相关教师、领导的访谈，了解师生、家长对生命化教育和减负的认识，以期囊括更多利益相关者，进一步完善小学减负提质研究。

研究过程和措施

(一)申报阶段(2011 年 3 月—2011 年 6 月)

(1)选题讨论。
(2)成立课题研究小组，召开课题开题会。
(3)确定实验教师，明确人员分工。
(4)查阅相关资料，学习相关理论。
(5)撰写课题研究方案，申报立项。

(二)准备阶段(2011 年 6 月—2011 年 10 月)

(1)开展调查工作，撰写调查报告，建立专门档案。
(2)请专家对课题组教师进行专题培训。

(三)研究阶段(2011 年 10 月—2014 年 7 月)

(1)制订具体可行的研究计划，并按计划开始实施。
(2)每月召开课题研讨活动，及时调整研究方案，初步形成体系。
(3)收集课题研究成果，撰写论文及阶段性小结。
(4)展示、交流、评比课题成果。

(四)总结阶段(2014 年 8 月—2014 年 12 月)

(1)2014 年 8 月—10 月：全面收集、整理与课题有关的材料，成果汇编。
(2)2014 年 11 月—12 月：撰写研究报告与结题报告。

具体应用与实践

燕山二小自 2011 年开展生命化教育视野下的小学减负提质课题研究以来，注重以生命化教育的科学理念为指导，通过学校、家长、社会三者的有机结合与共同努力，全面推动小学减负提质工作。

（一）减负提质之源：唤醒教师生命自觉

生命化教育呼唤具有生命化意识的教师。不具有生命化意识的教师团队，就不可能真正实施生命化教育，促进学生生命化发展只能成为一纸空谈。为了打造这样一支教师团队，我们从以下三个方面入手。

1. 课堂提质，点燃生命激情

学生课业负担过重的重要原因之一就在于课堂的低效，学生无法在课内掌握知识、习得方法、培养能力。于是“堤内损失堤外补”，老师们通过题海战术来保证学生的成绩，从而直接加重了学生的学习负担。因此，打造生本课堂就成为实现减负提质的重要途径。我们提出“课堂提质、约会精彩”的口号，督促教师在减轻学生课业负担的同时，提高教学效益，不因减负而降低教学质量。具体做法是：

（1）加强课堂巡视反馈，提高课堂教学效率。

（2）加强校本教研培训，提高教师教学能力。

（3）建立电子成长档案，改革学生评价系统。

（4）开通“微笑航班”，增强潜能生自信心。

通过探究，我校提出以“五步三查”教学法构建生本课堂，即学生自学（教师一查自学进度、效果）、合作探究、组际交流（教师二查学习成果）、学法指导、成果展示（教师三查学习效果）等五个环节。“五步三查”教学法让学生自己去经历、去体验，让学习的过程充满生命的律动，让课堂从“知识”至上转变为“生命”至上，课堂立意的变化带动课堂价值追求的“质变”。

2. 专业培训，夯实生命本源

生命化教育要求重视教师的专业发展，通过教师的专业发展这条有效途径来增长教师的生命智慧。

在教师专业发展方面，学校通过区级课题“教师例会有效性研究”把教师例会作为学校宣传政策、沟通思想、部署工作、交流经验、校本研训的重要阵地，使其真正成为教师心灵交流的磁场、风采展示的舞台、专业技能的竞技场，有效地促进了学校的生命化教育工作的开展。此项创新举措得到了媒体的关注，2011 年 3 月湖南省《科教新报》就以《让教师唱主角》为题对我校教师例会创新举措进行了相关报道。

学校还鼓励并极力协助教师结集出版他们的优秀论文集、教育教学随笔等，鼓励教师写好自己的博客，使生命化教育理念得到广泛传播。定期组织校内外的教育教学沙龙，给老师们提供经验交流和成果展示的舞台。学校还举办各类教师文体活动，评选不同类型的先进，尽可能多元化地评价教师，让每位教师都能找到充分展示自己的空间和舞台。

此外，为进一步丰富教师的文化底蕴，学校以制度的方式启动了一系列“内涵工程”活动。学校聘请各学科资历深、水平高的名师为各教研组的教学顾问，特别是依托“晓明”名师工作室和燕翔工作室，带动学校教研组的教学成长。学校启动“青蓝工程”，一个师傅带一个或几个徒弟，有计划、有展示、有经验交流与反思，四年带出了20多个教学能手。

另外，学校每年除了给图书室、阅览室添置大量图书、报刊外，还为每位教师出资订阅教学资料和专业书刊供老师阅读自修，并定期开展“以读促成长”的交流活动，如：“好书推荐卡”评比活动，每两周一次的“厚学养德，书香致远”行政读书交流活动，在教师例会、教研例会上安排教师读书交流等。开展书香茶吧、“漂流图书”活动，更是让学校“人人时时有书读，人人时时读好书”，对丰富师生文化底蕴的作用不言而喻。

为了开阔教师视野，更新教育理念，提升专业素养，学校先后派出教师60余人次分别赴上海、北京、南宁、兰州等地学习、培训，外派老师横跨老中青各个年龄段，涵盖语、数、英、音、体、美各个学科。

3. 教学比武，增长生命智慧

为使生命化教育和小学生减负提质落到实处，学校除参加上级部门组织的一些个体比赛，更多的是以团队为单位开展竞赛活动。每年上半年是中年骨干教师生本课堂竞赛，下半年是青年教师生本课堂竞赛暨教学基本功竞赛。如2014年10月举行的第二届青年教师生本课堂竞赛，展现了老师们在构建生本课堂方面的努力与有益探索。我们欣喜地看到青年教师在迅速成长，生本理念深入人心，同时也看到了青年教师良好的专业素养与扎实的基本功。

(二)减负提质之本：激发学生生命激情

1. 尊重主体，我的作业我做主

生命化教育强调教师主动关心学生，尊重学生个性和人格独立。为了真正落实减负，让学生们对自己的成长负责，学校从家庭作业入手，开展“我的作业我做主”系列活动，切实减轻学生过重的课业负担，允许成绩优异、学习自觉、渴望发展自我个性特长的学生申报“零作业”和“自选作业”。获得“零作业”资格的学生可以不完成任何老师布置的作业，获得“自选作业”资格的学生可以自主选择完成老师布置的作业。

为实时监控各年级各个班级家庭作业量，学校开展“网上晒作业”活动。每班选派一名电脑水平较高、家里有上网条件、稳重踏实的学生作为信息员。该信息员每天放学回家后将老师布置的全部作业按时提交到校园网。这一举措既能方便学校监控老师作业量，又能促进老师们相互学习其他人的创意作业，还能方便家长和学生了解当天布置的作业，可谓一举多得。随着活动的深入开展，学科作业量得到了严格控制，作业的形式和内容也越来越受到学生的青睐。

2. 向作业要创意，激发生活智慧

学校鼓励教师设置形式多样的课外作业，不再受传统应试教育体系下简单抄写、重复运算等题型的束缚，实施了“精彩周末作业超市”“节假日实践作业”。每逢周末或节假日，各学科老师就会结合学科特点设计作业让学生自主选择完成，给学生的发展提供了更为广阔的平台和空间。

燕山二小大队部还以纪念日和传统节假日为教育契机，引导学生开展综合实践活动。节假日实践作业内容涉及语文、音乐、美术、体育、科学、综合实践等多个学科，如清明有“诵读一段美文”“认识一位英雄”“参与一次祭扫”“亲历一种民俗”四项实践作业，学生可任选其中两项完成。对这类实践作业，学生可以根据自己的兴趣自主选择，由于主题突出、形式多样、针对性强、趣味性浓，因而深受学生和家长的喜爱。燕山二小的节假日实践作业获得了芙蓉区“生本课堂”建设成果评比活动“创新作业设计”一等奖。

3. 多元课外活动，挖掘生活潜能

生命化教育是个性化的教育，强调彰显学生个体生命的独特性和完整性。强调个性，其实就意味着教育需要对人各不相同的特性由衷地尊重。由于孩子们兴趣爱好不同、个性需求不一，目前统一的国家课程和地方课程难以满足不同学生个性特长发展的需要，校本课程的开发就显得至关重要。我校根据自身师资设备的实际，针对学生的兴趣爱好开设了丰富多彩的校本课程，学生可以根据自己的兴趣爱好自由选择，为学生的个性发展留下了自由的空间，有利于学生发展自己的个性特长。

(1)社团活动丰富多彩。燕山二小开展了“七彩童年”快乐大本营社团活动，根据孩子们的兴趣，结合老师们的特长，免费开设了篮球、武术、书法、国际象棋、合唱、爵士舞、十字绣等60多个社团。社团活动在每周五下午进行。每个孩子都可以根据自己的兴趣与需要选择不同的社团，和志趣相投的同学一起参与活动，进行更多的交流与合作。这一过程促使学生认识并提升自我价值，促进学生身心健康、和谐发展。

为避免社团活动华而不实，学校要求老师认真做好每一次社团活动的准备工作，精心组织每一次活动，并通过检查、反馈、评估等手段促进活动的有效性。学期末，学校会对执教老师全期的课程、活动教案和活动进行综合评优。

(2)学科活动趣味相投。每个孩子对不同的学科也有不同的偏好，为了给更多的孩子提供展示自我的舞台，丰富学生校园文化生活，学校开展了丰富多彩的“雏燕展翅，我心飞翔”学科竞赛活动。如语文组的“红帆船”读书活动、英语组的“秀出你自己”活动、数学组的“口算小能手”竞赛、美术组的“创意绘画”竞赛、音乐组的“展艺术魅力，秀真我风采”三独比赛、信息组的“电脑绘画”比赛以及体育节、科技节等。其中科学组开展的宠物大秀场活动，让孩子们将家里养的植物和动物带到学校来，在校园电视台向大家介绍、展示，赢得了广大学生的热烈追捧。

(3)阳光体育，阳光每天。生命化教育是面对生命、遵循生命特征、全面提升生命质量和品位的教育。学校高度重视“阳光体育”运动，除了落实每天锻炼一小时之外，每年还组织校运动会，让每个孩子都能在操场上、阳光下，舒展身心，享受童年。学校体育项目成绩骄人，在市比赛中获得立定跳远、三级跳远、垒球、铅球四个单项第一名的好成绩，并荣获男子团体第四名；在芙蓉区小学生跳长绳比赛中荣获二等奖；学校还获得了芙蓉区“阳光体育示范校”称号。

(4)德育活动濡养心智。感恩教育一直是我校德育工作永恒的主题，每个学期我校都会开展不同形式的爱心活动，将感恩教育植根于每个孩子的心田。此类活动包括“爱心燕山，感恩同行”网上祭英烈活动、“心系灾区，水润西南一元捐”活动、“爱心献玉树，图书漂流”活动、“谢师恩”教师节庆祝系列活动、“爱与感谢”感恩节主题活动、“关爱泸溪小伙伴，捐赠爱心零花钱”爱心义卖活动、“慰问白血病患者杨济豪同学”爱心捐款活动、“铭记革命好传统，民族精神代代传”清明节主题活动、“诵千古美文，做雷锋式好少年”诵读活动等。每年三月，学校大队部会组织“爱心在这里延续”的德育亲子活动，家长和孩子一起向长沙市第二福利院捐款捐物，为他们进行文艺表演，送去精神和物质的双重关爱。

此外，学校充分挖掘周边资源，与湖南省高级人民法院、湖南省人民检察院、长沙市公安消防支队、芙蓉区公安局、马王堆派出所等单位紧密联系，开展以法制教育为主题的“体验式”公民教育，崇尚科学、反邪教教育，红领巾志愿者活动，红领巾相约中国梦等活动。如2011年10月9日，在烈士公园开展的爱国主义教育主题大队会暨新队员入队仪式给一年级的孩子留下了终生难忘的回忆；11月8日，四年级学生参加了“湖南省119消防宣传周暨消防总动员嘉年华”活动，孩子们在趣味互动、亲身体验中学习消防知识，掌握自救本领。

(三)减负提质之盾：家校同心，平等对话

1. 家校交流，充分表达

要切实贯彻小学减负提质，只靠学校单方推进收效甚微。我校十分重视家长在生命化教育和减负提质中的力量，充分挖掘家长潜力，积极开展家校互动，共同为减负提质护航。我校每学年都会安排家长开放日，召开家长会，让家长零距离接触我们的课堂，感受生命化教育的理念。与此同时，学校还通过邀请资深教育专家来校举办讲座、开办家长学校、开展亲子活动等方式帮助家长更新理念，让家长意识到家长们才是孩子教育的主要责任人，是永不退休的“班主任”。

2. 亲子互动，放飞希望

燕山二小的学生中，外来务工人员子女占比高达50%，平时家长与孩子的沟通交流较少。为促进家长与孩子的交流与沟通，我校举办了“享受亲情、享受运动”亲子运动会。在运动会上，亲子投篮、两人三足、同心接力、双人跳绳、亲子定向越野等比赛项目让家长和孩子们倾心体验亲子协作，享受运动乐趣。

我校还定期举办家长读书交流活动。家长们持好书交流卡兑换自己想要的书籍，在静谧的、洋溢着浓郁书香的校园里，摆脱社会的喧嚣，安静地看书、选书、兑书、荐书。此外，学校还开展了“书香家庭”“家长进考场”等活动。

3. 家校联动，激发生命

学校的积极推动使得越来越多的家长参与到校园管理中来，关注孩子健康快乐地成长。本学期，由学校家长委员会牵头组织，学校协助举办了“长沙燕山二小与新宁丰田小学携手‘暖冬’活动”。学校组织全校同学捐赠衣物、鞋子、文具等生活和学习用品，并亲自送到丰田小学的孩子们手中。同时，由丰田小学安排36个品学优良、好学上进、家庭贫困的学生，与燕山二小的学生结成牵手伙伴，进行思想上的交流、生活上的资助、学习上的互助。此项活动获得了社会的高度赞誉，新华网、湖南日报、长沙晚报等媒体都予以了报道。

（四）减负提质之锚：多元评价，发掘潜能

生命化教育理论认为，“我们应当始终关注生命的差异，努力去成全所有生命各不相同的发展目标”。我校从2012年开始取消了“三好学生”的评选，取而代之的是快乐燕、运动燕、艺术燕、创新燕、智慧燕、勤劳燕、文明燕、文学燕、爱心燕、奋进燕等“明星燕”的评比。这样的多元评价可以让每个孩子生命中的闪光点都被发现，每个孩子都能在这个评价体系中找到自己独有的价值。学校有一个孩子患自闭症，但是他非常擅长吹萨克斯。在大家的鼓励下，他通过申报评选，获得了“艺术燕”的奖状。学校还有一个智商仅为47的特殊孩子，但是他有礼貌、爱劳动，经常主动为班级打扫卫生、倒垃圾，深受同学们的喜爱。他当之无愧地被同学们推举为“勤劳燕”。

在改革教学评估的同时，我们对教师的评估体系也进行了变革。学校引进“六优联评”，即“优秀班主任”“优秀科任老师”“优秀值日老师”和“优秀教研组”“优秀年级组”“文明办公室”的教师评价机制，与教师每月的绩效考核相结合，对取得优异成绩的老师个人和团队进行及时肯定、鼓励与奖励，有效激发了教师的工作积极性，实现了教师师德、教学水平和团队意识的全面提升。

研究结论及分析

（一）认识性成果

1. 加强领导，确立开放、求实、创新的现代教学观

各级党委、政府要加大对减负提质工作的全面领导、指导和督导，不以学生考试成绩或升学情况（特别是以升名校数量）作为评价考核教育行政部门、学校和教师的唯一标准。教育行政部门要合理配置教育资源，促进义务教育均衡发展，努力缩小校际差距，均衡推进区域减负提质工作。

2. 深入研究，引领改革

各级教育科研部门要由研究考试转变为研究教育和教学。教研员要深入课堂、广泛调研，发现减负提质的难点和问题，要破解问题、总结经验、发现规律、树立典型，引领广大教师深化课堂教学改革。

3. 健全制度，完善机制

加快考试评价制度改革，完善义务教育阶段学生综合素质评价制度和学业水平测试制度，加快考试评价和学校招生制度改革。建立减负提质监测公告制度，定期向社会发布义务教育阶段学校“减负提质公告”；建立学校教育教学质量公告制度，完善义务教育阶段学校教育教学质量监测与评估机制；建立学校减负提质管理机制、家校联动机制和社会监督机制。

4. 学校方面

（1）提高校长领导力。始终坚持以学生发展为本的理念，深入课堂教学第一线，加强对教师专业发展的支持，改革对教师、学生的评价标准。

（2）学校各部门要协调配合、齐抓共管，共同提高减负提质工作的质量与效率。

（3）转变教育观念。组织教师召开减负提质工作动员会，确立目标。

（4）提高课堂效率。积极引导学生参与教学全过程，教学过程以学生活动为主，让学生成为学习的主人。

（5）形成特色教学名师团队。以“晓明”名师工作室为依托打造出一批批青年骨干教师和学科带头人，如朱志湘、陈喜琴等老师成为省、市级数学、英语学科带头人。林嘉添、任慧、徐婧、肖群雁等多名教师成为区、市级骨干教师，多次进行教学课堂展示和学科讲座，获得了各级领导高度肯定。在名师团队的引领和辐射下，逐步形成我校特色教学名师团队。

（6）关注作业布置。注重作业的有效性、趣味性与实践性。

（7）坚持每天锻炼一小时，积极组织和开展各类课外活动和社团活动，让学生在活动中创新发展，丰富校园生活。

（二）操作性成果

三年的减负提质工作效果已经初步显现。我们的减负强化班和对照班，在学业成绩方面，减负强化班明显高于对照班。一年级减负强化班的孩子没有作业，班级整体学习成绩最好，每次活动得奖最多。一年级的减负强化班，班级农民工子弟占 88.7%，学生学前教育基础很差，可是，这些学生在当期期中检测中，语文和数学的合格率、优秀率均是 100%。

在综合素质方面，减负强化班明显高于对照班。前两年，减负强化班在区“三独”、科技、广播操等赛事中，一年只能拿 2～3 个二等奖以下的奖项。2013 年，减负强化班获得了 20 多个奖项，其中大部分是一等奖。而对照班的进步幅度显然没法与之相比。

身体素质、养成教育方面，减负强化班的学生同样出色。现在，全校所有班级都是减负提质的全面实施班，家长们也已经认同、支持学校减负提质的理念与举措。让每一个孩子都有一个幸福快乐的七彩童年的梦想，正在践行……

（三）生命化教育视野下的小学减负提质教学实践的功能

实施生命化教育视野下的小学减负提质使得孩子的作业少而精，学习压力降低。一方面，学生有了自主学习的空间，学习的积极性提高了。另一方面，学生闲暇时间多了，学生的课外生活也有了保障，兴趣爱好有了发展的空间。同时，丰富多彩的校园文化生活，激发了学生的热情，陶冶了学生的情操，让学生学到了许多书本上学不到的东西。学生和家长的问卷调查显示，约 68.38% 和 70.90% 的调查对象认为在作业减负的同时提高了自身的综合素质。

基于生命化教育的小学减负提质研究对教师的促进功能也很明显，主要表现为三个方面：第一，有助于释放教法在教学中的张力，激发教师的教学潜能，实现教育过程的民主化；第二，有助于从根本上改变教师的职业生活状况，提高其职业素养，提升其生命存在感；第三，有助于教师锻炼自己的人格，提高自己的道德境界。课题组对教师的问卷调查显示，100% 的教师（66 人）对本课题工作表示满意或较为满意，有 93.94% 的教师（62 人）认为课题的研究有效或比较有效地提高了自身的教育教学技能。基于生命化教育的小学减负提质研究在提高学生素养和教师素质的同时，还能够切实提高教育教学质量。近几年，学校教师在各级各类比赛中获奖情况逐年增多。

学校的减负课题受到了社会的广泛关注，湖南卫视、湖南经视、湖南教育频道、长沙新闻频道、中国教育报、湖南日报、长沙晚报等多家媒体都对此系列活动进行了专题采访。学校精品社团自推行以来，受到广大师生、家长喜爱，也得到芙蓉区领导的高度重视，于2011年在全区各校推广，形成了芙蓉区教育教学一道特色“佳肴”。课题主持人的多篇论文发表在《教学艺术》《湖南第一师范学报》《湖南教育》上，课题主要成果论文被中国人文社会科学核心期刊《吉首大学学报》录用。

问题讨论

生本教育专家郭思乐教授认为：“教育要为了人的健康发展，长远的发展，而不仅仅是取得分数。”但现实情况是小学之后的中考、高考仍然是应试教育，家长为了孩子能上重点中学，特别重视孩子的小学毕业考试成绩，这使得作业减负在高段特别是六年级遇到较大的来自家长的质疑与阻力。也就是说，当小学的素质教育“撞上”中学的应试教育，其减负的力度与支持度会遇到较大的考验，这是本课题在实施中的难点所在。

课题需要进一步思考、探索的问题主要有：

（1）总结现有经验，推动上级教育部门对有关减负政策进行补充、修改与完善，在更大范围内改善学生减负工作的大环境。

（2）更多地立足于学生与家长立场，加强与初中教育的衔接，寻求彼此的一致性与连贯性，开展系列素质教育活动。

（3）结合网站、微博、微信等信息化手段，进一步扩大减负提质的影响，整合家长、社区资源，深化减负提质工作的深度与广度。

燕山二小“生命化教育视野下的小学减负提质的应用与实践”课题的研究追求让教育回归生命，一系列的改革与实践让教师真切地感到教育生活的幸福，让学生尽享成长和发展的快乐。减负提质工作意义重大，影响深远，我们还将坚定不移地走下去，让每一个孩子享有快乐的七彩童年，让每一个孩子的梦想都能美丽绽放。

课题类别：湖南省教育科学“十二五”规划 2015 年度立项课题 · 一般课题
课题批准号：XJK015CZXX007
学科分类：德育
课题主持人：朱志湘
主要研究人员：李小球　肖　悦　陈喜琴　丁任飞　刘琳琳　肖群雁
　　　　　　　龙晓宇　朱双亚　谢　眺　袁　媛　谭　璐

“小学生体验式法制教育的实践与研究”开题论证书

问题提出

自 1979 年《关于提请全党重视解决青少年违法犯罪问题的报告》发布后，近四十年来青少年法制教育取得了明显成效。但目前的教育体制使绝大多数学校只把青少年法制教育当作任务来应付，而不是作为培养学生素质的必要教育来认真对待。这就导致青少年法制教育多数走形式，片面强调法律的威慑性、强制性，而忽视学生的内在需求和教育规律。为提高法制教育的实效性，研究建构一套青少年体验式法制教育模式显得十分必要。

当前，校园安全事故时有发生，未成年人犯罪率呈明显上升趋势且向低龄化方向发展。在此现状下，如何结合我国的实际教育状况，让义务教育阶段的法律素质教育回归应有意义、发挥应有功能，培养出有理想、有道德、有文化、有法纪的中小学生，是摆在我们面前亟须解决的社会问题和现实问题。

燕山二小是一所省级示范小学，坐落在浏阳河畔，周边有湖南省高级人民法院、湖南省检察院、芙蓉区公安局、长沙市公安消防支队、马王堆派出所等单位。2009 年，我校开始实施小学生法制教育。2014 年，学校在实施减负提质的基础上，结合“体验式”公民教育开展德育教育活动，取得了很好的效果。因此，我校在小学生体验式法制教育的实践和研究方面，具有得天独厚的地理人文优势和研究背景。

研究意义

我国法律素质教育走向小学生的模式构建目前还处于摸索阶段。体验式法制教育的提出，摒除了传统教育方式中的不足。由灌输教育转为注重学生生命主体的切身体验，从而唤醒青少年的法律意识，培养自觉、理性的守法精神，树立对法律的敬畏，并将法律的强制性内化为道德的自律性，为小学法制教育提供一种积极有效的教育模式。

青少年法制教育不但要解决“知不知”“懂不懂”的问题，还得解决“信不信”“行不行”“用不用”的问题。体验式法制教育模式，让体验在法制教育的各个环节中发挥穿针引线、融通化合的作用，以体验为轴线把青少年法制教育目标与法制教育过程连接起来，把法制教育过程中的知、情、意、行各环节有机统一起来，让学生通过切身的体验真正理解法律规则的实质。

小学是人生的起步时期，小学生的人生观、价值观都尚未形成，正处于一个学习和模仿阶段，这种模仿和学习对其今后怎样做人具有决定性的影响。因此，做好学校体验式法制教育，让法制教育更贴近学生的思想实际和生活实际，使学校德育工作富有时代特色，对孩子以后的幸福人生有重大意义和价值。

文献综述

目前，在国内外相关的文献搜索和资料查询中，尚未找到完全与“小学生体验式法制教育的实践与研究”相关的内容，而有关体验式教育或法制教育的单一研究较多，且研究对象多集中于高中以上的年龄段层次。课题组通过搜索中国期刊全文数据库(时间范围为2006—2015年)，发现研究小学体验式教育的文章有687篇，研究小学法制教育的文章有262篇，且发表数量呈逐年上升趋势；从中国博硕士学位论文全文数据库中搜索(时间范围为2006—2014年)，发现研究体验式教育研究有49篇。

(一)体验式教育方面的研究现状

体验式教学思想在我国有着深厚的历史渊源。古代的教育家、思想家荀子就以自己的远见卓识提出了蕴涵体验式教学思想的教学观。他在《劝学》中强调：“故不登高山，不知天之高也；不临深溪，不知地之厚也。”当今的专家学者更是在体验式教育方面花了大量的精力，杨海在《当代大学生思想现状与体验式教育》中提出体验式教育是解决当代大学生思想政治教育“瓶颈”问题的根本途径。丰硕在《体验式教育在职业生涯规划教育中的应用浅析》中提到，高校应当转变传统讲授式的课堂授课方式，教师通过团体活动方案的设计将生涯规划的原理、方法和技巧融入各类团体活动中去，寓教于乐，通过情景模拟、交流分享、角色扮演、行为演练、案例分析，引导学生在自我体验、自我实践中总结和归纳生涯规划的原理和方法。庞维国的《论体验式学习》从心理学角度剖析体验式学习对情节记忆、情绪记忆、默会知识、实用智力以及学习过程中的自我决定性。

(二)法制教育方面的研究现状

据目前搜集的资料来看，美国法制教育研究最具代表性的两位学者是 C. E. 梅里亚姆(Charles E Merriam)和卡尔(Gordon C Lee)。前者在自己主编的丛书《公民的形成：公民训练法的比较研究》中提出了公民要服从社会的法律，尊敬官员和政府，并指出作为一个合格的公民要做到自制和诚信，基本形成了早期的法制观念。后者在 1938 年出版的《美国民主教育之目的》中提出，“培养责任公民的具体目标包括社会正义、社会活动、社会理解、批判性判断、容忍、维护公共资源、科学的社会应用、世界公民、遵守法律、经济知识、政治责任、笃信民主等 12 个方面内容”。可见，美国早期的法制教育就已经初步形成了较为系统和完整的法制思想与理论。我国的学者也从法制教育的方法与途径方面进行了分析研究。陆海佳在《素质教育背景下的青少年法制宣传教育问题研究》中，先阐述了青少年法制宣传教育与素质教育的关系，即青少年法制宣传教育是素质教育的基础和核心，从青少年法制宣传教育的组织建设、队伍建设、课程设置和评价体系四个方面进行深入论述并提出建议和策略。教育学硕士谭华暖在《我国义务教育阶段实施法制教育的策略研究》中从义务阶段法制教育的调查现状阐述了义务阶段法制教育的两大策略，即充分发挥学校的主导作用、家庭的基础作用，社会的支撑作用。但比较遗憾的是，两篇论文并未对小学体验式法制教育进行剖析。

核心概念界定

(一)外延

所谓“体验式教育”，即先行而后省，旨在先通过个人在各类活动中的充分参与来获得个人的经验，然后在教师的引导下，成员通过对差异化过程的观察反省，在对话交流中获得新的态度、信念，并将其整合运用于未来的解决方案或策略上，达到目标或愿景。

“法制教育”是以培养法律价值、思辨能力为基础、为主轴的一种教育，一般包括法律认知能力教育、现代法律理念教育、积极法律情感的培养教育以及适法行为、法律参与行为的培养教育。其内容较为明晰，主体意识、平等意识、契约精神、权利义务观和对法律的尊崇与信仰都是法制教育确定的核心理念。

（二）内涵

体验式法制教育旨在引导小学生通过不同主题的法制活动学习、行动、分享、内省、表达、规范自身行为，从而受到教育。本课题着重研究的内容注重基本的道德观念，浅显易懂的知识结构，与少年儿童日常生活密切相关的行为规范。主要包括《宪法》中国旗、国徽、国歌、首都、民族平等、公民基本权利与义务等；《道路交通管理条例》中交通信号、交通标志和交通标线，行人和乘车人等；《环境保护法》中防止环境污染和其他公害；《治安管理处罚条例》中扰乱公共场所秩序、妨害公共安全、侵犯他人人身权利、侵犯公私财物、妨害社会管理秩序、违反消防管理等行为；《预防未成年人犯罪法》中对未成年人不良行为的预防；《未成年人保护法》中家庭保护、学校保护、社会保护等。

理论依据

（一）马克思关于人的全面而自由发展理论

综合马克思关于人的全面发展的含义的诸多论述，主要包括以下几点：① 人的各种能力即人的德、智、体、美、劳等各种能力的全面而充分的发展。②人的社会关系的全面发展。马克思认为，“社会关系实际上决定着一个人能够发展到什么程度”，“一个人的发展取决于和他直接和间接进行交往的其他一切人的发展”。人总是生活在一定的社会关系中，人的全面发展与社会的全面发展密切相关，也就是说人的全面发展只有在社会关系中才能实现。③人的个性的全面发展。马克思指出，个性的充分发展就是“一切天赋得到充分发展”，即个人的自我意识及由此形成的个人特有素质、品格、气质、性格、爱好、兴趣、特长、情感等的总和。④ 人的需要的全面发展。马克思关于人的全面发展理论，不仅要求教育要通过德育、智育、美育等不同渠道，促使个体心理素质和生理素质统一、和谐、全面地发展，塑造出真、善、美统一的理想个性，而且要求把个人的充分自由发展与社会的全面进步有机地统一起来，这样才能使学生“个性的充分而和谐地发展”。在小学实施法制教育，提高小学生法律素养是促进小学生全面自由发展的必不可少的重要措施。

(二)素质教育理论

素质教育是教育者在个体发展和社会发展需要的基础上，利用各种有利条件，通过多种有效途径，以适当的方法引导全体受教育者积极主动地、最大限度地开发自身的潜能，提高自身的整体素质，并实现个性充分而自由发展的教育。通过法制教育提高他们的法律素质，是素质教育的重要组成部分。在一定程度上，法制教育可以说是素质教育的助推器，只有切实加强青少年法制教育，才能真正把素质教育落到实处，我们的教育才是全面发展的教育。因此，培养青少年的法律素质是实施素质教育的必然要求。

研究目标和主要内容

(一)研究对象

本课题研究对象为小学生法制教育的实施方法。本课题主导的是小学生法制教育体验式教育模式，涉及社会、学校、学生三个教育层面，旨在充分挖掘社会资源，探索出一条适合小学生的体验式法制教育模式，把弱化的、零散的、无序的法制教育工作通过课程、活动的方式固定下来，使体验式法制教育工作成为系统的、有目的的、有计划的教育行为，从而让学生在体验中知法、懂法、守法。

(二)总体框架

(1)论述小学法制教育在我国建设和谐、法制社会中的重要性和特殊地位。分析当前小学法制教育的现状，通过对比国外先进的法制教育模式，发现我国小学法制教育的不足，如学校重视程度不够高、法制教育师资力量薄弱等。

(2)提出体验式法制教育模式，分别从体验式法制教育的本质、内涵、原则、特点、与传统法制教育相比所具备的优势、当前国内对体验式法制教育研究的发展趋势等方面展开阐述。

(3)策划拟定体验式法制教育课程设计与编制，付诸至少三年的实践周期，收集和建立典型案例集，推进法制课程的实施，并及时总结经验，提升教育管理成效。

(4)在师生法律意识普遍得到提升的基础上，以“小手牵大手”的形式以点带面地带动学生家庭成员学习法律知识，从而辐射到整个小区，最后给社会传递正能量，促进和谐社会的构建。

(三)重点难点

(1)重点：本课题通过对体验式法制教育课程进行研究，将法制教育与学生的主体性实践体验紧密联系，探索加强法制教育针对性、实效性的方式和方法，改进学校法制教育工作。

(2)难点：体验式法制教育顺利实施后，学生、老师的法律意识都得到了提升。在建立和谐校园的基础上，我们将继续探索，将师生两股力量合并，促进师生将法律观念传递给身边的每一个人，进一步促进家庭、小区和社会的和谐。

(四)主要目标

(1)梳理当前我国小学法制教育研究的现状和体验式法制教育的研究趋势。通过问卷调查、社区调研、实地考察等途径，摸清我校学生及家庭、小区人员的法律认知水平。

(2)论证体验式法制教育相较于传统法制教育的优势。第一，体验式法制教育尊重学生主体性和个体差异性，少说教多实践，学生兴趣浓厚。第二，体验式法制教育形式多样，不拘一格。它注重学生身体力行，将体验内化成自我教育。第三，体验式法制教育是一种潜移默化的影响教育。在体验式活动中，学生不知不觉地增强明辨是非、自主约束的能力，养成认真学法、自觉守法、善于用法、勇于护法的思想观念和行为习惯。

(3)论证体验式法制教育的必要性、可行性和有效性。提出体验式法制教育课程的设计与编制，并有序开展系列化的法制体验活动。在课程实施的三年时间里，注重典型案例的收集和分析。

(4)本课题研究的最终目标不仅仅是增强在校师生的法律意识，学校还将在师生合力之下，以“小手牵大手”的活动带动家庭其他成员学法、懂法，以孩子的改变带动家长的变化，再以点带面，将正能量辐射整个小区乃至社会，让身边每个人都做懂法、守法、护法的好公民，从而达到学校、家庭、小区皆大和谐的美好局面。

(5)通过观察体验式法制教育课程的实施效果，综合了解、学习其他小学的法制教育模式，总结经验不断完善设计，提升教育管理成效，逐渐形成系统的、有序的、具有普及性的体验课程模式，为全国小学法制教育的发展提供参考。

研究思路和具体方法

(一)研究的基本思路

(1)课题组将组织参与研究的教师进行相关的理论学习，更新教育观念、增强法制教育意识、提高法制教育能力。

(2)以教研组为研究单位，根据小学生的不同年龄特征，分年级进行教研。

参与研究的教师围绕本学科的子课题，结合教研组的日常教学活动，申报个人课题或教研组课题。

(3)教师在教学实践中既要结合学生已有的知识素养，指导他们掌握法律知识学习策略，又要在实践的基础上，形成学校培养学生法制教育的规律措施，把指导的侧重点放在思想品德课内以及学校课外教育活动中。

(4)一个年级一个基地，一个年级一个主题，一个主题渗透一次法制教育，开展系列化的法制体验活动，引领孩子们走出校园、走进社会，成为知法、懂法、守法的小公民。

(二)具体研究方法

(1)文献调研法。对国内外有关小学生法制教育的相关文献进行查阅、分析和整理，了解该课题的研究现状，在吸收现有的先进研究理论和方法的基础上，弥补目前学术界对该课题研究的不足，重新归类研究的构思，明确本课题的创新点。

(2)问卷调查法。学校生源参差不齐，学生的家庭教育水平也参差不齐。为了让课题调研更有实效性，也为了搜集相关数据，课题组对学生进行分年级的问卷调查，有助于更深入地剖析问题的现象和本质。

(3)比较分析法。在问卷调查的基础上，将调查所得数据信息进行年段横向和纵向对比，了解低、中、高年级学生对法制知识的掌握水平。还可根据地理位置和家长受教育水平的不同，将生源分为芙蓉苑内学生和火炬村学生两类进行对比，从另一个角度探究问题的根源。经过体验式法制教育后，将学生受教育前后的法制知识水平进行对比。

(4)归纳法。对上述三种研究方法得出的数据进行分析，根据由特殊到一般、从个体到整体的原则，归纳得出相关结论。在理论支撑下，课题组有针对性地提出有效性措施并观察实施效果，及时总结归纳和提升。

课题组织与实施

(一)组建课题组

专家顾问：李小球(湖南教育科学院教授)

课题负责人：朱志湘(燕山二小校长、中学高级教师)

课题主持人：朱志湘(燕山二小校长、中学高级教师)

课题组成员：肖悦、陈喜琴、刘琳琳、肖群雁、龙晓宇、谢眺、朱双亚、袁媛、丁任飞、谭璐

(二)课题组成员分工

朱志湘校长作为课题总负责人，负责课题总体策划，组织课题组成员共同设计课题方案、制订研究措施和研究计划、完成研究报告。

肖悦、丁任飞及燕山二小各年级组长负责法制教育体验式活动开展和研究。

刘琳琳、肖群雁、陈喜琴负责论文、案例、著作等研究成果的收集和整理。

龙晓宇、谭璐负责影像资料的制作、收集、整理。

肖群雁、朱双亚、谢眺负责结题论文、研究报告的撰写。

丁仁飞负责课题资料整理、记录。

参与课题研究的成员要及时认真参加研究，及时收集课题研究的相关资料，完成课题研究的相关任务，如记录笔记、整理案例、撰写论文、反思等。

(三)研究成果及责任人

表 1-8　课题研究成果一览

序号	完成时间	最终成果名称	成果形式	负责人
1	2018 年 2 月—6 月	《小学生体验式法制教育的理论与实践》	专著	朱志湘、李小球
2	2016 年 2 月—2018 年 6 月	1.《国外中小学校中的法制教育及启示》 2.《小学生体验式法制教育的实践路径》 3.《体验式法制教育课程推进措施的策略研究》	论文发表	朱志湘、肖群雁、肖悦
3	2018 年 6 月	《小学生体验式法制教育的实践与研究》	研究报告	肖悦、肖群雁 朱双亚、刘琳琳
4	2018 年 2 月—6 月	《小学生体验式法制教育指导典型案例集》	案例汇编	陈喜琴、丁任飞
5	2018 年 2 月—6 月	《小学生体验式法制教育的指导策略经验集》	经验汇编	龙晓宇、刘琳琳

(四)经费管理

表 1－9　课题研究经费预算表

<table>
<tr><th>序号</th><th>经费开支科目</th><th>金额(万元)</th><th>序号</th><th>经费开支科目</th><th>金额(万元)</th></tr>
<tr><td>1</td><td>资料费</td><td>1</td><td>7</td><td>专家咨询费</td><td>1</td></tr>
<tr><td>2</td><td>数据采集费</td><td>0.5</td><td>8</td><td>劳务费</td><td>1.5</td></tr>
<tr><td>3</td><td>差旅费</td><td>1</td><td>9</td><td>印刷费</td><td>0.5</td></tr>
<tr><td>4</td><td>会议费</td><td>1</td><td>10</td><td>管理费</td><td>0.5</td></tr>
<tr><td>5</td><td>国际合作与交流</td><td>1</td><td>11</td><td>其他</td><td>5</td></tr>
<tr><td>6</td><td>设备费</td><td>1</td><td></td><td colspan="2"></td></tr>
<tr><td rowspan="2">年度预算
(万元)</td><td>2015 年</td><td>2016 年</td><td>2017 年</td><td>2018 年</td><td></td></tr>
<tr><td>3</td><td>4</td><td>4</td><td>4</td><td></td></tr>
<tr><td>合计</td><td colspan="5">壹拾伍万元整(15 万元)</td></tr>
</table>

(五)课题目前研究情况

2014 年 4 月 28 日，学校举行了“小学生法制教育体验式公民教育”德育项目启动仪式。学校依据学生年龄特点，按年级确定活动基地和活动内容。一个年级一个基地，一个年级一个主题，一个主题渗透一次法制教育，开展系列化的德育体验活动，引领同学们走出校园、走进社会，成为知法、懂法、守法的小公民。此外，学校还聘请湖南省高级人民法院研究室少年法庭工作办主任、马王堆派出所副所长和警官、滩头坪社区书记为校外德育基地的辅导员。之后，学校多次分年级组织学生到烈士公园、浏阳河风光带、省高级人民法院、消防支队、交警支队、军营基地等实践基地进行体验式法制教育活动，取得了良好的教育效果，得到了周边单位、社区和学生家长的高度肯定。

参考文献

[1] 林瑞青，李晓春. 论青少年体验式法制教育模式的建构[J]. 山西青年职业学院报，2005，18(3)：9－12.

[2] 过振兰. 加强小学生法制教育的实践与思考[J]. 教育科研论坛，2004(21)：66－67.

[3] 李玲娓. 小学生法制教育的生活化[J]. 课程教育研究：新教师教学，2014(2).

[4] 曾祖锦. 浅谈对小学生进行法制教育的重要性及相应措施[J]. 成功：教育，2011(9)：201－202.

[5] 李柱群. 浅谈如何开展小学生的法制教育[J]. 新课程学习(下)，2013(6).

课题类别：长沙市教育科学“十二五”规划2015年度立项课题·一般资助课题
学科类别：基础教育
课题主持人：朱志湘
主要研究人员：冯　琴　陈喜琴　肖群雁　肖　悦　成　俏　刘琳琳
龙晓宇　袁　媛　周语昕　张　琦　刘　琼

“幼小衔接视角下一年级学生社会适应性的研究”开题论证书

问题提出

幼小衔接指的是幼儿园与小学低年级之间的衔接与过渡。帮助幼儿做好入学准备，尤其是社会适应性方面的准备，有助于儿童顺利地适应小学生活。怎样使儿童顺利度过这个转折阶段是我们学前教育和小学教育工作者研究的重要课题。《幼儿园教育指导纲要(2001)》明确指出：“幼儿园应与家庭、社区密切合作，与小学相互衔接，综合利用各种教育资源、共同为幼儿的发展创造良好的条件。”

燕山二小坐落在芙蓉区芙蓉苑小区，周边有小哈佛、小蚂蚁和蓝山迪诺等幼儿园，学校一年级大部分学生来自这些幼儿园。因此，做好幼儿园大班过渡到小学的衔接工作很有必要。2015年2月，朱志湘校长在湖南省幼小衔接论坛暨湖南省教育学会幼小衔接专业委员会成立大会上做了《一个孩子向前走去——减负助力幼小衔接爱心呵护孩子前行》的报告，分享了燕山二小幼小衔接的工作经验与研究成果。在此基础上，我们开展了对幼小衔接的研究。

要想使儿童顺利适应小学教育，发展一年级学生的社会适应性是一个重要突破口。很多幼儿成为一年级新生后未能很好地适应新的学习生活，是由于在社会适应性方面准备不足，不能适应新的学习环境。因此，将一年级学生社会适应能力培养作为一个新的研究方向，通过小学、幼儿园、家长三方共同努力，将大大有利于幼小衔接问题的解决。

国内外研究述评

(一)国外研究综述

(1)国外家长对幼小衔接的看法。国外家长对于幼小衔接过程的关注和担忧是国外研究的一个重点。麦金泰尔等人的研究发现，家长对一年级学生的社会化方面感到担忧。有研究表明，家长更关注一年级学生进入新环境后的状况。

(2)国外教师对幼小衔接的看法。国外的研究显示，对幼儿园与小学之间的一致性和连续性的看法，教师与家长在入学准备认识方面基本相同。国外教师认为在进入小学之前，幼儿社会适应能力的重要性高于学业水平能力，应注重对儿童社会技能的培养。社会体验情感的提高有助于儿童适应小学，并对小学生活产生喜爱，认同小学教师及同伴。

(二)国内研究综述

(1)国内家长对幼小衔接的看法。国内家长对于幼小衔接的看法易出现的误区一般表现在：片面地重视学习技能、知识的衔接，只关注读写算能力，更多地关心课程方面的衔接。在社会适应性、社会交往技能以及应对新环境的知识准备等方面关注不够。国内家长会出现一种现象，认为幼儿园后期如果还不进行读写算能力的学习，那么这个幼儿园就不够好。

(2)国内教师对于幼小衔接的看法。国内对于教师方面的研究显示，这两个教育阶段的教师都认识到幼小衔接的重要性，并且在发展儿童的能力方面基本达成一致，但大多数小学教师不希望幼儿园传授太多的小学知识。因为，小学与幼儿园的教育目标不同，部分幼儿园教师不具备教授小学知识的能力。

课题界定

幼小衔接期是从幼儿园大班开始到小学一年级的这段时间，是结束幼儿园教育开始接受小学教育的时期，也是幼儿心理发生变化的转折期。幼小衔接指的是幼儿教育与小学教育的衔接过程，是儿童发展过程中面临的一个重大的转折期，对儿童日后的身心发展有重要影响。

幼儿园与小学之间的衔接是整个教育系统衔接中最重要的一环，比起初中与小学的衔接、初中与高中的衔接，幼小衔接显得十分重要，是基础教育的基础。

理论依据

德国的哈克教授根据观察和研究指出，处于幼儿园和小学衔接阶段的儿童，通常存在着下列六个方面的断层问题：

(1)关系人的断层；

(2)学习方式的断层；

(3)行为规范的断层；

(4)社会结构的断层；

(5)期望水平的断层；

(6)学习环境的断层。

上述六个方面的断层导致一年级学生在入学初期面临着学习活动和社会适应的艰难。课题组主要通过研究幼小衔接视角下一年级学生社会适应性的研究，帮助一年级新生度过社会适应这一难关。

研究目标

(1)从学校的角度出发：更加重视幼小衔接的工作，更加积极主动地进行多方位、多角度的幼小衔接工作。

(2)从家长的角度出发：纠正家长的某些误区——以孩子能认多少字、会算多少题、会说多少句英语来评价孩子的发展。让家长也能积极主动地参与到幼小衔接的工作中来，只有家长与学校、幼儿园、社会积极配合，才能帮助幼儿顺利过渡到一年级，达到幼升小的平稳过渡。

(3)从教师的角度出发：加强小学低段教师与幼儿园教师的双向互动，尤其是小学低段教师应适当地进入幼儿园，参观幼儿园的学习、生活环境，了解幼儿园的综合主题式和游戏中学的教学模式，并能将该模式应用到小学的各学科教学中来，让一年级学生在相对熟悉的教学、生活环境中进行小学低段的学习，从而达到心理和生理上的逐渐适应。

研究目标和主要内容

（一）研究对象

芙蓉区燕山二小在读一年级学生，小哈佛、蓝山迪诺等学校周边幼儿园幼儿。

（二）主要内容

（1）加强一年级学生的任务意识，锻炼其完成任务的能力。所谓任务意识就是指个体对自身所应完成的任务及其要求的一种觉察与认知。一年级的任务意识主要是指儿童在教师或者家长的指引下，有目的地完成某一项任务的意识。

一年级学生由于幼儿园时期总是在教师的提醒下进行学习、游戏，因此进入小学时容易出现以下问题：认识不到教师布置的任务要完成、缺乏完成任务的责任感，或者缺乏完成任务的基本能力。他们做事常常需要别人提醒，目的性差，且不能很好完成任务。

（2）培养学生的规则意识和遵守规则的能力。由于幼儿园主要以游戏教学为主，情境性比较强，对课堂纪律的要求也不是那么严格。相反，小学是面对全体学生的集体教学，其教学特点要求必须有严格的课堂秩序作为保障，如果孩子无法遵守纪律，不但扰乱课堂秩序，也不利于孩子自身良好学习习惯的养成。

（3）培养儿童的独立意识，锻炼独立完成任务的能力。在幼儿园，大多活动都是由教师安排的，上厕所、喝水等事情也会由老师提醒。到了小学，这些都是一年级学生自己的事情，老师不会过多地主动提醒学生。很多一年级新生往往都会出现缺乏独立意识和自理能力的现象。

（4）提高一年级学生的人际交往能力，鼓励一年级学生向他人表达自己的需要。随着同伴关系在幼儿社会交往中地位的上升，一年级新生在发生纠纷时，比较普遍地依赖教师解决纠纷。因此，在一年级学生中，提升人际交往能力，加强对社会交往技能的掌握非常有必要。

研究方法

（1）文献研究法。查阅国内外图书、期刊、学位论文及相关网站发布的调查数据并进行分析。整理有关幼小衔接问题的文献与研究，包括国内外对幼小衔接的不同看法。课题组通过仔细查阅、分析这些文献，对幼小衔接的现状有了更详尽的了解，并从幼小衔接视角下针对一年级学生社会适应性展开研究并提出教育建议。

(2)问卷调查法。本次调查对象包括芙蓉区燕山二小一年级新生、一年级新生家长。选取20位教授过一年级的教师编制有关一年级学生社会适应能力的调查问卷，让一年级新生及家长作答。通过综合分析调查问卷，得出综合性结论。

(3)访谈法。抽取芙蓉区燕山二小部分教师，以及低年级家长和学生进行访谈调查，主要通过面对面单独谈话的形式进行，采用及时记录的方式。

研究步骤

第一阶段：申报阶段(2015年3月—2015年5月)

(1)选题讨论。
(2)成立课题研究小组，召开课题开题会。
(3)讨论活动实施方案，明确人员分工。
(4)查阅相关资料，学习相关理论。
(5)撰写课题研究方案，申报立项。

第二阶段：准备阶段(2015年5月—2015年9月)

(1)开展调查工作，写出调查报告，建立专门档案。
(2)请专家对课题组教师进行技术培训。
(3)购买专业书籍，组织一年级教师进行培训。

第三阶段：研究阶段(2015年9月—2018年1月)

(1)制订具体可行的研究计划，并按计划开始实施。
①秋季学期正式开学前，召开一年级新生家长会。
②一年级优秀教师送课到附近幼儿园，让大班孩子感受一年级的课堂。
③组织大班孩子参观周边小学，提前熟悉小学环境。
(2)固定周期召开课题研讨活动，及时调整研究方案，初步形成体系。
(3)收集课题研究成果，撰写论文及阶段性小结。
(4)展示、交流、评比课题成果。

第四阶段：总结阶段(2018年1月—2018年5月)

(1)全面收集、整理与课题有关的材料。
①对幼儿园教师、一年级教师、家长进行问卷调查并进行整理。
②整理档案。

③编印教师个案反思集等。

(2)进行系统、全面的总结，撰写课题结题报告。

课题组织及成员分工

表 1-10 课题组织及成员分工

姓名	出生日期	职称/职务	所在部门	具体分工
冯琴	1982/10/20	小高/年级组长	二年级组	课题负责人
陈喜琴	1972/8/18	小高/副校长	校长室	总协调撰写论文
肖群雁	1978/3/21	小高/教导副主任	教导处	撰写论文
肖悦	1972/3/23	小高/德育主任	教育处	完成调查报告
成俏	1992/10/29	大队辅导员	大队部	撰写论文
刘琳琳	1982/1/3	小高/教研主任	教研室	撰写论文
龙晓宇	1979/10/24	小高/教导主任	教导处	资料整理
袁媛	1985/1/25	小高/年级组长	一年级组	学生活动
周语昕	1987/7/4	小一	一年级组	学生活动
张琦	1992/9/23	班主任	二年级组	学生活动
刘琼	1989/9/1	教研组长	一年级组	学生活动

预期研究成果

(1)《幼小衔接视角下一年级学生社会适应性的调查报告》。

(2)《幼小衔接视角下一年级学生社会适应性指导典型案例集》。

(3)《幼小衔接视角下一年级学生社会适应性的指导策略经验集》。

(4)课题研究报告。

(5)其他有关本课题的研究活动和物化成果。

经费筹措及管理

(1)经费投入保障：经费由学校办公经费和教育局专项资金两部分组成。

(2)订阅资料费：2000 元。

(3)专家讲座费：6000 元。

(4)人员培训费：5000 元。

(5)体验活动费：12000 元。

参考文献

[1] 白佳玉. 幼小衔接视角下幼儿社会适应性的研究[D]. 大连：辽宁师范大学，2013.

[2] 李静. 通过幼小的“课”看幼小衔接——以幼儿园大班语言活动和小学一年级语文课为例[D]. 上海：华东师范大学，2010.

[3] 吴婷婷. 幼小衔接中儿童人际交往能力培养的问题及对策研究[D]. 长春：东北师范大学，2010.

课题类别：长沙市教育科学“十三五”规划2016年度立项课题·一般资助课题
学科分类：体育卫生艺术教育
课题主持人：肖群雁
主要研究人员：潘　立　彭　栋　刘平贵　万新闻　石彰明　周　艳　蔡　昕
徐先桔　殷星阳　张　艳　汤　鹏　邹周辉　廖　赛

“提高小学生核心素养的室内体育课研究”开题论证书

问题提出

《义务教育体育与健康课程标准（2011年版）》明确指出，体育与健康课程“是一门以身体练习为主要手段、以学习体育知识与运动技能为主要内容、以增进中小学生健康为主要目的的必修课程”。《全国学校艺术教育发展规划（2001—2010年）》《教育振兴行动计划》提出，“2+1”项目是落实德智体美全面发展的教育方针，是推动学校体育和美育的改革与发展的一项重要工程项目，其目的是通过学校的课内外体育教育和艺术教育活动，让每个学生都能较好地掌握两项运动技能和一项艺术技能。为贯彻落实文件精神，提升学生体质健康水平，教育部提出发展大课间活动，确保学生每天锻炼一小时。但是，由于教学环境的限制，体育教学的实施经常受到本地区环境（雾霾）、气候、场地、器材、文化课课程教学压力等因素的影响。教师们在实施授课计划时，常常改变授课内容，以至于影响到全年教学计划的顺利完成。

2016年，长沙市教育局制订了《长沙市教育系统空气重污染应急处置方案》，以有效应对空气污染，减轻重空气污染带来的危害，切实保障广大师生身体健康和生命安全。学校可根据具体情况，减少、停止学生户外运动，污染特别严重时，可停课。因而教室将成为体育教学的另一个主阵地，室内课技能学习也是现实教学环境和实现体育两项体育技能的迫切需求。室内体育课在实现体育与健康课程价值中有着不可替代的作用。

传统的室内体育课教学主要停留在简单游戏、学习基础知识、观看体育相关视频上。本研究旨在打破长期以来室内体育课随意化倾向，将室外的体育课练习灵活运用于室内，使室内课也达到“一定的运动量和强度”，并渗透技能的学习。课题组采用多维理论视角，利用教室有限的空间和桌凳传授体育与健康知识、运动技能与方法，有效地发展学生的身体素质和运动能力，积极探索体育与健康课程室内体育课技能教学的有效途径、模式和方法，强化素质教育功能，促进健康和谐发展，并从人的全面发展理论、学习理论、运动技能迁移理论及知识论等方面阐述如何构建有效的室内体育课，使学生真正参与享受体育课堂的乐趣，全面提高“核心素养”。

国内外研究述评

（一）国外学校体育课教学研究现状

在国外，人们将奥运会与生态环境有机结合在一起，将生态体育的理念充分融合在奥运会中，充分发扬了“绿色奥运”的时代内涵。如以“绿色、自然、和谐”作为口号的长野冬运会，以“绿色奥运”为理念的悉尼奥运会。国际社会倡导支持生态体育的发展，一致认同体育与自然环境之间有着严丝合缝的关系。

在英国，小学学习第 1 阶段的内容包括舞蹈、游戏、体操、游泳和水上安全问题等；第 2 阶段的内容有舞蹈、游戏、户外和冒险活动等。可见英国小学课外活动能够较多的与自然环境相联系。美国加州的中小学体育课程内容比较重视个人、社会的发展。

（二）国内学校室内体育课教学研究现状

陈文树介绍了游戏教学、身体素质练习、棋类活动、体育基础知识及卫生保健理论课教学、体育欣赏教学这五种室内体育教学法。

张胜利以二十多年的中学体育教育实践，通过对 8 所中学室内体育课的调查分析，重点结合《体育与健康教学大纲》的要求，提出要力求做到三个方面结合的教学原则，即室内与健身理论学习相结合的原则、运动技术讲解与学生学习兴趣相结合的原则、学习进度与适时要求相结合的原则。

周璋军对室内体育课教学提出几点建议：①真正理解室内体育课的教学意

义，合理进行整合、渗透；②转变教学思路、丰富教学内容，进行多元化的教学设计与组织教学；③注重运动与理论的有机结合，提升学生体育保健知识与体育人文素养。

亓效国，马文杰认为在室内进行体育游戏教学需注意以下五个方面：①建立室内体育课的课堂常规；②加强组织纪律教育；③明确规定处理桌凳的方式；④充分发挥教师的主导作用；⑤争取总务部门及班主任的支持。

陈雪萍、谢东如结合学生的身心特点，从体能与游戏结合的新角度对高中馆内体育课教学进行了尝试性探讨，并提出了体育老师教学要注重创新以及对学生进行人格和品德的教育，体育课程要增强学生的积极性、团队意识和适应性，通过游戏的方式促进学生进行体能训练，同时完善体育课的评价机制。

以上专家均从具体的教学方法、内容方面研究了室内体育课教学的相关问题，着眼于实际教学需要，提出了具体解决方案。此类资料在一定程度上反映了室内体育活动在当代学校体育范畴内的具体应用状况。李柏林、崔振江的《浅谈室内体育游戏的创编原则》，查定桂、水红的《室内体育游戏五则》，就具体的室内体育游戏创编进行研究，为学校进行更多的室内体育活动拓宽了思路。章文逸《室内体育活动初探》论述了幼儿开展室内体育活动的必要性、优点和方式方法，为室内体育活动的教育意义，以及对启蒙教育的独特意义提供了参考。

（三）国外“核心素养”发展研究现状

“核心素养”的雏形最早由联合国教科文组织于 1966 年提出。当时，国际二十一世纪教育委员会主席雅克·洛德尔向联合国教科文组织提交了《教育——财富蕴藏其中》的报告。该报告分别在第四章和第五章提出了教育的四大支柱（learning to know，learning to do，learning to together，learning to be）。这些观点在核心素养的定义中都有具体的体现。

世界经济合作与发展组织（OECD）于 1997 年 12 月启动了“素养的界定与遴选：理论和概念基础”研究项目，提出了核心素养的基本构架，并为其赋予了“可教、可学、可测评”的内涵。2005 年，该项目颁布了《核心素养的界定与遴选：行动纲要》，将“核心素养”推向实际应用。

2006 年 12 月，欧洲议会和欧盟理事会通过了关于核心素养的建议案，在该建议案中，将核心素养定义为：“在知识社会中每个人发展自我、融入社会及胜任工作必需的一系列知识、技能和态度的集合。”

法国 2011 年颁布的《学生核心素养评估标准》明确规定，中小学生、初中毕业生在毕业时必须具备的核心素养，包括语文、外语、数学与科学、信息通信技术、人文艺术、社交能力与公民意识、独立自主和主动性。

2012 年 3 月 13 日，世界经济合作与发展组织（OECD）发布了一份题为《为 21

世纪培育教师提升学校领导力：来自世界的经验》的最新报告。该报告针对中小学生的思维方式、工作方式、工具使用和生活技能提出了进一步的要求："中小学生应具备创造性和批判性的思维，能够建立与他人的沟通合作能力，具备一定的信息处理能力，理解自身的职业和社会责任。"

2012 年，欧盟启动了"重新思考教育"计划。在这项计划中，核心素养课程实施与评价问题被纳入了专题研究范畴。欧盟的教育发展在近几年一直围绕着"核心素养"这个主题。

（四）国内"核心素养"发展研究现状

我国根据 OECD 提出的核心素养的基本构架，在 2014 年首次提出了核心素养的概念，并于2016 年正式明确了核心素养所包含的具体方面。总而言之，核心素养是针对教育范畴内"素质"的整合、归纳和精炼，是对 21 世纪"培养什么样的人才"的具体解答。

国内关于核心素养的界定可分为两种派别，一为"要素说"，一为"层次说"。"要素说"以张华、刘恩山、余文森、褚宏启等为代表，如张华认为，核心素养的内涵是适用于一切情境和所有人的普遍素养。北京师范大学刘恩山认为，核心素养属于一种跨学科素养，强调在各学科都可以发展的、对学生最有用的东西。以核心素养中语言素养的概念为例，它既非语文学科的概念，亦非外语的概念。福建师范大学余文森给出的解释为，"核心素养是最基础、最具生长性的关键素养，就像房屋的地基，它决定房屋的高度。核心素养的形成具有关键期的特点，错过了关键期就很难弥补"。南京师范大学李艺和钟柏昌是"层次说"的代表。"层次说"提出基础教育核心素养应包含三个层次的内容：最底层是"双基指向"，以基础知识和基本技能为核心；中间层为"问题解决指向"，以解决问题过程中所获基本方法为核心；最上层是"科学（广义）思维指向"，指在系统的各学科学习中通过体验、认识及内化等过程逐步形成的相对稳定的思考问题、解决问题的思维方法和价值观。通览国内学者对核心素养的认识，大部分研究者认为核心素养是一种最基础、最普遍的素质。这种素养不单单关注学生知识、技能的习得，更注重学生内心情感、态度与价值观的形成和发展。核心素养不限于某一学科，它是跨学科而存在的一种素养。学生具有了这种核心素养，能够在各门学科的学习和探索上发挥良好作用。在学校学习之外，核心素养对学生身心的全面发展、人格的塑造以及对社会的适应性都是必不可少的且影响积极的因素。总之，核心素养对学生在学习、身心发展和社会运转等方面均能发挥基础性、关键性作用。

课题界定

（一）核心素养的概念

核心素养是素养的延伸，素养的涵盖面较广。“素养”的基本含义，指的是人们通过后天的修习涵养，形成具备一定知识、能力和态度的过程与结果。它不等同于知识、能力和态度，而是知识、能力和态度的综合化形态。因此，“素养”要比“能力”的涵义更为宽广，可超越传统的知识和能力，并能纠正过去重知识、重能力、忽略态度的教育偏失。而“核心素养”，则指的是较为核心而重要的素养，即个体为了发展成为一个健全个体，应生活情境需求所不可欠缺的知识、能力与态度。尽管由于各国或各地区的文化背景存在差异，在表述“核心素养”时所用语言不尽相同，但它们都一致认同，“核心素养”就是在一定时期，能够帮助个体实现自我、成功生活与融入社会的最关键、最重要的必备品格和关键能力，体现了全人教育理念。它是内涵不断发展、成熟和优化的动态过程，凸显了教育本质的意义，它更具有鲜明的时代特征，彰显个体与社会生命的活力。

（二）课程、体育课程与室内体育课的概念

简单地说，课程就是课业及其进程。据百度百科的解释，课程是指在校学生所有学习科目及其内容与组织实施过程的总和。广义的课程指学校根据人才培养的需要而开设的教学科目、内容及实施过程，包含了学校开设的所有教学科目以及其他有目标、有计划、有步骤、有组织的一切教育活动的总和。狭义的课程单指某一门教学科目。

体育课程就是以身体活动为外在形式，以人的全面发展为目标，以人的德、智、体、美与心理健康等方面的核心素养培育为主要任务，学校教学和课外学习内容有机统一的整体规划和教育教学过程。

室内体育课则是利用教室、走廊等教学楼内的有限空间并借助多媒体设备、课桌椅和便携式小型易移动器材组织有效的体育教学，主要任务是使学生掌握体育与保健基础知识、基本技术技能，实现学生思想品德教育。

（三）基础教育新课改理念

小学新体育（体育与健康）课程标准，提出了“坚持健康第一的指导思想，促进学生健康成长；激发学生运动兴趣，培养学生终身体育的意识；以学生发展为中心，重视学生的主体地位；关注个体差异与不同需求，确保每个学生受益”的理念。基础教育新课改理念对新课程改革的全局具有决定性影响，进一步说，教师

是否具有新课改的基本理念，并在新课改理念的引领下实施正确的教学行为，对推进新课改健康发展意义重大。

理论依据

（一）素质教育理论

素质教育是教育者在个体发展和社会发展需要的基础上，利用各种有利条件，通过多种有效途径，以适当的方法引导全体受教育者积极主动地、最大限度地开发自身的潜能，提高自身的整体素质，并实现个性充分而自由发展的教育。室内体育课是体育课程重要的组成部分，通过室内体育课促进学生的身心发展，是体育素质教育的必然要求。因此，室内体育课在一定程度上也可以说是素质教育的助推器。

（二）运动技能迁移理论

运动技能的学习和知识的学习一样，也存在着迁移的问题。所谓迁移就是一种学习对另一种学习的影响。迁移不仅表现在知识上，还表现在动作、情感、态度等方面。运动技能之间的迁移即一种运动技能的掌握对另一种运动技能的形成产生影响。已经形成的技能对新技能的形成产生积极影响，叫技能的正迁移，反之则为负迁移。过去一百多年里不同的心理学家对迁移问题有不同的看法。概括化理论认为，迁移是由于人对各任务间具有的一般性因素进行了概括。共同要素说认为，迁移是由于各任务中各种成分具有共同要素。格式塔理论认为，如果在两种学习情境中发生了一种动态模式或关系，就可发生迁移。双因素理论认为迁移是一般因素和特殊因素共同作用的结果。

（三）多元智能理论

多元智能理论是由美国哈佛大学教育研究院的心理发展学家霍华德·加德纳在1983年提出的。加德纳从研究脑部受创伤的病患身上发现他们在学习能力上的差异，从而提出本理论。加德纳认为过去对智力的定义过于狭窄，未能正确反映一个人的真实能力。针对传统智力理论的局限，他把智能定义为“在实际生活中解决所面临的实际问题的能力、提出并解决新问题的能力以及对自己所属文化提供有价值的创造和服务的能力”。多元智能理论认为，人类智能是多元的，主要由语言、逻辑、空间、运动、音乐、人际、内省、自然探索和生存（后两种为后来所加）等九种智能组成。人类智能具有多元性、整体性、平等性、差异性、发展性、语境性、文化性等特点。

研究目标

（1）通过小学生具体的室内体育课教学实践，加强体育教育中对学生核心素养的重视，丰富和完善小学生核心素养督导评估指标体系。

（2）深化室内体育课建设的理论研究，提高小学生核心素养作为室内体育课程的指导理念，实现体育课程对学生全面发展的良好助力。

（3）促进体育教育“向室内延伸，向提高学生核心素养拓展”的教学模式，提出切实可行的“室内体育课实践模式”。

（4）推动体育学科的前瞻性教育，促进小学生的体育课程从上课地点、形式、内容等方面整体提升。

研究对象和主要内容

（一）研究对象

以长沙市室内体育课教学效果为研究对象。以2016年长沙市部分体育教师、教务管理者及部分小学生为实践对象。

（二）主要内容

（1）从研究背景与核心概念的界定入手，梳理当前小学室内体育课和核心素质教育研究的现状以及新课改下室内体育课发展趋势的研究。

（2）对体育教师、学生及教务管理者采取问卷调查法和访谈法，了解室内体育课开展的实际状况，探讨现行室内体育课的问题并分析原因。

（3）从室内体育课的运动技能与方法、有效发展学生核心素质的角度出发，结合新课标理念和问卷调查分析结果，积极探索体育与健康课程室内体育课技能教学的有效途径、模式、方法和标准。

（4）从具体的教学实践中探究室内体育课适宜的教学活动内容和方法，以及课堂教学评价机制，制订室内体育课程具体实施原则、方法与注意事项等。

（5）提出“室内体育课实践模式”，并论证其可行性和有效性。按水平段进行室内体育课程主题式的教学比赛和研讨活动，精选室内体育课的教学内容，优化教学策略，并注重典型案例的收集和分析。

研究方法

研究方法的选取与取舍主要取决于研究对象的客观性质、内部结构、存续时间、外部联系及其扰动因素的复杂程度。基于提高小学生核心素养的室内体育课问题的复杂性，课题组将综合以下四种方法进行研究，具体包括：

（1）文献分析法。文献分析法以特殊的量化方法处理各类文献信息，在学术评价方面具有重要应用。课题组通过对图书、期刊、论文、学术报告、档案等文献进行分析，探讨室内体育课的主要特点、研究热点和发展趋势，以及通过室内体育课提高小学生核心素养存在的问题。本课题研究主要以中国期刊全文数据库为统计源，以“室内体育”“核心素养”等为关键词进行检索，检索结果剔除重复发表和少部分偏离主题的文献，对整理核查后的文献进行深入分析。

（2）教育叙事研究法。教育叙事研究法是指研究者（主要是教师）通过故事描述和诠释有意义的校园生活、教学事件、实践经验、教学感悟等，发掘或揭示内隐于这些生活、事件、经验和行为背后的教育思想、教育理论和教育信念，从而构建教育生活意义的研究方法。

（3）访谈法。访谈法是由访谈员根据研究所确定的要求与目的，按照访谈提纲或问卷，通过个别面访或集体交谈的方式，系统而有计划地收集资料的一种方法。它是访谈员与访谈对象双方的社会互动过程，并通过这一互动过程来获得资料。访谈法以研究人员和被询问者直接或者间接发生社会心理的相互影响为基础。本课题通过对学生、家长和相关教师、领导的访谈，了解师生、家长对体育室内课的认识，以期进一步完善体育室内课实践的研究。

（4）问卷调查法。问卷调查法是用书面形式间接收集研究材料的一种调查手段，通过向被调查者发出简明扼要的征询单（表），请其填写对有关问题的意见和建议来间接获得材料和信息。课题组将所要研究的内容编制成问题表格，以邮寄、当面作答或者追踪访问等方式请被调查者填答，从而了解被调查者对通过室内体育课提高学生核心素养的看法和意见。课题组将问卷回收、整理、归纳后，再利用 SPSS 软件对问卷进行因子分析，查找出室内体育课程中的核心影响因素，进而有针对性地提出以提高小学生核心素养为前提的室内体育课的优化措施。

创新之处

尽管目前有关室内体育课教学方面的研究较多，但对如何利用教室有限的空间和桌凳传授体育与健康知识、运动技能与方法以及系统构建室内体育课教学模式研究较少。如何有效地发展小学生的身体素质和运动能力并积极探索体育与健康课程室内体育课技能教学的有效途径、模式和方法，这正是本课题的创新之处。另外，本课题力图从教育共同体着手进行行动研究，针对教育活动和教育实践中的问题，在行动研究中不断地探索、改进和解决教育实际问题并提出一些对策，也具有一定创新性。再者，本课题研究的内容既符合当下我国的体育教学改革，又在理论和实践操作上皆有系统的研究，对于推动学校体育工作的持续发展，走在时代的前列，具有前沿性。

研究步骤

课题研究大致步骤安排如下。

(1)2016 年 04 月—2016 年 08 月：参考提高小学生核心素养的室内体育课研究的起源、发展及分支脉络，完成项目理论基础构建；组织实地调研或利用互联网搜索、问卷调查、访谈等方式，对现阶段小学生室内体育课的教育现状以及提升学生核心素养的教学效果进行信息采集，重点探究如何通过室内体育课提高小学生的核心素养。

(2)2016 年 09 月—2017 年 02 月：对现行小学生室内体育课推广力度较弱以及部分室内体育课对提升小学生核心素养实效较差的成因进行分析，为室内体育课提高小学生核心素养的目标及模式提出新的要求。

(3)2017 年 03 月—2017 年 08 月：探索室内体育课技能教学的有效途径、模式、方法和标准，完善具体实施原则、注意事项及教学评价机制等。

(4)2017 年 09 月—2018 年 02 月：在理论及对策方面，对“通过室内体育课提高小学生核心素养”深入挖掘。鉴于课程建设的整体复杂程度及多维探讨方向，课题组成员可分管精研，最后由项目负责人汇总审核。

(5)2018 年 06 月：整理课题成果，形成书面报告，并通过有关专家预审、评审，最后形成最终成果。

课题组织及成员分工

(一)课题组

专家顾问：李小球(湖南教育科学院教授)

课题负责人：肖群雁(长沙市小学体育名师工作站站长、小学一级教师)

课题成员：潘立、彭栋、刘平贵、万新闻、石彰明、周艳、蔡昕、徐先桔、殷星阳、张艳、汤鹏、邹周辉、廖赛

(二)课题组成员分工

肖群雁作为课题总负责人，负责课题总体策划、共同设计课题方案、制订研究措施和研究计划、完成研究报告。

肖群雁、刘平贵负责论文、案例、著作等研究及成果的收集和整理。

万新闻、潘立负责小学室内体育课活动的开展、资料的整理。

石彰明、蔡欣负责影像资料的制作与收集整理。

周艳、廖赛负责课题资料整理、记录。

肖群雁、潘立、刘平贵负责撰写结题论文、研究报告。

参与课题研究的成员要及时认真参加研究，及时收集课题研究的相关资料，完成课题研究的相关任务和记录笔记、整理案例、撰写论文、反思等。

预期研究成果

表 1－11　课题研究主要阶段性成果

序号	研究阶段 （起止时间）	阶段成果名称	成果形式	承担人
1	2016 年 10 月—2018 年 6 月	1.《提高小学生核心素养下室内体育课模式的研究》 2.《信息技术在体育室内课教学中的运用——以长沙市体育室内课竞赛为例》 3.《小学体育室内课形式研究——如何在常规模式下充分利用活动空间》	省级刊物发表	肖群雁、蔡欣、万新闻
2	2018 年 10 月	《提高小学生核心素养的室内体育课研究》	研究报告	肖群雁、潘立
3	2018 年 2 月—6 月	《提高小学生核心素养的室内体育课游戏的汇编》	案例汇编	石彰明、肖群雁
4	2018 年 2 月—6 月	《提高小学生核心素养的室内体育课案例的汇编》	案例汇编	万新闻

经费筹措及管理

表 1-12 课题研究经费预算表

序号	经费开支科目	金额(元)	序号	经费开支科目	金额(元)
1	资料费	1000	7	专家指导费	2000
2	数据采集费	1000	8	劳务费	500
3	差旅费	2000	9	印刷费	500
4	会议费	500	10	管理费	500
5	国际合作与交流	1000	11	其他	500
6	设备费	500			

年度预算(元)	2016 年	2017 年	2018 年	合计
	2000	4000	4000	10000
合计	10000 元(壹万元整)			

参考文献

[1] Popenoe(美). 社会学(第十版)[M]. 李强等译北京：人民大学出版，1999：23.

[2] 吴建刚. 新课标下小学体育教学方法改进[J]. 中国农村教育，2009(6)：60-60.

[3] 陈健才. 新课标背景下小学体育教学内容选择的研究[J]. 读与写：教育教学刊，2012(1)：187-188.

[4] 陈文树. 室内体育课教学五法[J]. 体育教学，2001(2)：33.

[5] 张胜利. 室内体育课在中学体育教育中的现状与改革探索[J]. 许昌学院学报，2002(21)：121-122.

[6] 周璋军. 室内体育课教学探究与思考[J]. 中国学校体育，2008：37.

[7] 亓效国，马文杰. 室内体育课应注意的五个环节[J]. 中国学校体育，2008(1)：55-55.

[8] 陈雪萍，谢东如. 室内体育课教学方法研究[J]. 运动，2014(1)：89-90.

[9] 联合国教科文组织总部. 教育：财富蕴藏其中[M]. 教育科学出版社，2001：75-88.

[10] 施久铭. 核心素养：为了培养“全面发展的人”[J]. 人民教育，2014(10)：13-15.

[11] 李艺，钟柏昌. 谈“核心素养”[J]. 教育研究，2015(9)：17-23.

[12] 蔡清田. 课程改革中素养(competence)与能力(ability)[J]. 教育研究月刊，2010(12)：

93－104.
[13] 蔡清田. 课程改革中素养(competence)与知能(literacy)之差异[J]. 教育研究月刊，2011(3)：84－96.
[14] 左璜. 基础教育课程改革的国际趋势：走向核心素养为本[J]. 课程·教材·教法，2016(2)：66.
[15] 宁玉霞. 基于多元智能理论的差异教学策略研究[D]. 呼和浩特：内蒙古师范大学，2005.
[16] 李敦东. 近30年国内多元智能理论研究述评[J]. 常州大学学报，2012，13(3)：82－85.
[17] 唐纳德·A·诺曼. 设计心理学[M]. 梅琼，译. 北京：中信出版社，2003：10.
[18] 章文选. 室内体育活动初探[J]. 幼儿教学研究，2018(2)：31－31.

课题类别：国家级子课题
批准文号：XJK011CJJ10355
学科类别：基础教育
课题负责人：朱志湘
主要研究人员：任　慧　黄　晶　刘翼举　颜玉兰　汪　颖　廖艳群
吴　静　李　敏　谭　璐　胡　芳　王庆荣　杨　庆
杨　利

“小学生思维能力表现标准与分析研究”课题结题报告

问题的研究

（一）课题背景

在知识经济日益发展的今天，建设“学习型社会”已成为人类共同面临的重大课题，基础教育的重要任务就在于让学生在学习中学会学习。新课程的实施关键是改变传统教学中教师教、学生学，教师把知识嚼烂了喂学生的教育方式，为学生指点方向、开阔思路，培养他们的思维能力。

随着新课程的实施，需要改变学生学习方式。以数学教学改革为例，如何让学生在观察中学习数学，在情景中体验数学，培养学生初步形成探求的理念，培养学生会发现问题、分析问题、解决问题的能力，即如何培养学生数学思维能力，这是一项每位教师都值得探讨的重要课题。

我国的课程改革要求改变传统教学重知识传授、轻能力培养的观念和做法，并在新课程改革的具体目标中提出了要“改变课程过于注重知识传授的影响”，

“培养学生的思维能力”等内容。新课程标准也进一步要求教师恰当地变换教法，留给学生充足的思维空间，尽量让学生独立观察、动脑思考，引导学生发现问题，鼓励学生质疑问难，教授思维方法，引导学生多角度进行思考。由此可见，我国数学教学改革把思维能力的培养放在了很重要的位置上。

学生的数学思维能力在各个不同的学习阶段、各种不同的教学内容中，达到怎样的等级才算是合格，在新课程标准中没有给出具体的意见，使得培养和发展学生的思维能力带有很大的随意性。对数学思维的研究是数学教学研究的核心，数学思维的发展规律对数学教学的实践活动具有根本性的指导意义。因此，制订出一套切实可行的小学 1 ~ 6 年级各个学习阶段的思维能力表现标准，不论是对教师的教学还是对家长的引导都是很有意义的。

（二）研究意义

培养学生的思维能力是素质教育的一项基本任务，也是小学教育的一个重要目标。思维能力是智力的核心体现，学生的思维能力提高了，智力水平也能得到提高，进而学习能力和解决问题的能力也会相应得到提高。数学是人类生活的重要工具，是一门逻辑性很强、抽象而系统的学科。小学数学思维能力的培养是教师极为重要的教学任务，是为学生将来的学习生涯奠定基础的重要环节。

小学生的特点是直观感强，思维活跃但缺乏灵活性，抽象思维能力较弱。而以往的传统数学教学模式以教师传授为主，教师思维代替学生思维，偏重知识的传授，联系生活实际少。机械的教育方法扼杀了学生的主动性、积极性、创造性，因此，培养学生思维能力至关重要。

（三）国内外现状

近年来，不少同仁在小学生思维能力培养方面做了不少研究，但始终停留在理论层次，没有制定出一套检验学生思维能力的标准。鉴于以上的认识和分析，我们提出要立足于课堂，开展“小学生思维能力表现标准和分析研究”的课题研究，填补这一研究空白，从具体教学案例和课堂练习中去分析学生思维能力水平，编制一套具体可行的达标手册，真正培养学生灵活的思维能力。

（四）课题界定

思维能力是一切能力的核心，是通过对事物的感知、表象进行分析、概括、归纳而获得事物本质的能力。数学思维，是数学活动中的思维，是人脑和数学对象（空间形式、数量关系、结构关系）交互作用并按照一定思维规律认识数学内容的内在理性活动。

研究目标及内容

(一)研究目标

本课题在于编制一套与小学1~6年级教学内容相匹配,符合学生身心发展特点的《数学达标手册》,来指导教师的课堂教学,训练学生数学思维能力,促进学生的全面发展。通过对思维能力的培养,开启学生的思维之窗。

(二)研究内容

(1)教师教学案例的研究;
(2)学生作业的研究;
(3)学生数学学科活动的研究。

研究方法

(1)问卷调查法。采用教师问卷、访谈记录、质量检测等方法及时、有效地了解实施效果,及时肯定和调整课题实施策略。

(2)实验对比法。对比教师在课题开展前后专业素养、专业态度、专业习惯的变化;对比学生在课题开展前后学习兴趣、思维能力的变化,发现课题实验价值。

(3)量性分析法。根据教师参与课堂竞赛获奖、课堂展示平台、论文获奖或发表,学生参与各级各类检测质量、获奖情况等印证课题效果。

(4)案例分析法。开展教师教学案例研究、开展学生作业个案研究。

研究步骤

第一阶段:申报阶段(2010年8月—2010年11月)

(1)确立研究构想、研究目标。
(2)子课题选题,向总课题组申报。

第二阶段:准备阶段(2010年12月—2011年2月)

(1)组建课题组,组织教师进行学习和讨论。
(2)撰写课题方案和实施计划。

第三阶段：实施阶段(2011 年 3 月—2013 年 10 月)

(1)有组织、有计划地开展课题研究活动，探索数学思维能力标准的制定。

(2)定期举行课题组活动，编制达标手册、教师案例集、论文集。

第四阶段：总结阶段(2013 年 10 月—2014 年 7 月)

(1)整理课题资料，总结研究成果，撰写结题报告。

(2)邀请专家对研究成果进行鉴定。

(3)全面推广课题研究成果。

课题研究主要措施

(一)落实教学常规，丰富教学活动内涵

(1)充分发挥集体备课的作用，认真抓好课题研究活动，做到“功在课前，利在课堂”。每个学期，课题组组织数学教研组一线教师加强教材教法的研究，明确教材编写意图、教学目标、重难点，确定教学方法，做到“三备”(备三维目标、备教材、备学生)。备课力求做到挖掘“深”，设计“新”，内容“实”，并且在活动中共同探讨教学中的困惑、得失，使数学教研组活动扎实而高效。数学教研组常规工作抓严、抓细、抓实，促进了教学管理的良性循环。四年下来，数学教研组汇编了四本集体备课集。

(2)坚持开展“专家引领”听、评、说课活动，配合课题工作来进行专项研究。每学期单周三上午的听评课活动是数学教研工作的重头戏，上课老师认真备课，写详案；听课者有记录，听课后及时交流，互相切磋，认真撰写评课意见。每位老师根据自己的上课实际效果及时反思、总结，并根据专家和评课老师的意见，对自己的教案进行二次设计，使课堂教学过程更优化。四年来，数学教研组汇编了两本教师案例集，融汇了全组教师智慧的结晶。

(二)落实课题研究，将课题研究常态化

(1)课题组成员在思想上充分认识到课题研究的价值及对教师发展的重要性，克服困难，端正态度，以饱满的热情投入课题研究中。

(2)组织课题组成员认真学习新版数学课程标准，参加课标学习活动。结合新课标和每个年级具体章节的具体内容，对数学思维能力的构成进行分析研究。

(3)进行教材的习题研究，对于目标的达成进行简单的预设，将基础知识分层，然后按计划在全班实施。

每位学生是我们研究和实践的对象，我们在课题研究中根据学生实际情况，结合预设目标，对学生进行检测，促进学生的思维发展。

(4)学校每月至少有一次课题组活动或会议。如课例分析、问题讨论等课题研究活动，课题经验总结与成果汇报会。

(三)开展学科活动，丰富学生内涵

结合学生素质教育的要求，开展不同学段的数学学科活动，紧紧围绕数学课题——思维能力的表现进行培养和训练。

2011 年下学期，低学段进行计算题卡比赛。小朋友将五颜六色的卡纸设计成形状迥异的卡片，有的似水果、有的似动物，再将计算题写在上面，请其他小朋友答题。中学段也是一样，只是题卡上面写的是以前自己做错的题目。高年级的同学们设计数学小报，将以前学过的单元进行整理复习，制作成一张张美丽的数学小报。

2012 年上学期，低学段进行计算、口算比赛，培养了孩子们计算的正确率和速度。中学段设计数学小报，将以前学过的单元进行整理复习，制作成一张张美丽的数学小报。高学段的同学进行立体模型的创新设计比赛，锻炼了大家的动手能力和学生对立体图形概念的学习。

2012 年下学期，进行“计算大王争夺赛”，提高了孩子们计算的正确率和速度。

2013 年 5 月份，举行了燕山二小“2013 年春季‘趣味数学’比赛”，既开发了学生的思维，又提高了学生学习数学的兴趣。

2014 年 5 月，为了让学生在体验中快乐学习，学习中快乐成长，体育组和数学组联合举办“六一”趣味运动会，孩子们体验了丰富多彩的数学活动。

2014 年下学期，进行数学大擂台、勇夺圣诞卡比赛、数学学科活动等，学生的动手能力、综合实践能力得到提高，获得了成功的喜悦。

2015 年上学期，进行全校性的“计算大王争夺赛”，极大地提高了学生计算的兴趣。

(四)积极参加各级教研活动，提高课堂教学效益，促进教师专业成长

学校鼓励支持教师参加各级教研活动，并提供充足的学习经费，促进教师业务能力的快速提升。

2011 年下学期，黄晶老师被外派到天津参加全国第 32 届“创新杯”教学艺术大赛。黄晶、李敏、刘翼举、唐智、杨利、杨庆、汪颖、吴静等老师都多次参加省、市、区级数学新进教师培训班。

2012 年上学期，杨庆老师参加长沙市讲题比赛获得二等奖，杨利老师参加芙蓉区数学素养比赛获得二等奖。汪颖、杨庆两位年轻教师作为新生力量，被选为

区数学新进教师培训班学员定期外出学习研讨。这个学期，数学教研组还多次组织老师到长沙市丁丽名师工作室、砂子塘新世界小学、砂子塘天华小学、宁乡金海小学听课学习，积极地为教师的专业成长提供有益的借鉴。

2012 下学期，刘志东老师在全国“创新杯”教学艺术比赛获得二等奖。胡芳老师参加区 40 岁以上教师教学竞赛获得二等奖。数学教研组结合芙蓉区“星城杯”教学基本功竞赛，组织了“燕山杯”活动。在 10 月份进行的市级论文比赛中，任慧主任获得市级一等奖，黄晶老师获得二等奖，廖艳群老师获得三等奖。

2013 年下学期，杨利老师参加市级讲题比赛获得一等奖，汪颖老师参加区级教学竞赛获得二等奖。任慧老师代表芙蓉区数学名师工作室参加市级名师工作室开放活动作了主题发言，并在“2013 年度优质教育资源征集”活动中负责评审工作。

2014 年上学期，颜玉兰老师的“年月日”一课在区教学比赛获得一等奖。长沙县进修学校聘请任慧老师担任“长沙县小学数学教师教育技术能力”示范课教师。同时，任慧老师参加“湖南省基础教育数字资源评审与应用”培训。吴静、刘翼举老师参加特级教师和市区名师同课异构活动。

2014 年下学期，颜海燕、谭璐老师参加了区级数学岗位培训班。杨利、黄晶老师参加了张新蔚数学名师工作室的学习。多位老师参加国家级、省级、市级、区级等各项听课、培训等活动。黄晶老师参加“市级讲题比赛”获一等奖；颜海燕老师参加四校校级交流活动。数学教研组被评为市、区优秀教研组。黄晶老师被评为“教研工作优秀个人”。

2015 年上学期，颜海燕老师的“打电话”一课在市、区教学比赛获得一等奖；颜玉兰老师赴昆明学习，廖艳群、吴静老师赴杭州参加“千课万人”活动。同时，老师们也积极参加市、区举办的特级教师观摩活动，增长了见识、开阔了视野。

课题研究成果

经过近三年的努力，课题组初步建立了一套检测学生数学思维能力的习题和评价标准，营造了学科教育“研教合一”、教学相长的学习氛围，使学生养成了“爱思考、会思考”的学习习惯，推进了课堂问题研究的纵深发展。

（一）认识性成果

1. 创设情境，引发学生积极思维

现代认知心理学认为，思维的本质在于问题情境，而且以解决问题情境为目的。设计一个恰当的问题是激发学生思维火花的催化剂。亚里士多德认为：“思维自疑问和惊奇开始。”在数学课堂教学的实施过程中，教师要善于质疑才能激发学生积极的思维，引发学生探求的欲望和动机，再通过释疑、解决问题等环节，使学生达到掌握知识、启发智力和养成良好思维习惯的目的。

2. 启发猜想，培养学生的思维品质

数学猜想是创造数学思想方法的重要途径，大胆的猜想对培养学生创造性思维和勇于探索的精神都大有裨益。在数学课堂教学中，我们要引导学生勤于猜想、敢于猜想、善于猜想，激励学生思考，让他们自由想象，让学生的创造性思维能力得到培养。

(1) 利用猜想，培养思维的创新性。现代教学是发生在教师和学生之间互相传输信息的过程，因而在教学方法上，教师必须最大限度地调动学生的学习积极性，鼓励他们"标新立异"，激发他们猜想更好的方法。

(2) 利用猜想，培养思维的发散性。发散思维是创造思维的重要组成部分。它不受一定的解题模式的束缚，从问题个性中探求共性，寻求变异，沿着不同方向和同角度去猜想、延伸、开拓。在数学教学中，一般可采用一题多解的训练来培养和锻炼学生思维的发散性。

(3) 利用猜想，培养思维的灵活性和敏锐性。在解题的过程中，我们应鼓励学生大胆猜想，使学生有意识地沟通数学知识的纵横联系，多角度地思考问题，灵活地运用各种思维方法解题。我们在实现数学教学目的的过程中，适当的一题多解，可以激发学生去发现和创造的强烈欲望，加深学生对所学知识的深刻理解，训练学生对数学思想和数学方法的娴熟运用，培养学生思维的灵活性和敏锐性。

3. 教会学生思维的方法

现代教育观点认为，数学活动的教学，即思维活动的教学。如何在教学过程中培养学生的思维能力，养成良好思维品质是教学改革的一个重要课题。孔子说："学而不思则罔，思而不学则殆。"在数学学习中，要保持学生的思维活跃，就要教会学生分析问题的基本方法，这样有利于培养学生的正确思维方式；要学生善于思维，必须重视基础知识和基本技能的学习，没有扎实的双基，思维能力是得不到提高的。

(二) 研究性成果

(1) 教师案例集 2 本，论文集 1 本，《数学达标手册》2 本。

(2) 过程性资料 18 本。

(3) 5 个含课件、反思等资料的教学成果光盘。

(4) 课题学习记录、资料摘录集。

(5) 学生学科活动作品、学生数学思维训练习题集，课题文献摘抄笔记、问卷调查分析问卷。

（三）荣誉成果

2011 年上学期：省级 2 人次。

2011 年下学期：国家级 1 人次，省级 4 人次，市级 8 人次，校级 25 人次。

2012 年上学期：国家级 4 人次，省级 8 人次，市级 7 人次，区级 4 人次，校级 35 人次。

2012 年下学期：国家级 6 人次，省级 5 人次，市级 6 人次，区级 12 人次，校级 6 人次。

2013 年上学期：国家级 13 人次，省级 5 人次，市级 18 人次，区级 4 人次。

2013 年下学期：省级 9 人次，市级 11 人次，校级 1 人次。

2014 年上学期：国家级 22 人次，省级 1 人次，市级 1 人次，校级 1 人次。

2014 年下学期：国家级 1 人次，省级 6 人次，市级 10 人次，区级 2 人次，校级 14 人次。

课题研究效果

（一）教师在课题研究中成长

教师彰显了“乐学乐教”的职业态度。积极参与培训、师徒牵手结对、主动请教问题、自觉课堂反思等已成为教师工作常态。教师养成了“研教合一”的职业习惯。极大程度提升了自己的课堂教学能力，有效增强了学生的学习信心，切实提升了自己教材解读能力，提升了“着力课堂”的职业技能，从解读教材到教学设计、从课堂导课到课堂调控、从课堂生成到课堂点拨、从课后反思到命题设计等方面充分显示了教师的生长感。

（二）学生在课题研究中数学思维能力得到了发展

学生成绩得到了极大的提高，对数学的兴趣越来越浓厚。对于每个学期的数学学科活动，孩子们的积极性非常高，数学思维也得到了训练与培养（表 1－13、表 1－14）。

表 1-13 2014 年数学期中考试班级成绩统计

班级	执教老师	分数分布				合格率	平均分
		100~85 分	84~70 分	69~60 分	60 分以下		
一(1)	叶静波	58	0	0	0	100%	97.72
一(2)	叶静波	57	2	0	0	100%	97.24
一(3)	罗婷	58	0	0	0	100%	97.64
一(4)	罗婷	57	0	1	0	100%	96.91
一(5)	胡芳	55	1	0	0	100%	95.71
二(1)	吴静	46	8	2	0	100%	90.98
二(2)	吴静	41	10	3	1	98%	86.7
二(3)	林朝霞	44	9	2	0	100%	90.87
二(4)	李果	42	11	1	0	100%	90.02
二(5)	林朝霞	50	7	1	0	100%	91.48
三(1)	黄晶	56	3	0	0	100%	95.1
三(2)	黄晶	55	3	0	0	100%	94.5
三(3)	汪颖	55	5	0	0	100%	93.71
三(4)	汪颖	55	4	0	0	100%	94.96
四(1)	刘翼举	51	8	1	0	100%	91.4
四(2)	颜玉兰	49	9	0	2	96.7%	90
四(3)	刘翼举	53	5	0	0	100%	92.7
四(4)	颜玉兰	58	1	0	0	100%	96
五(1)	颜海燕	41	10	0	0	100%	91.8
五(2)	颜海燕	47	5	0	1	98.1%	91.3
五(3)	苏慧	36	8	7	0	100%	87.6
五(4)	廖艳群	37	11	4	0	100%	87.3
五(5)	廖艳群	32	13	3	3	94.1%	83.8
六(1)	王庆荣	38	8	5	3	94.4%	86.76
六(2)	谭璐	24	22	4	0	100%	83
六(3)	王庆荣	26	12	11	3	94.2%	80.31
六(4)	杨利	28	17	4	4	92.4%	82.3
六(5)	杨利	30	17	3	1	98%	84.6

表 1-14　2014 年数学期末考试分数分布统计

一年级分数公布	分数分布	100~85 分	84~70 分	69~60 分	60 分以下
	290 人	288 人	1 人	1 人	
优秀率(85 分以上)	99.3%		及格率(60 分以上)		100%

二年级分数公布	分数分布	100~85 分	84~70 分	69~60 分	60 分以下
	277 人	254 人	21 人	2 人	0 人
优秀率(85 分以上)	91.7%		及格率(60 分以上)		100%
三年级分数公布	分数分布	100~85 分	84~70 分	69~60 分	60 分以下
	233 人	216 人	17 人	0 人	0 人
优秀率(85 分以上)	92.7%		及格率(60 分以上)		100%

四年级分数公布	分数分布	100~85 分	84~70 分	69~60 分	60 分以下
	257 人	199 人	46 人	5 人	4 人
优秀率(85 分以上)	78%		及格率(60 分以上)		98%

五年级分数公布	分数分布	100~85 分	84~70 分	69~60 分	60 分以下
	260 人	219 人	33 人	4 人	4 人
优秀率(85 分以上)	84.6%		及格率(60 分以上)		98.5%

问题思考与建议

在取得课题研究成果的同时，我们更要看到研究中的不足和需要努力的方向，现归纳如下：

(1)在大班额状况下，如何使不同基础的孩子都得到有效的思维训练。

(2)教师驾驭课堂的能力存在差距，引导点拨、训练学生思维的思路和方法有待进一步研究改进。

在以后的工作中，我们将继续深入研究，并制定相应奖励措施，调动教师积极性。通过培训与自我研修，提升教师专业素养，促进教师思想深层次改变，推进课题研究的深度。

参考文献

[1] 杜树春. 小学数学课程中学生思维能力的培养[J]. 大连教育学院学报, 2009(2): 93-98.

[2] 陈仁泽, 陈孟达. 数学学习能力的因素分析[J]. 心理学报, 1997(2): 172-177.

[3] 裴蜀华. 数学能力的培养与综合素质提高的关系[J]. 成都教育学院学报, 2004, 18(1): 80-81.

[4] 丁志峰. 提高计算能力, 促进思维发展——浅谈如何提高小学生的计算能力[J]. 理科爱好者, 2010, 02(2): 141-142.

[5] 沈祥锋. 新课程下如何加强小学生计算能力[J]. 小学时代: 教育研究, 2010(3): 54-54.

课题学科类别：基础教育
课题资助类别：区级一般课题
课题负责人：朱志湘
主要研究人员：任　慧　罗水姣　陈喜琴　龙晓宇　丁任飞
刘琳琳　王　燕　肖群雁　黄　晶

“小学教师例会有效性研究”课题结题报告

问题提出

(一) 顺应时代的要求

2010 年 9 月，《湖南教育》“校长论坛”栏目负责人李统兴博士对芙蓉区燕山小学、燕山二小、八一路小学、马王堆小学、东郡小学、天心区青园小学、雨花区长塘里小学，以及常德、平江、株洲等地数十所学校的教师例会现状进行了调研。调研结果显示，70% 的学校教师例会仍是行政领导一言堂，内容枯燥、形式单调，教师参会积极性不高，甚至有的学校会风散漫。在当下这个飞速发展的信息时代，传统的例会模式已经不能满足教师发展的需求。通过此次以点代面的调研，被绝大多数学校管理者忽略的教师例会被推到了教育研究的前沿。2010 年 11 月，《湖南教育》“校长论坛”栏目针对湖南省教师例会的现状，邀请省内各名优学校加入到“教师例会创新研究实验”中，对顺应时代发展的新型教师例会进行专题研究。燕山二小作为城区新建学校代表有幸受邀成为第一批“教师例会创新研究实验”的参与者。

（二）切合教师的需求

教师例会是教师自己的会，教师的意见和建议是改革教师例会的直接依据。于是我校采用书面问答的形式征集了教师对现有例会的意见和建议。从收到的书面反馈建议来看，教师的诉求主要体现在以下几个方面：希望学校提高例会的效率，把每周的全体教师会由"工作会"变为"学习会"；由"事务布置"变为"主题研讨"；由"行政一人谈"变为"教师大家谈"。根据教师们提出的合理建议，学校从2010年12月份开始，尝试构建学校工作与校本培训一体化的会议模式，对教师例会进行创新改革。抓"给养"，促"分享"，先后推出"艺术鉴赏""读书交流""才艺展示""健康在线""亮点工作大展台""学校工作大家谈""重点工作细安排"等栏目，除了"学校工作安排"板块由学校行政主持外，其他栏目均有教师轮流主持或主讲。

创新形式后的例会以服务教师内涵发展，打造凝心聚力教师团队为宗旨，使例会成为了燕山二小教师展示自我、激发潜能、分享智慧的舞台，也让学校的管理更加人性化、活力化。此项创新举措很快得到了媒体的关注，2011年3月28日湖南省《科教新报》刊发的《让教师唱主角》对燕山二小的教师例会进行了报道。

（三）源于学校的发展

一所学校要有长足的发展，打造出自己的教育品牌，就必须依靠教师集体的智慧，倾力建设和谐的教育团队。燕山二小建校于2009年9月，是芙蓉区实施名校带新校的"二小"发展模式、加快优质教育资源扩张、打造精品教育系列的一大力作。燕山二小的师资队伍由原火炬小学大部分中青年教师、燕山小学及区内引进的骨干教师、芙蓉区教育局招聘的年轻教师三部分组成。学校教师团队平均年龄不到30岁，管理团队平均年龄不到40岁，教师的素质也参差不齐。作为一所以青年教师为主的新建学校，无论是教学经验、还是管理能力，学校都还有很大的提升空间。相比区内一些大校、名校，学校行政和教师对校本培训方面的要求更加迫切。但学校工作繁多，周一全体教师会、周二、周三学生社团活动、周四外出学习……为提高工作和学习的效率，学校在有效整合教师例会与校本培训研究取得初步成效的基础上，将每周定期召开的行政工作会和学科组教研工作会也作为研究对象，将校本研训活动分别渗透到每周固定召开的教师会、行政会和学科组教学会当中，并改进研训方式，更新研训策略，立足校情，对各类例会的形式与内容分别进行深入的改革与研究，着力打造出一支素质精良、团结协作、凝心聚力的学校管理团队和教学团队，促进学校办学质量的不断提升。

基于以上原因，燕山二小于2011年6月提出了"小学教师例会有效性研究"的课题。

概念界定

“例会”是依据约定的惯例每隔一定期限举行一次的会议。它对实现有效管理、促进学校上下的沟通与合作，提高各部门执行工作目标的效率、追踪各部门工作进度，集思广益、提出改进性及开展性的工作方案，协调各部门的工作方法、工作进度、人员及设备的调配都有巨大作用。

“小学教师例会”是指学校依据约定的惯例，定期组织教师参与的各类教育教学工作会议。具体包括学校每周定期召开一次的全体教师教育教学工作会议(简称教师例会)；各学科组每周定期召开一次的学科教师教研工作会议(简称教研例会)；学校行政每周定期召开一次的学校管理工作会议(简称行政例会)；以及各部门定期组织召开的各类工作会议，如校园安全例会等。本课题重点对教师例会、教研例会和行政例会的有效开展进行研究。

“有效性”是指完成策划的活动和达到策划结果的程度。本课题的“有效性”是指在规定的会议时间内高效地完成各项会议内容，会上教师参与热情高、会风好，会后执行力强、工作有质量。

理论依据

(一)人本管理模式

人本管理是人们通过多年的实践逐步形成的一种新的管理思想和模式。它体现在学校教育管理中，就是把人放在学校管理的中心地位，尊重人、理解人、关心人、激励人、教育人、保护人，充分开发人的潜能，激发人的热情。它始终以人的发展为根本，着眼于人的终身发展，着眼于满足人的合理需要，体现人的价值，着眼于学校的长远发展，把全校师生凝聚在一起，进一步调动人的积极性，实现人与学校的和谐发展。

(二)马斯洛的自我实现理论

心理学家马斯洛认为，人的成长源于个体自我实现的需要，自我实现的需要是人格形成、发展、成熟的驱动力。所谓自我实现的需要，就是“人对于自我发挥和完成的欲望，也就是一种使他的潜力得以实现的倾向”。因此自我实现是教师专业发展的源动力，教师的专业发展不仅仅可以使自己胜任本职工作，事业进步，更重要的是可以实现自我价值，赢得他人尊重，获得认同感和满足感。

（三）积极心理学理论

积极心理学重视激发个人潜在的积极品质和积极力量，促使其顺利地走向属于自己的幸福彼岸。教师长年累月同学生打交道，是容易产生职业倦怠感的高危人群，只有充分挖掘教师个体的积极品质和积极力量，才能让教师幸福地同学生相处，向学生传递幸福。

（四）创新理论

创新理论是美籍奥地利经济学家熊彼特首先提出用以解释资本主义经济发展和周期的理论。熊彼特把创新定义为建立一种新的生产函数，即企业家实行对生产要素的新结合。本课题所依据的创新理论，主要是“采用一种新的生产方法”即技术的创新。

研究目标和内容

（一）研究目标

（1）通过对行政例会、教师例会、教研例会有效开展的基本框架的研究，形成一套可复制、可借鉴的操作范式。

（2）借助例会有效性的研究和实施，加强会风建设，提高工作效率，凝聚教师团队，树立学校良好形象。

（3）使例会成为教师成长的展示舞台，满足不同层次教师的专业需求，调整教师职业倦怠心理，提升教师专业素养。

（二）研究内容

（1）分析燕山二小行政例会、教师例会、教研例会的现状，研究有效例会的实施策略。

（2）行政例会、教师例会、教研例会内容和形式的研究。

（3）行政例会、教师例会、教研例会有效开展的基本框架和模式的研究。

研究方法

本课题研究以行动研究法为主。在研究开始阶段，进行文献资料搜集分析，为研究确定逻辑和事实起点。在研究实施阶段，以参与课题的教师为主，按照计划、行动、考察、反馈的程序来开展研究。课题组根据研究的情况与特点，将行动研究法作为贯穿始终的主要方法，同时基于实际问题解决的需要适时交替辅助以一些其他研究方法（如访谈调查、个案研究、专题总结等方法），以达到适度的理论概括和实际总结的双重研究目标。

研究步骤

第一阶段：准备阶段（2011 年 6 月—2012 年 4 月）

（1）2011 年 6 月，基于新校建设发展的需要，我校教研室在区教科中心彭海鳌主任、邓璐娥老师的指导下，撰写课题方案并申请立项。

（2）经过自主申报及学校推荐，学校教研室成立了一支由学校行政与学科组长组成的课题队伍，并将本课题研究工作纳入学校整体工作计划以及学校教科研工作计划。

课题指导专家：湖南教育杂志社编辑李统兴博士、长沙市教科院规划发展所段晓宏所长、芙蓉区教科中心彭海鳌主任和邓璐娥老师

课题主持人：朱志湘

课题负责人：任　慧

课题组成员：罗水姣、陈喜琴、龙晓宇、丁任飞

刘琳琳、王　燕、黄　晶、肖群雁

（3）聘请课题指导专家长沙市教科院原规划发展所段晓宏所长（现任长沙市小学语文教研员）对课题组成员及学校教师进行课题工作指导培训。

（4）2012 年 5 月，本课题在芙蓉区教科中心的组织下进行集中开题论证，并对课题实施方案进行评审。根据指导专家提出的评审意见，课题组对课题方案进行再次修订。

第二阶段：实施阶段（2012 年 5 月—2013 年 12 月）

（1）围绕课题进一步加强理论学习，重点研读提升学校管理、促进教师专业发展等方面专著及相关文献资料，定期聘请专家、学者来校进行诊断、辅导和引领。

（2）不断修订和完善各类例会、研训制度，确保课题研究的有效进行。定期召开课题组工作例会，探讨在有效例会研究中的成果及困惑，并根据理论学习和深层次的讨论研究修订课题方案，进一步明确课题研究的目的和意义。

（3）通过对各类例会召开时间的调整，会议主题、内容及形式等方面的研究，重点探讨适合我校校情的有效例会实施方法和策略。初步提出我校有效开展教师例会、行政例会及教研例会的基本框架及操作模式。

（4）在研究的过程中不断积累资料，收集关于该课题的心得体会、感悟及相关论文，提炼撰写并且分析各类有效例会案例，为汇集成学校成果集作准备。

第三阶段：验证、总结阶段（2014年1月—2014年4月）

（1）在完成实施阶段各项任务的基础上，设计调查问卷，对行政例会、教师例会、教研例会有效实施情况进行调查，并根据调查结果对课题研究工作进行全面、系统的总结与评估，做到及时补缺补差。

（2）全面收集、整理各种研究资料并分类归档。

（3）总结梳理各个层次、各个方面的成功经验和典型案例，汇编有效例会典型案例集，例会研究论文集，学校、教师、课题组成员荣誉录，课题组成员成长手册等研究成果资料，为结题做好准备。

（4）总结、提炼经验，完成结题报告。

课题的实施及成果

本课题研究最主要的特征是实践性强。近三年来，燕山二小教师在课题的引领下，积极投入到研究当中。通过对行政例会、教师例会和教研例会的研究与实践，构建了一套适应新建学校行政、教师专业发展实际需要的，富有时代特点的有效例会模式；提升了学校行政的管理水平，建立了各类例会有效运行机制和一套完整的学校常规管理制度；以贯彻落实新课改精神为主线，以推进“高效课堂”“生本课堂”建设为中心，创新了教师例会和教研例会的形式，使例会成为教师展示风采的舞台，有效促进了教师的专业化发展，打造了一支精诚团结、爱岗敬业、业务精良的教师队伍。

（一）建立健全了校本研训等教师常规工作管理制度

一个团队，其精神的形成和任务的完成都取决于团队的合作，取决于良好的制度建立，以及制度的正确导向和评价。所以，我校秉持以人为本的思想，根据课题工作开展的需要，由行政组牵头，结合“民主式行政例会”的研究，对学校行政例会、教师例会、教研例会制度，学校研训工作制度及学校教师常规工作制度等进行了修订、完善，并先后出台了《燕山二小校本研训制度》《燕山二小（教师版）常规管理手册》。

1. 建立组织机构及相应的管理制度

建立科学、高效的组织领导机制是学校课题工作及校本研训等工作能否规范实施的首要保证。为确保例会课题研究的针对性和实效性，我校建立了校长室领导下的三级管理体系（图1－1），成立了以三位校级领导和学校教育教学分管行政及语、数、综学科组长组成的课题工作领导小组，分别对行政例会、教师例会和教研例会进行管理和研究，做到职责分明，分工明确。

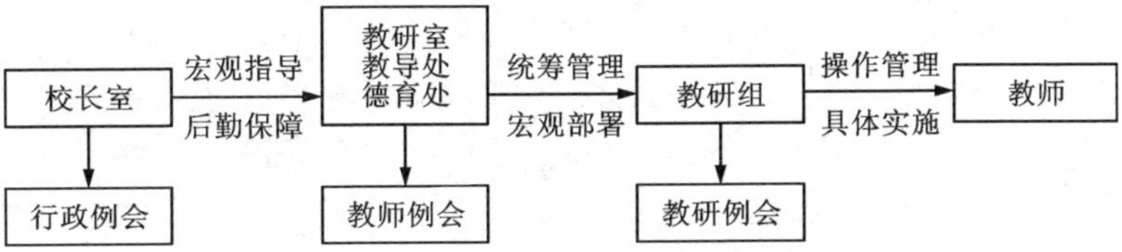

图 1－1　课题研究三级管理体系

管理职责：

校长室——制订课题研究的原则、目标、思路，协调各部门工作，动员方方面面的力量，做好课题研究的后勤保障等工作。

教研室——承担统筹管理工作，职责是在校长室的领导下负责学校教研组的组织牵头工作，根据学校的教育教学实际和上级的有关精神，宏观部署。承担着组织开题，确定教研方案，统筹安排业务指导、研究活动、检查评价等工作。

教研组团队——教研组组长为责任人，负责具体实施，职责是按照教研室的计划承担教研例会研究任务，执行实验方案、组织理论学习、小结评估汇报，完成具体研究工作。

学期初，课题组在校长室的指导下对学校教师例会的时间进行统筹安排，积极倡导研修与实践相结合、反思与借鉴相结合的理念，要求各部门充分利用例会时间，分别对行政和教师进行全面的校本培训（表 1－15）。

表 1－15　2014 年上学期燕山二小教师例会时间安排表

例会	例会时间	重点工作（主题）	专家指导
教师例会	周一中午	教育教学工作、党群众路线活动等	王林教授、冯卫 谭菜花、段晓宏等
语文教研例会	周二上午	关注语用、落实“生本”	辛晓明（外聘）
数学教研例会	周三上午	“生本课堂”下小学生计算思维能力的表现与研究分析	刘润玉（外聘） 朱志湘、任慧（骨干）
英语教研例会	周二下午	践行生本理念，关注学生口语	陈喜琴（骨干）
综合教研例会	周四上午 1～2 节	学科“生本课堂”研讨、组织教学策略	各学科教研员
行政例会	周五上午 2～4 节	学校常规工作、行政学习交流	李新奇、朱志湘

(1)建立例会(培训)常规管理制度。学校教导处和教研室是教师例会(培训)工作的具体责任部门,教导主任和教研主任是主要责任人。学校制订的例会(培训)常规管理制度,对例会(培训)的时间、地点、参与人员、内容、效果、评价等作出明确的规定,并有具体落实、检查细则,以保证会议效果。

(2)建立教研例会(校本教研)常规管理制度。教研组是学校的一级行政组织,它肩负教学、教研、管理三种职能。我校根据国家开设的课程有语文、班队、数学、英语、音乐、体育、美术、科学、信息、思品、校本、综合实践等12个学科组,本着有利于教学和研训活动开展的原则,将12个学科组整合成语、数、综三个教研组。因我校办学规模不断扩大,2013年下学期起,学校英语学科组从综合教研组分离出来,组建了英语教研组单独开展校本研训活动。

教研例会(校本教研)常规管理制度要明确和落实教研组长的任职条件和工作职责,要对每次教研例会(校本教研)活动提出具体的要求。如我校教研例会就力求做到"五有"——有切实可行的计划、有明确的专题、有符合实际的活动安排、有研讨过程的材料积累、有具有一定价值的阶段性书面总结和交流研讨课。除此之外,对教师的读书分享、听评课、集体备课等方面也提出了明确的要求和具体的操作方法。

每学期初,教研组长要根据本组教师的研训现状及研训需求,在学科专家和联点行政的指导下对本学期教研例会的内容和形式进行规划和部署(表1-16)。

表1-16　2014年上学期燕山二小语文主题教研例会安排表

周次	研训主题	研训形式	负责人	新闻	照相	资料整理
一	新学期工作安排	工作布置	刘琳琳	章　彬	郭　维	王　燕
二	辛晓明:如何打造生本课堂	专题讲座	刘琳琳	戴漫林	郭　维	王　燕
三	自主合作学习模式探究	课堂教学 网络研讨	饶作平、郭　维 黄　珍	唐小雨	郭　维	王　燕
四	中老年教师课堂教学展示	教学展示	杨　欣、龙慧萍 高艳平、陈佩娟 雷丽君	谢　眺	郭　维	王　燕
五	学生检测评价研讨	集体备课	刘琳琳	王　燕	郭　维	王　燕
六	低段识字、阅读教学	教学研讨	唐小雨、马小花	袁　媛	郭　维	王　燕
七	菜单服务:阅读让学"语文",不仅仅是学"语文课本"	专题讲座	龚娜燕	朱双亚	郭　维	王　燕

续表 1－16

周次	研训主题	研训形式	负责人	新闻	照相	资料整理
八	低段同课异构	教学研讨	戴漫林、龙　苑	章　彬	郭　维	王　燕
九	创新作业交流	教师沙龙	刘琳琳、王燕	戴漫林	郭　维	王　燕
十	中段阅读教学	教学研讨	刘琳琳、朱双亚	唐小雨	马小花	王　燕
十一	菜单服务：绘本阅读《小房子》	观摩课	杨　柳	章　彬	马小花	王　燕
十二	辛晓明老师讲座	专题讲座	王　燕	王　燕	马小花	王　燕
十三	作文教学交流	校际交流	王　燕	袁　媛	马小花	王　燕
十四	高段读写结合	教学研讨	袁　媛、黄春燕	朱双亚	马小花	王　燕
十五	高段读写结合	教学研讨	卢　琼、刘安瑶	谢　眺	马小花	王　燕
十六	青蓝工程徒弟汇报课	教学研讨	章　彬、戴漫林 饶作平、马小花 唐小雨、谢　眺	王　燕	马小花	王　燕
十七	读书交流	教师沙龙	王　燕	唐小雨	马小花	王　燕
十八	学科活动成果展示	成果展示	王　燕	谢　眺	马小花	王　燕

2．教师教学研究制度

为提高教师教育教学研究水平，增强教师的使命感和责任感，我校建立和完善了教师教学研究制度，为学校课题研究工作的有序开展提供了基本保障。教学研究制度主要包括理论学习制度、教学反思制度、备课制度、上课制度、作业布置与批改制度、学生辅导制度、学生评价与考试制度、教学质量分析制度等。

（1）理论学习制度。我们深知，理论学习是促进教师专业提高的有效保证。没有专业引领的研究活动，教师的研究很难上升到一定的高度，或者会耗费较多的时间。因此，我校建立了理论学习相关制度，从理论学习指导和教师自主研修学习两方面提出了明确的规定，要求学校组织的理论学习要有计划、有时间保证、有检查落实；要求教师的自主研修要更加指向实践中发生的真实问题，引导教师树立终身学习的理念，不断更新自己的理念和知识储备，为教师的专业发展提供理论基础。

在课题研究初期，为了让广大教师明确课题研究的意义，掌握课题研究的基本方法，学校组织教师重点阅读了教科研理论及课题操作方面的工具书籍。课题实施阶段，为了更新教师的思想观念，提高学校行政的管理水平和教师的理论水平，学校根据课题研究的需要，通过开展“教师共读一本书”“图书漂流”等一系列教师读书活动，先后组织全体教师阅读了《用感恩的心去工作》《活在当下》《陶行知教育名篇》《谛听教育的春天》等教育教学类书籍；组织全体行政人员先后阅读了《忠告中层》《不讲如果只看结果》《细节决定成败》《沟通与语言艺术》《掌控学校管理中的情绪》等管理类书籍。根据各学科组“主题”教研例会研究的需要为全体学科教研组长配发了生本教育理念与操作指导书籍《春意来草自青》语文组教师单独配发了阅读教学指导书籍《种子的力量》数学组配发了《爱上数学》综合组配发了《新课堂教师角色与行为的变化》等书籍。为检查教师读书活动的落实情况和效果，课题组分别对行政例会、全体教师例会及学科组教研例会的“读书交流”活动的组织形式与策略进行研究。

除此之外，学校还建立了长效的引领机制，定期聘请了省、市、区专家、名师、优秀班主任作客燕山二小亲临指导，力求打造一支师德优秀、理念超前、技能一流、专业过硬的教师队伍，形成浓郁的学术研究氛围。

(2)教学反思制度。只有善于对自己的行为或观念经常反思质疑的教师才能得到较快发展。所以，我校建立了教师反思制度，促使教师用研究者的眼光，对自己的教育实践和身边发生的教育现象进行审视、反思、分析、探索，使教师日常教学工作和教学研究、专业成长融为一体，形成在研究状态下工作的职业生活方式，同时也是为教师开展课题研究做准备、打基础。

如本课题在准备阶段，我们对全体教师例会、行政例会以及各学科组教研例会的实施现状进行了调研，并将调研结果分别在相关会上进行反馈。老师们通过分析发现：过去召开的例会分别存在“三多、三少”的现象，即“表面形式多、实质内涵少”“常规多、研究少”“实践多、反思少”。如何改变各类例会现状，通过提高例会的有效性来推进学校团队建设，促进教师专业化成长？我们又组织学校行政、年级组长、学科组长进行集体反思，通过深入的交流研讨，上上下下形成这样的共识：将我校教研工作重心置于具体的教育教学工作情境中，分别把学校的行政例会、全体教师例会、教研例会作为研究基地，开拓创新，通过扎实有效的校本研究工作的开展形成例会工作特色和学校教研文化。

(3)编制《燕山二小常规管理手册(教师版)》，修订和完善备课、上课等教学常规制度。

(4)编制《燕山学校制度》和《燕山二小研训制度》，制订教师课题研究、师徒结对等管理制度。

(二)构建适合燕山二小发展的有效例会模式

教师例会的质量衡量着学校走向文化管理的进程。为激发教师的工作热情，提高行政的管理水平，我校打破传统的例会模式，从拓展内容和丰富形式两个方面着手，分别对行政例会、教师例会及教研例会的形式进行创新研究，初步构建了适合我校教师发展的例会模式，并汇编成燕山二小《有效例会典型案例集》。

1. 目标明确，形成形式丰富的行政例会模式

行政例会是学校校级领导和中层行政人员共同参加的工作会议，其目的是为了及时发现和解决学校教育教学管理过程中出现的各种问题，进一步促进学校管理工作的规范化、科学化，提高教育教学的管理水平，确保学校各项工作的顺利开展。我校中层行政人员都是2009年建校以后从教学一线提拔的各学科骨干教师，为帮助年轻干部快速成长，我校结合本课题的研究，总结研发了以下几种模式的行政例会。

(1)交流式行政例会。管理团队成员之间需要交流和分享，兄弟学校管理团队之间也需要交流和分享。我校采用的是名校带新校的“二小”发展模式。为充分发挥燕山小学行政团队的示范、引领作用，我校的行政例会在朱志湘校长的组织下，以燕山小学、燕山二小两校交流式行政例会为主要形式常态开展。两校所有中层以上干部全部出席，互相交流工作、研讨学习，有效地引领和促进了我校年轻行政人员管理经验和能力的提升。

(2)培训式行政例会。对校长来说，每次行政例会都是培训干部的机会。学校的中层干部基本都身兼教学任务，相对缺乏管理经验，更难从宏观整体的角度思考学校管理问题。一个优秀的校长应该善于通过例会对干部进行管理观念、管理方法的培训，把身边的干部都培养成独当一面的能手。这样既增加了学校管理团队的实力，又替自己减轻了工作压力，同时也为地区的教育事业培养了后备干部，可谓一举多得。

(3)分享式行政例会。学校管理团队的每个成员都有自己独特的思想和经历，应该有一个平台来进行沟通和分享，以促进个体知识的有效传播，增加管理团队的群体智商。譬如管理团队成员中谁最近看了一本好书，谁最近出去参观考察或进修培训，都可以在例会上分享自己的所见所闻和所思所得。

(4)论坛式行政例会。为加强学校管理团队成员之间思想的碰撞和交流，我校每隔一段时间还组织开展论坛式行政例会，即提前选定一个主题，让管理团队的成员分别准备，到例会时各自陈述，然后接受质询，把例会变成一次学术论坛和学术答辩，从而有效提高管理团队成员的学术研究能力和表达能力。

(5)会诊式行政例会。当学校出现了一些重大事件，或者有个别教师、学生存在着一些棘手问题时，就需要开一次会诊式例会。不管是校长，还是职能部门负责人，一个人或少数几个人面对复杂问题时，难免会出现决策偏差。会诊式例会就是让所有的中层行政人员来共同思考破解难题的良方，通过集体智慧、集体决策来规避个别决策的风险，实现管理效能的最优化。

(6)开放式行政例会。当有些例会内容涉及学校师生利益的决策时，我们通常把例会变成一种开放式的研讨例会，邀请学校年级组长、教研组长、教师代表，甚至还包括家长或学生代表列席，让与会者自愿表达心声。这样的例会形式既是一种校务公开，提高了教师参与学校民主管理的热情，赢得了师生对学校管理层的尊敬和认同，同时也是给管理者了解民意、正确决策提供了方向。开放式行政例会的邀请对象并不局限于本校师生，还包括主管领导、教研员、督导、社会知名人士、社区负责人……我们可以根据主题的不同，邀请不同的对象来参加。

作为学校的管理者，当行政例会成为管理思想争鸣的舞台，成为校务公开的一种形式，成为校本研修的一种方式，成为团队文化建设的一种途径时，实现学校办学效益的实质性提升则成为必然。

2. 以人为本，构建了以需定训的教师例会模式

为提高教师例会质量，激发教师的工作热情，使教师例会更好地为促进教师专业成长和学校内涵发展服务，我校在将教师例会与校本培训有效整合，在成功构建“版块式”教师例会的基础上，秉持以人为本的思想，不断改进例会学习的形式和内涵。根据教师对校本培训的需求，进一步创新成“菜单版块式”例会和“主题沙龙式”例会。

(1)“菜单版块式”教师例会。学期初，学校根据教师的发展需求，将本学期教师例会的形式与内容编制成“菜单”推出“智慧讲坛”“快乐分享”“亮点展台”“管理时空”等多个立体版块。每个版块下又分设小栏目，如“智慧讲坛”版块下就分设“名师讲坛”“美文分享”“新闻速递”“党建之窗”“健康在线”等多个小栏目，融经典赏析、理念更新、师德建设、养生保健等知识为一体；“快乐分享”版块为教师搭建才艺展示舞台，可分享自己读书、学习的体会，可分享自己教育教学的快乐……每次例会，学校教研室根据当下教师的需求和学校教育教学工作开展的需要确定例会的主题，进行“点菜”，即根据当次例会主题、时间，挑选合适的版块进行组合。原则上每次例会至少要提前两周“点菜”，每次选择的版块一般控制在3～4个，要求每次例会做到时间合理，“菜”品上乘。

“菜单版块式”教师例会本着“缺什么，补什么；需什么，供什么”的原则，改固定版块为立体版块，抓“给养”促“分享”。在具体实施时，可以多版块组合，也可以结合会议主题同一版块的多栏目组合，体现了版块的灵活性。“菜单版块式”例会，使教师例会成为教师们的“精神大餐”，达到了“经营人心”“润物无声”的高效管理境界，促进了中层行政队伍的成长，增进了教师与行政人员之间的沟通，成为学校前进的助推器。

(2)“主题沙龙式”教师例会。“主题沙龙式”教师例会是在“菜单版块式”教师例会的基础上，对教师例会形式的一种补充。它是参会教师围绕学校教育教学工作中遇到的实际问题或课改实施中的难点、热点问题“聊一聊”“议一议”，进行主题探讨。我校组织的“主题沙龙式”教师例会，具有正宗沙龙的特点。为了确保沙龙的展开，参加人员应事先根据确定的主题，充分酝酿与思考，然后在沙龙中结合自身的实践谈感受、体会、经验、教训，谈目标、设想、做法、收获。期间由主持人介绍当期讨论的主题，结合中心发言人的发言，不时穿插旁人发表的同感与议论。主持人要将重要的观点、新的看法、成功的做法、遇到的新问题等作摘要记录，以备后续进一步讨论、研究和实践，也为当期结束时作一小结做好准备。

“主题沙龙式”教师例会旨在为教师营造一种宽松的环境，形成一种开放的研究氛围，建立一种有利于促进教师合作和发展的学校文化，有效地促进了教师专业水平的提升。

3. 因组施训，初探主题研讨的教研例会模式

加强教研组建设是实施校本研训的有效途径。我校在教研组建设方面，结合本课题的研究开展，以教师、学生的需要为出发点，根据各教研组的实际情况，组织开展扎实有效的“主题研讨”教研例会活动，着重解决“研什么，怎么研，怎么持续地研”等问题。

(1)“主题研讨”教研例会的基本流程。

【第一步：提出问题，确定主题】学期初，学科教研组长在学校教研室的统一安排与部署下，在分管学科行政干部和外聘专家的指导与参与下，搜集一线教学中出现的“问题”，提炼出校本教研的几个基本“主题”，并在认真“提炼主题”的基础上精心构思，按照“学习—课例与研讨—总结”的步骤，依次设计出具体的行动方案。这样既流程清楚、要求明确、便于操作，又便于督促检查，为校本教研顺利开展奠定了基础。

【第二步：深入学习，交流研讨】教研组长具体负责，学科校本研训的规定时间，组织学科教师深入学习，提出中心问题。再由外聘专家或提前学习的学科教研组长、教学骨干进行引领式解读，并进行交流研讨等，在行动研究过程中主动有效地建构新理论，学习新方法。

【第三步：课堂实践，印证预设】“课例观摩与研讨”是校本研训的中心环节。在学科专家指定教学内容后，由学科教研组长组织教师集体备课并随机指定一名教师做课，全体学科教师进行观课、议课，反思存在的不足，进行深层次的再学习。

【第四步：深化研讨，总结反思】主题研训的过程，是教师不断反思、不断改进、逐步提高的过程。一个研训主题结束后，要及时进行总结和反思。有哪些方面达到了预想，取得了哪些成果，还存在哪些问题，要分析得失的原因，并在此基础上设计下一阶段的研训主题。

(2)形式丰富的教研例会。

各学科组在践行“主题研讨”教研例会的过程中，进一步丰富了具体研训形式，组织开展了以下形式的教研例会。

【“专题式研讨”教研例会】“专题式研讨”教研例会是我校教师教研例会形式之一。它指的是通过专题研讨的方式将教学与科研有机融合的教研活动形式，学校通过邀请一些专业研究人员来校做专题讲座，让教师接受新的课程理念，提高教师的教学能力和科研能力。在专题式研讨中，专家与其他教师组成学习共同体，某一教研主题为研讨内容，重点解决新课程理念与教学实践相结合的问题，以及教学中遇到的困惑。

【“课例式研讨”教研例会】“课例式研讨”教研例会是学校教研活动的常规形式，它指的是围绕所研究的课题，以一两节课例展示的形式开展的一种教研活动。研讨内容包括执教教师谈教学设想与意图以及教后反思。听课教师对所听的课进行评议，肯定好的、可借鉴的地方，提出建设性的意见等。通过评议，既使执教教师认清自我，受到启发和教益，又为听课老师提供学习研讨的机会。

【“同课式研讨”教研例会】“同课式研讨”教研例会中的“课”指的是教学内容，即就同一教学内容，不同的教师根据学生实际、现有的教学条件和教师自身的特点，对教学内容进行合理化安排，选择有效的教学方式，进行不同的设计构想与教学实践，让大家从不同的角度进行评价、反思，比较不同的教师对同一教材内容的不同处理，比较不同的教学策略所产生的不同教学效果，在比较中互相学习，扬长避短，共同提高。这是一种多层面、全方位的教研例会形式，它充分体现了教师的教学个性，促进了教师之间的教学交流，为集体研讨提供了很好的研究平台。这种方式是教师提高教学水平和教学能力、总结教学经验的一条有效途径，不仅对执教者，并且对教师群体、对整个教学质量的提升都有着显著的作用。

【“网络式研讨”教研例会】“网络式研讨”教研例会是一种以网络为手段开展教研工作的新方式，实现同伴互助，共同提高。平时学校大多用 QQ 布置工作，反馈情况既快捷又方便。这种教研例会用学校教师 QQ 群、班主任 QQ 群进行网络研讨，为教师搭建了开放、平等、交互的学习研讨平台。这一形式操作的基本流程是：确定研讨主题—执教老师个人备课、年级组内集体备课—课堂教学公开展示—网络评课研讨、专家点评—形成共识、整理文字稿。

（三）总结提炼出有效例会的实施策略

根据课题实施计划，我校先后对教师例会、行政例会、教研例会的时间、形式、流程及内容等方面进行了改革与尝试。通过近三年的研究发现，我们认为学校例会只是加强管理、营造氛围、开展工作的一种形式，不能过分夸大会议的作用，其实很多工作需要在会前做适当铺垫，会后深入贯彻、认真加以落实。

虽然不同的例会承载的目的不同，会议的内容和形式也各有特色，但要实现例会的高效就必须做到以下四点。

1. 会议重心前移化

“凡事预则立，不预则废”。我们必须高度重视所有例会的筹备阶段，从例会的目的，到内容的安排，形式的确定都要尽最大可能做到集思广益，突出重点。每一环节的准备应充分调动管理团队每一分子地积极参与，只有所有会议的主持者、发言人都竭尽全力把属于自己的那一段时间的效用发挥到极致，才可能有整体的开会效率。因为会议准备的过程就是与会者提高的过程，是会议精神落实的适当迁移，是达成共识、提高认识的渠道。准备工作必须责任到人，大到会议宏观安排，小到话筒的电池电量，都必须保证万无一失，充分保障会议的良好效果。

2. 时间安排精细化

所有与会人员都必须珍惜每一分每一秒，会议主持者、发言人必须有很强的时间观念，每次例会要对所有发言人员的时间和内容提出明确的要求。主持人、发言人的讲话要主题突出，说重点、讲关键，层次合理、语言精练。工作布置要目标明确、思路清晰。能一个人说的内容一定不要多个人说；能少说的内容尽量简单地说；能不说的内容一定不要说。目前，不管是我校的行政例会、教师例会还是教研例会，都有一个共同的特点就是没有事务性、常规性工作的布置和反馈。学校充分利用校园网站和燕山二小教师 QQ 群、行政 QQ 群等网络平台进行常规工作的布置与交流，有效地提高了例会的效率。

3. 组织形式灵活化

我们可以根据会议内容的不同，在形式上适当创新，避免千篇一律。如在全体教师例会上，我们可以利用少量的时间轮流请教师作新书推荐或美文分享，达到弘扬读书氛围，营造书香校园的目的；以管理为主的行政例会上，可让某位行政人员会前介绍一个管理原理，或讲一个管理寓言，从而促进个体知识的有效传播，增加管理团队的群体智商。还比如，为了提高听会者的注意力，我们可以在例会结束时让教师复述会议主要内容，回答好的可奖励小礼品。

4. 技术手段现代化

课堂需要声、光、电等多媒体设备，我们的例会也同样需要“姹紫嫣红”，实现技术手段现代化。我们要充分利用一切先进的现代化多媒体，把一段段版式呆板的文字变换成图文并茂的 PowerPoint，把形式单一的说教演变为鲜活生动的视频，把抽象生涩的理论通过幽默风趣的语言变成大家的共识。

如果每一次例会，都能做到以上四点，那么高效例会必将成为现实。

（四）促进了师生的共同成长

1. 加快了教师的专业成长

教师都渴望自己的专业水平能快速发展进步，而有效例会研究为教师的专业发展搭建了舞台。我校通过调查发现，改革创新以后的例会受到了教师的欢迎，极大地激发了教师参与例会的积极性和热情，使行政人员和教师研修的意识由被动转为主动，由外部控制驱动转为内在积极自觉，由建校之初的被动读书到乐读、会读。一种无形的力量正在拉动教师积极向上生长。这种力量，不是指令，不是目标，甚至不是官方意志，而是一种文化自觉。

“一分耕耘，一分收获”，学校教师和行政人员在课题研究过程中迅速成长，一大批优秀的青年才俊脱颖而出。在各级各类教育教学竞赛当中，我校教育教学获奖人次逐年攀升(图 1 －2)。

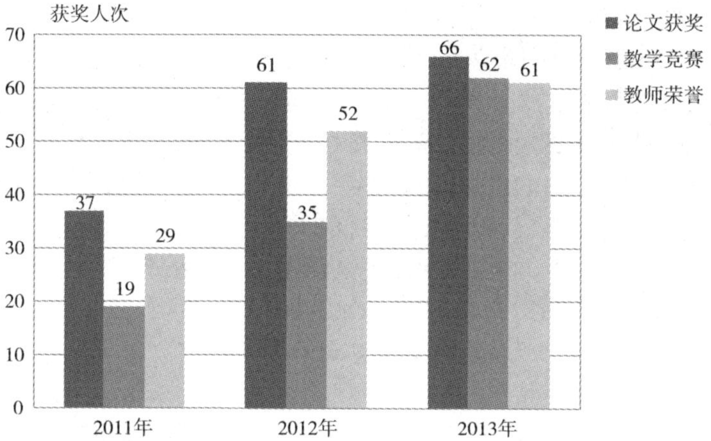

图 1 －2　燕山二小教师 2011 年—2013 年教育教学获奖情况统计图

2. 促进了学生的全面发展

学生是课题研究的最终目标，也是我们研究课题的最大受益者。随着课题研究的不断深入，教师例会和教研例会的逐步优化，更新了教师的教育理念。在教学实践时，因教师优化了教学方法，激发了学生的学习兴趣，缩短了认知过程，减小了学习难度，提高了学习效率，增强了学习信心，使教师的主导作用与学生的主体地位有效地结成一体，既面向全体，关注学生综合素质与能力的提升，又注重了学生个性的发展，真正实施了素质教育。

课题实施的近三年来，我校学生不管是在学业成绩还是综合素质方面较以前都有了大幅度的提升。学生在科技、艺术、体育、作文、英语、信息等各级学科竞赛中成绩显著，累计获奖 5% 人次(表 1 - 17)。2013 年，学校组织学生参加芙蓉区跳绳比赛、班级演奏比赛、阳光体育大课间比赛、艺术展演等各项竞赛活动均获得一等奖的好成绩。

表 1－17　燕山二小学生 2011 年—2013 年参加竞赛活动获奖情况统计表

时间 \ 人次 \ 级别	省级	市级	区级	合计
2011 年	42	61	22	125
2012 年	17	55	139	211
2013 年	67	111	76	254

(五)提升了学校的内涵发展

为了检测课题实施的效果，学校积极承办各种研讨活动，把握每一次研讨的机会，给教师提供了锻炼的舞台，让他们展示自我，提升自我。近三年来，学校先后承办“全国中小学基层党建工作现场会”“全国督学责任区制度经验交流会”“长沙市高效课堂展示活动”“长沙市第 17 届小学英语校本教研开放活动”以及芙蓉区各学科研讨活动及各种开放活动 20 多场次，接待来自省内外教育考察团 80 多批次；先后 11 次迎接国家教育部及省教育厅领导来校视察；6 次迎接来自加拿大、印尼、英国、香港等国际友人来校交流。燕山二小以办大教育的理念，以开放的胸怀面对四方来宾，热情地向来宾展示着自己办学历程的所思所得。

课题实施以来，学校的管理水平上了一个新的台阶，促进了学校的可持续发展。学校成功创建为湖南省课改样板建设校示范学校、“国培计划”中西部农村骨干教师培训优秀实践基地、湖南省首届“书香校园”、长沙市课改样板建设校示范学校、长沙市校本研训示范校、长沙市阳光体育示范校、长沙市校务公开民主管理示范单位、长沙市安全文明校园、长沙市优秀少先队集体。0 学校语文组被评为“长沙市青年文明号”、综合组被评为“长沙市雷锋号示范班组”、行政组被评为区“共产党员先锋岗”、教科室被评为芙蓉区“先进教科室”。课题研究期间，即 2011 年至 2013 年学校集体获奖项目逐年攀升，累计获奖 58 次。

反思与困惑

我校开展的教师例会有效性研究课题，将学校校本研训工作与教师例会有效整合，统筹兼顾，统一安排。通过对该课题的研究较好地激发了教师的潜能，促进了教师的专业发展，提升了学校的办学水平。因此，本课题的研究将会在我校持续地进行下去。

本课题是我校独立承担的第一个课题，虽然课题主持人朱志湘校长具有丰富的课题经验，但课题组成员中 60% 的教师均是第一次参与课题研究。由于缺少经验，在课题研究过程中，我们还留有很多遗憾，如在课题研究过程中，由于研究意识不强，导致一些重要的过程性研究资料没有及时保存。在课题网站建设方面，由于本课题是一个学校管理层面的课题，很多研究工作是整合学校其他常规工作有序推进的，如果单独建立“小学教师例会有效性研究”课题专题网站，很多资料就需要教师重复提交。基于目前我校现有的信息技术力量无法解决这一操作繁杂的技术问题，为减轻教师负担，我校没有为本课题单独建设网站，所有相关课题的网站资源就不能很好地集中呈现。另外，由于我们自身的能力、水平有限，课题研究的层次还有待提高，研究的成果还要进一步提炼。现有的例会操作方式也并不一定适应所有教师，各学科教研例会的主题还缺乏针对性，这些存在的问题都有待于我们在今后的实践研究中作深入探索。

我校建校至今已近五年，学校的管理队伍和教师队伍日趋成熟，学校也已经从新校建设阶段进入发展成熟阶段。在此阶段，如何进一步促进教师和学校的共同发展，还有待进一步研究与提高。

参考文献

[1] 邬志辉. 现代教育管理专题[M]. 北京：中央广播电视大学出版社，2004.
[2] 顾泠沅，杨玉东. 教师专业发展的校本行动研究[J]. 教育发展研究，2003，23(6)：1－7.
[3] 刘景泉. “创新”的三个重要特征[J]. 资料信息，2006(3)：5－6.
[4] 中国医师协会网. 国家中长期教育改革和发展规划纲要[J]. 西藏教育，2010(10)：3－6.
[5] 刘次林. 教师的幸福[J]. 教育研究，2000(5)：22－26.

管理纵横

减负，让学校成为童年的百草园

朱志湘

减负在教育界绝对不是一个新话题。自20世纪90年代末起，中国青少年研究中心就针对此问题做过多次调查，结果显示，孩子们的负担和压力并没有真正减轻，反而呈日益加重之势。2010年起，燕山小学以“让学校成为童年的百草园”为理念，顶住种种压力，从学生的快乐成长出发，全面开展“减课业负担，促个性发展”系列实践与探索活动。活动先后得到湖南卫视、湖南日报、人民网等20多家各级各类媒体的广泛关注与报道。

源起：为了每一只雏燕的快乐飞翔

作为燕山小学的校长，我最大的办学梦想就是“让每一个孩子享受幸福的童年”，而过重的课业负担就是幸福路上最大的拦路虎。

真正让我下决心把减负提质作为实现办学梦想的突破口，是我的儿子。初到燕山任校长，儿子正上五年级。儿子资质还行，脑瓜灵活，但天性好动，个性强。四年级起，他提出：会做的或者意义不大的作业，能否不做？和所有的母亲一样，我希望自己的孩子基础扎实、成绩优异，儿子的这种想法让我这个教育科研出身的校长萌生了一个念头：这是一个机遇，儿子可以成为我观察到的，最具体、最真实的实验对象。接下来，按照对减负提质的理解，我开始了一系列有目的的实验与观察：我亲自为儿子设计优质的学科作业，同时允许儿子根据自己的喜好，选择任何于成长有益的兴趣活动……一年下来，儿子的学习成绩没有下降，他过得快乐自在，体育、美术、器乐水平突飞猛进，自己创建的家庭动物园生机勃勃，小有名气。毫无疑问，从童年生活质量、综合素质的角度来讲，儿子的现状应该优于他的同学。

儿子的个案，引发了我对小学教育本质的深层思考，坚定了我在燕山小学竖起“减负提质”大旗的决心。2010 年 3 月，学校开始向家长、学生发放各种宣传、调查资料，向上级汇报思路，积极向有关部门申请研究减负的科研课题……我期望，这所由钢筋水泥堆砌起来的美丽的现代化校园，更是一个可以自由疯跑、快乐飞翔的童年百草园。

咬定：就是蝎子也得吃

减负提质是一个全新的系统工程，一个需要深入研究的大课题。其他学校不减负，我的孩子减负了，万一影响考试成绩怎么办？这是调查中家长们反映出来的普遍心态。除非用大量的成功事实说话，不然所有的宣传都是苍白的，而第一个对螃蟹下口的人，注定要承担更大的压力。

2010 年 6 月，学校成功申报了省级独立研究课题“生命化教育视野下的减负提质的应用与研究”。在部分开明家长的自愿选择下，“减负强化班”终于成功设立了。一年级减负强化班，学生没有任何书面作业。高年级减负强化班，针对优秀学生实施“零作业”与“自选作业”等系列举措。这些做法抛出来后，从各级教育管理部门，到教师同事、家长社会，一时众说纷纭，褒贬不一。有人不问缘由，把我们的做法一棍子打死：“朱志湘的这些做法，纯粹是为了标新立异！”“《义务教育法》不许分设重点班和非重点班，现在搞减负强化班，不合法！坚决不允许！”殊不知，《义务教育法》禁止的重点班是“以升学为目的，以学业成绩为选拔标准，以额外收费盈利为取向”的影响教育均衡公平的特殊班。还有人说：“教育研究用行动研究比较适合，减负全面开展就好，不用厚此薄彼！”这也是不经调查就信口开河的表现。试想，没有减负提质的成功案例在前，家长们会真正让自己的孩子减负吗？前期调查显示：95.6% 的家长都以报补习班、加做试卷作为提质的唯一路径。所以，要使减负活动成为“真减”行动，只能根据学校具体情况，设立“减负强化班”，以点带面，用实际效果激起榜样效应。在当时，这也是一种无法回避的抉择。

“认准了、想清了，该做就做，任何时候都得有敢于吃螃蟹的人！”这是《长沙晚报》对我校减负活动报道后，湖南师大一名教授的网络评价，也正是我践行教育梦想的内心支撑。我是一个倔强的人，为了学生的发展，认准了、想清了，别说是螃蟹，就是蝎子也得吃！

就这样，顶着压力，望着远方，为了那片青翠的百草芳地，我们义无反顾地上路了。

准备：从老师的素养着手

减负提质是开创性活动，因而每个教师都要成为研究者。我们以“生命化教育视野下的减负提质的应用与实践”课题为依托，通过各种途径了解国内外关于减负的实施举措，并收集、分析、处理相关信息，制订各种操作方案。这样既唤醒教师的研究意识，把他们变成具有现代教育素养的研究者，又能不断修正、优化减负提质举措。

为了进一步丰富教师的底蕴，学校以制度的方式启动了一系列“内涵工程”活动。学校“名师工作室”，凝聚骨干团队，引领着全校教研行动，市、区级开放活动开展得有声有色；学校“青蓝工程”，有计划、有展示、有经验交流与反思，通过师傅带徒弟的方式，带出了20多个教学能手；“笋尖工程”，倾全校智慧，把每学期脱颖而出的青年教师推向全国“创新杯”教学大赛的赛场，有8位教师获得全国一、二等奖。另外，开展书香茶吧、“漂流图书”活动，更是让学校“人人时时有书读，人人时时读好书”，对丰富师生文化底蕴的作用不言而喻。拥有了书香型、研究型的高素质教师队伍，还有什么事做不成呢？

实施：从孩子的“喜欢”出发

“负担”不仅是一个物理名词，还是一个心理术语。做自己想做的事情，即便量大一点，也不会感到是一种负担，甚至会感到是一种享受。综合这些意义来看，减负不仅仅是简单的做减法，而且还要让孩子们的学习生活充满愉悦。

策略一：我的作业我做主。

过重的课业负担是减负手术病灶区。经过一年的准备，2011年上期，学校正式出台较为成熟的“我的作业我做主”活动方案，允许成绩优异、学习自觉、渴望发展自我个性特长的学生申报“零作业”和“自选作业”。即获得相关学科“零作业”资格的学生可以不做该学科老师布置的作业，获得相关学科“自选作业”资格的学生可以自主选择完成该学科老师布置的作业。这样，尽可能给学习能力强的学生以自我发展的充分空间和时间。当然，这一切都得从实际出发。为了稳妥推进学校规定，“零作业”和“自选作业”的申报须经家长和任课教师签字，并且每次申报资格有效期为一个月，每个月底须经家长和老师再次审核通过。

策略二：晒出来的优质。

作业减负，不是简单地减少，而是科学地精简，有效地提质。谁班的作业最有趣？谁班的作业布置得最有水平？谁班的作业点击率好评率最高？每班选派一名电脑水平较高、家里有上网条件、个性稳重踏实的学生(按周期轮换)作为信息员。该信息员每天放学回家后，将老师布置的全部作业按时提交到校园网。另外，在每月的评优活动中，师生一起评价、展示最佳作业……

策略三：我的成长我来写。

成长，只有成为一件自觉自省的事情后，才能调动内因产生强大的力量。学校建立电子成长档案后，一方面，老师通过网络将学生全部学科的课堂表现及时记录，家长当天就可以了解孩子白天的在校情况；另一方面，学生也参与评价，学生几个一组，自己填，小组成员监督，努力一天就有一天的足迹……这样的成长档案，学生乐于参与，勤于关注，积极用学习行为来争取，被动学习的心理负担值当然更低。

策略四："微笑航班"天天通。

阳光照不到角落的减负提质措施，无疑是失败的应景花瓶。教育公不公平，问问班上的"特殊群体"。特别的爱给特别的你，"微笑航班"起航了：一个亲切的微笑、一个肯定的眼神、一句鼓励的话语、一次答问的机会、一句温馨的寄语。这是燕山小学的老师在每天的课堂上为班上的"微笑天使"们做到的"五个一"。每位微笑天使的"微笑日志"里，有老师、家长和天使共同填写的心灵絮语、秘密故事、真诚鼓励，记录着他们进步的足迹……

飞翔：百草园里七色梦

当然，我们并非"一减了之"。相反，我们把同样多的精力放在了指向孩子真正需求的条件创造上。

社团活动自由多彩。燕山二小大部分学生是外来务工人员的子女，父母工作繁忙，收入较低，根本无力将孩子送入社会办学机构进行特长培训。为了满足孩子们的兴趣与需求，学校结合老师们的特长，免费开设了篮球、网球、武术、瑜伽、十字绣、跳棋、舞蹈、声乐、定向越野等100多个社团，要求全员参与。活动利用每周五下午的时间开展。活动中，每个孩子都根据自己的兴趣爱好自由选择不同的社团，把减负减来的时间用在自己喜欢的成长活动中。

学科活动趣味相投。每个孩子对不同的学科也有不同的偏好，为了确保每一个孩子兴趣发展的选择空间多样化，学校并没有回避分学科组织、学科活动。如语文组的"红帆船"读书活动，英语组的"秀出你自己"活动，音乐组的"展艺术魅力，秀真我风采"三独比赛，科学组的定向越野，体育组的校运会等。每个组只要孩子报名，学校就尽量组团开展活动。团里的成员，都是因真正兴趣而走到一起的孩子。让每一个梦想之花都盛开，这就是百草园精神。

阳光体育，阳光每天。人的生命只有一次，健康的体魄是生命的基础。减负之后，学校高度重视"阳光体育"运动，除了每天锻炼一小时之外，每年还组织全员参与的运动会，让每个孩子都能在操场上、阳光下，舒展身心，享受童年。让“灯光教室”与“阳光教室”平分孩子们的童年时光。

德育活动濡养心智。学校开展了生命化教育视野下的系列德育活动，每年一度的“爱心义卖活动”便是其中之一。他们或从家里带来小物品，或自己制作绘画作品，在统一的地点练摊义卖。练的是能力，付出的是爱心！高兴希望小学是一所偏远的农民工子弟学校，孩子们自己联系学校，自己设计节目和游艺活动，自己买好礼物。没有说教，只有体验。孩子们的德育活动，孩子们自己设计。一路花开，心灵的成长无处不在。

成效：百草园里自芳菲

一年多的减负，效果已经初步显现。在学业成绩方面，减负强化班都明显高于对照班。一年级减负强化班的孩子没有作业，班级整体学习成绩最好，每次活动得奖最多；六年级减负强化班，没有落下任何一个节日，没有错过任何一场统一活动，没有补过一次课，在毕业考试的前几天，还去乡村过了一个有特色的儿童节……但在毕业检测中，成绩合格率100%，优秀率98%，居全区前列。燕山二小一年级的减负强化班里，农民工子弟占88.7%，学生学前教育基础很差，可是这些学生在本次期末检测中，语文和数学的合格率、优秀率均是100%。

在综合素质方面，减负强化班也明显高于对照班。前两年，减负强化班在区“三独”、科技、广播操等赛事中，一年只能拿2~3个二等奖以下的奖项。2012年，该班获得了30多个奖项，其中大部分是一等奖。而对照班的进步幅度显然没法与之相比。

在身体素质和养成教育方面，减负强化班的学生同样出色。作为校长，今天看到这样的实施效果，我很骄傲，也颇为庆幸两年前的选择。自2011年起，家长们已经认同学校减负的理念与举措，现在，全校所有班级都是减负的全面实施班。让每一个孩子都有一个幸福的童年，让燕山二小成为孩子童年的百草园的梦想，正在践行……

浅谈情感管理　打造阳光心态

罗水姣

教育，是用生命影响生命的过程。教师心中只有充满阳光才会以乐观、开朗、向上的心态踏实工作，才会把爱的阳光撒在学生的心田，用心去爱每一个学生，学生在爱的沐浴下，才会健康成长，学校的教育质量才会不断提高。因此，实行情感管理，让每一个教师心中充满阳光，是全面提高学生素质教育的需要，也是教育事业发展的需要，更是学校管理者方法的工作和责任。

近些年来，我们学校在探索“用情感管理来深化行为管理”的特色管理模式，用情感管理来丰富和完善行为管理方面做了一些探索。

生活上体贴人

在生活上关心帮助老师，是学校的用“心”策略。作为管理者，对教职员工的家庭状况、性格特点、兴趣爱好、业务能力、生活习惯等应有比较详细地了解。我作为学校的党支部书记经常会深入到教职员工中与他们沟通思想，了解员工的所急、所想，做到体谅教师，对教职员工偶然犯的小错误既善意提醒又注意维护自尊(不对外扩散)，避免让其后悔、自责。我改变了以往死搬学校制度规章，不考虑个人特殊情况的行为，如我校的某位教师没有按时到校，我就通过电话联系和深入到教师家中去了解情况，尽力帮助他们排忧解难，让其能够安心工作，以解除他们的后顾之忧，而不是像以前一样不去过问，真正做到以人为本，灵活运用管理制度。教师也是人，生活中难免会被一些生活琐事搞的心神不安。这种时候，他们是迫切希望得到关心和帮助的，当领导的如能及时发现情况给予安慰、帮助，会使得教师的心灵与情感得到满足从而转化为工作的动力。“人非草木，孰能无情”，只要管理者重视和善于运用情感管理，平等公正地对待每一位教师，充分的理解尊重他们，关心帮助他们，他们定会在工作中有“士为知己者死”的精神，敬业爱岗、无私奉献，将成为每个教师追求的目标。

工作中信任人

一是完善人性化的管理制度。在完善和制订学校规章时，首先考虑教职工的利益。同时对学校重大决策，如教职工月绩效考核、年度考核、评先评优、职称评定方案等实施民主管理，一律交教职工代表大会“拍板”。二是贯彻办学理念、丰富校园文化。在教师中开展文明用语有奖征集活动，并在学校最醒目的地方悬挂这些文明用语，时刻激励和引领教职工。如今走进燕山二小的校园，首先映入眼帘的是“让学生拥有幸福的童年，让教师享受成功的喜悦”的标语，激励我们的老师在三尺讲坛上勤奋工作。此外，征集的过程也是教职工认识提高、形成共识的过程。

政治上关心人

对于学校青年教师，学校党支部和教研室联合，一方面扎实开展“青蓝工程”结对子活动，用身边的先进人物影响他们。另一方面，不断结合他们的工作生活情况与他们交心谈心，及时给他们指出不足，努力为青年教师的成长创造良好的氛围。在平时注意多与青年教师谈心交流，努力做他们的知心朋友，鼓励青年教师立志成为师德过硬、师能扎实，学校可持续发展的主力军。在条件允许的情况下尽量吸纳他们参加党员活动，不断增强其教书育人的事业心和责任感。同时，学校党支部从青年教师自身出发，在组织发展、学历达标、优质课等方面为他们拟定发展规划，并在政策、资金、时间上予以倾斜，有力保证青年教师的健康成长。

业务上砺炼人

我们不断关心教师的成长，关注教师的发展，坚持“学历教育与岗位练兵相结合，外出送培与校本研训相结合”，充分发挥名师、骨干的引领作用。在时间、经费上支持教师参加各级各类的业务培训，创造一切条件让青年教师尽快成长。我们属于城乡接合部新建学校，办学时间才七年，教师队伍也年轻，但教师心中处处充满阳光，校园处处充满生机与活力，教师乐观、积极向上，忘我工作的精神时时感动着我。“人本自和谐，情真天地宽”。在工作实践中，我深切地体会到只有实施情感管理，让教师的心中充满阳光，充分地理解教师、尊重教师，真正的以人为本，管理者的思想才能影响教职工的内心世界，才能取得人心、赢得民意，才有可能使学校的管理焕发生机，教育质量不断提升。

生本引领　内涵持续发展

陈喜琴

2014年，我校在芙蓉区教育局的正确领导下，用生本思想来统领开展学校整体工作，以管理为抓手、质量为目标、科研为核心、课堂为主阵地、服务为保障，不断加强教师队伍建设，锐意进取，开拓创新，团结和带领广大教师顺利完成上级交付的各项任务，完成学校既定工作计划，取得较好的成绩。一年来，学校集体获奖20项，教师获奖174人次，学生获奖375人次，师生发表作品17人次，师生获奖，较2013年有了大幅度提升。学校先后创建为湖南省书香校园、湖南省国培教师培训基地校、湖南省安全文明校园，独立承担的湖南省"十二五"规划青年资助课题结题并获得优秀，学校成功承办湖南省儿童交通安全主题日活动启动仪式、湖南省第二十一届国际象棋锦标赛、芙蓉区"立德树人"推进会，成功接待了海外华文校长团、省国培研修教师来校交流学习。一年来，学校各项教育教学活动被各级媒体报道达到15次，举办的第四届家长开放日活动、省国际象棋比赛、牵手新宁丰田"暖冬行动"等获得媒体广泛关注。

以上成绩的取得，是全体老师辛勤工作的结果，是学校各部门通力协作的结果，是学校整个领导班子集体智慧的结晶，同时也充分证明燕山二小这支年轻而优秀的教师团队，通过不断关注教师自身发展、关注学生快乐成长、关注学校声誉口碑，用大家的辛勤汗水与智慧和共同努力，使燕山二小的教育教学质量和内涵品质在不断飞速发展与提升。下面笔者就2014年学校围绕"生本引领，内涵持续发展"建设来谈谈一些做法与体会。

教师引领：用尊重、自主来锻造好学、乐思、合作的团队

教师队伍建设是一所学校永恒不变的主题，只有教师发展了，才有学生的发展和学校的发展。因此，学校充分尊重教师、相信教师，多方搭建学习平台，鼓

励教师自主发展，将打造“学习型、研究型、反思型、创新型”教师队伍作为学校的重要任务。为提升教师的整体素质，促进教师专业发展，学校以生本理念为指导，扎实开展形式多样的校本研训活动，坚持以教学为中心、课堂为主阵地、课题为抓手，倡导研训结合、以培促研、以研促培，做到务求实效。一年来，我校教师主动学习，积极投身课堂教学和课题研究，成长迅速，并取得了有目共睹的成绩。

（一）学习提素质

1. 塑师德形象

“师者德为先。”教师队伍建设的首要任务是加强教师师德师风建设，为职业修筑良心工程。学校党支部狠抓“师德师风建设年”工程，依托群众直通车活动，积极践行党的群众路线教育实践活动，用心组织开展师德教育活动。一方面，学校与教师签订《燕山二小教师师德承诺书》，明确目标、强化责任，通过集中学习与自学相结合，认真学习贯彻《教师法》《中小学教师职业道德规范》，贯彻落实“长沙市教师十不准”，明确师德建设要求。另一方面开辟师德讲座，如“教师要有自己的范”“做快乐幸福的教师”，分享“寻找最美乡村教师”活动视频，诠释师德，通过开展党的群众路线教育实践活动，使全体教师特别是党员教师从严要求自我，争做新时期的“四好教师”。

2. 涵气质修养

读书是教师专业发展的根，教师要走出职业倦怠，提升教书育人水平，进行大量的阅读十分必要。一方面，学校在图书室、阅览室添置大量书刊，为每位教师订阅教学资料和专业书刊。另一方面，学校在教师例会上开辟美文赏析、好书推荐栏目，引领教师多读书、读好书，营造好读书的氛围，让教师通过阅读拓展视野，丰厚底蕴，更新教育理念。一年来，学校向老师们推荐了《教育漫话》《怎样培养真正的人》《中国文脉》《你的孤独，虽败犹荣》《图画书阅读与经典》《世界儿童文学阅读与经典》《拆掉思维里的墙》等好书，引领教师阅读提升。

3. 享专家思想

为了让教师从“他人的有效经验”中获得专业支持和成长养分，学校定期聘请专家学者来校授课、讲学、指导，为教师成长提供强有力的思想引领、理论支援，让教师的视野更有高度和广度。一年来，先后聘请了特级教师刘润玉全程指导数学教学、语文名师辛晓明老师指导语文教学；聘请了特级教师谭菜花老师做“课堂教学的智慧”讲座；聘请了民进中央经济委员会王林教授做“中国改革新格局下教育改革的未来趋势”讲座。专家的指导让老师们受益匪浅。

4. 拓视野理念

为了帮助教师更新教育理念，获取最前沿的教育信息，学校创设机遇，积极鼓励老师们外出学习。如送音乐教师赴北京音乐学院进修，骨干教师赴全国赛课点课堂现场观摩，送课下乡等活动给老师们搭建学习交流的平台和机会。2014年，学校选送教师先后赴北京、浙江、海口、江西、重庆、青岛、广州、新宁等地学习观摩和参加各级各类研训活动以及芙蓉区教科中心开办的各类岗培班，大大丰富了教师视野。上半年派遣50余人次，下半年派遣79人次，其中国家级32人次，省级15人次，市级13人次，区级20人次，全年外出研训经费共计近五万元。

5. 促师徒共进

为促进青年教师的快速成长，共享已有的教育智慧，学校坚持开展“青蓝工程”师徒结对活动，将各学科资历深、水平高、师德优的教师聘为青年教师的师傅，通过师徒互帮互促、共同研究、共同探讨，来引领青年教师在教育教学上快速成长，形成良好的互帮互学氛围以及“相互协作，和谐融洽，共同发展”的合作意识。

6. 增成长智慧

为促进我校青年教师的专业成长，学校针对新教师特点，抓短板，促成效，每两周开展一次“青年教师成长沙龙”活动，将教师岗前培训、课堂答疑解惑、研究论文撰写、专业技能（普通话、钢笔字、粉笔字、课件制作等）测试、心理调节等课程引入，激励青年教师快速成长。依托“燕语新苑”青年教师成长手记见证青年教师成长的足迹。

（二）课堂提质量

一年来，学校大力开展课堂教学研讨活动，重点建设“生本课堂”，让教师在课堂行动与反思中不断提升对教育的理解，追求更高的教育境界。上半年，我们重点开展了“中老年教师生本课堂研讨展示活动”，共推出语文、数学、英语、科学、思品、信息、体育、经典诵读8个学科的展示课例16节。下半年，我们重点开展了“青年教师生本课堂教学竞赛活动”，9个学科43位教师展示了异彩纷呈的课堂，学校评选出了“教学能手奖”“最佳板书”“最佳语言”“最佳课件”“最佳风采”等22个基本功单项奖。通过课堂展示竞赛，中老年教师充分展示了独特的教学风格和扎实的教学基本功，青年教师也展现了良好的专业素养。我们欣喜地看到了生本理念已深入每位教师的心中，老师们相互学习切磋，青年教师在迅速成长。老师们在构建“生本课堂”方面做出努力与有益探索的同时，我们也从赛课中发现了一些问题，如某些课堂整体求稳而失之于灵活与新意，一些老师对生本课堂的探索更多的在某些具体环节和细节上，缺乏全面的推进等。

通过全员教师赛课、观课、研课活动，以赛促研、以研促教，取得了较好的课堂效果。老师们在生本课堂研究实践中，不断更新观念，不断优化方法，不断尝试创新，使课堂发生了可喜的变化。在教育局对我校的常规视导中，教师课堂的优课率达到了59.8%。我校教师在课堂教学中呈现出了以下四个特点。

1. 教师课堂组织好

有的课堂严谨，有的活跃，有的由浅入深，有的层次清楚，有的系列化的活动与任务形成学习的线索，有的及时评价的机制很得当。

2. 教师关注学生思维好

教师关注学生思维过程，有意识地创造相互评价、质疑环节，让学生在活动中培养学生推理、思考能力。

3. 教师素养好

一是提问、设问很机智，有策略、有智慧；二是教学环节流畅，设计新颖；三是能深度挖掘教材，教材处理好。

4. 教师队伍成长快

学校青年教师居多，但很多都积极并善于学习，形成了一些有示范性的课堂，教师教学形成了追求。

(三)课题提品质

课题研究是学校发展、教师成长的助推器。学校积极实施省级"十二五"规划课题"生命化教育视野下的小学减负提质的应用与实践"、区级一般课题"小学教师例会有效性研究"并顺利结题。通过课题的"学习—实践—研讨—总结—提高"，使老师们的教育理念得到更新、教学方法不断创新、教学风格日趋成熟、教学水平明显提高、教师职业幸福感增强，激活了教师专业成长的激情。

2014年12月，朱志湘校长主持的湖南省"十二五"规划课题"生命化教育视野下的小学减负提质的应用与实践"接受省课题规划办专家现场结题鉴定。该课题是学校于2011年6月申请批准立项的湖南省教育科学规划办的青年资助研究课题。专家组成员通过听取学校课题汇报、课堂听课、社团观摩、课题资料审阅，对课题研究给予了高度评价：学校课题界定清楚，将生命化教育的"减负""提质"贯穿整个研究过程，体现了对"减负提质"的独特见解；课题从教师、学生、家长三个维度推进研究，很好地体现了研究的整体性，形成了立体系统；课题研究覆盖了学校的全面工作、全体学科、全员教师，体现了研究的全面性，特别是家校合作、学生评价、作业创新体现了研究的亮点；课题重"道"的研究，有理论引导，在操作上和研究上均做了有益的尝试。学校立足"生命视野下的减负提质"展开了为期三年成效卓越的研究。课题现场结题汇报采用了团队汇报的形式，由学生代表、教师代表、家长代表共同参与汇报，形式新颖独特，较好地体现了课题研究的成效，使课题顺利结题并被专家鉴定组当场宣布为优秀。

通过课题研究，我们认识到，要提升教育质量品牌，教育研究应遵循基本规律，学校、教师应理性、创造性地开展教学实践研究，获得有价值的感性认识并不断总结提升对教育、对人的思考与认识，该课题虽已结题，但燕山二小的每一位教师将继续高举生本大旗，以关注学生多元发展评价为教育教学研究重点，进行下一步的深入研究：一是在操作层面进行更深入系统的挖掘；二是对教师的理性思考给予跟踪指导，通过课题研究带动青年教师的更进一步成长，以能实现学校更多地拥有专家型、学者型的优秀教师乃至教育家而不断探索前行，在后一轮教育改革实践中为创造学生幸福快乐的童年而不懈努力。

学生发展：用包容、开放来塑造全面、主动、快乐的个体

课程改革重在学生的核心素养培养，关注学生身心健康的全面发展。围绕我校办学理念“让每一个孩子享受幸福快乐的童年”，学校通过搭建各种平台、舞台，创造每一个契机、时机，激发学生积极主动成长的意识，让学生能够享受富有生命尊严价值的教育生活，让孩子们享受公正、平等、开放的教育，教师因材施教，学生人尽其才。

（一）减负活动助力全面发展

1. 作业创新减负

学校在实行零作业、自选作业以及分层布置作业的基础上，继续推行学生“节假日实践作业”和“精彩周末作业超市”、社团实践作业；利用节假日开展实践、体验活动，如劳动节实践作业、三八节感恩实践作业等主题活动，促进学生的全面发展和能力提升。

2. 学科竞赛丰富

学校积极开展学科展示竞赛活动，如田径运动会、语文汉字听写比赛、数学创新设计比赛、英语迎圣诞感恩活动、新年音乐会、电脑美术创新作业比赛、四驱车比赛、溜溜球大赛、纸搭高创想赛、剪纸艺术展、机器人现场体验等。全学科开放，让孩子们全员参与、积极体验、快乐无比。

3. 社团异彩纷呈

依托“小飞燕”城市少年宫建设。一年来学校开设了文学类、艺术类、体育类、手工类、益智类五大类别共70多个社团。学生根据自己的特长、兴趣，自主选择心仪的社团。教师通过过程展示和集中展示指导学生开展活动，学生们在喜爱的合唱团、美术绘画、舞蹈、口琴、篮球、羽毛球、绘本阅读、国际象棋、传统游戏等社团中尽情展示。

4. 国象竞技多元

学校在做好国际象棋校本课程普及教育的基础上，加强特色人才培养，积极组队参加各种比赛，一年来，我校共有7位学生获得一级棋士称号，32名同学获

得其他等级棋士称号。学生先后参加省、市青少年国际象棋锦标赛、棋士等级赛。2014 年 8 月，学校成功承办湖南省第二十一届国际象棋锦标赛，学生受益匪浅。

5. 阳光体育健康

学校切实组织开展好“阳光体育大课间”活动，注重学生体质锻炼，大课间活动有质量、内容丰富、组织有序、效果显著。学生们积极参加全员学生冬季长跑活动、趣味运动会、田径运动会、跳绳比赛等，乐此不疲。在区运动会上，学校田径队通过奋力拼搏，获得了优异的成绩。

（二）公民体验引领内涵提升

为加强学生公民意识培养，学校于 2014 年 3 月申报成为芙蓉区中小学德育示范项目试点学校，启动了“体验式公民教育之小学生法制教育”活动，按照“一个年级一个基地，一个年级一个主题，一个主题渗透一次法制教育”的思路，学校构建了六大体验基地，引领学生走出校园、走进社会，分年级组织学生开展丰富的体验活动，争做一名知法、懂法、守法的小公民。

1. 爱国主义教育

一年级主题为“爱国主义教育”，活动基地为烈士公园。燕山二小爱国主义教育主题大队会暨新队员入队仪式在家长的参与下如期举行。学校还邀请湖南司法警官职业学院国旗班学员来校担任升旗仪式的升旗手，庄重的仪式为学生的内心深处埋下了一颗爱国的种子。国旗班的叔叔们教孩子们走正步，进行国旗历史知识的讲解，教孩子们学画国旗、共唱国歌。通过与国旗班叔叔的零距离接触，孩子们加强了对国旗的认识与热爱。

2. 环境保护、食品安全从我做起

二年级主题为“环境保护、食品安全从我做起”，活动基地为浏阳河风光带及滩头坪社区。二年级分班开展体验活动，如二(1)班的“我是文明小卫士”环保活动，为母亲河浏阳河“美化整容”；二(2)班的是走访商店、超市，对比了解食品安全信息；二(3)班的是分享和学习网上搜集的三无食品的知识；二(4)班的是调查采访孩子们平时吃零食的习惯、喜好及原因来认识三无食品的危害性。二(5)班则开展了变废为宝的手工制作活动。

3. 我是交通员

三年级主题为“我是交通员”，活动基地为省公安厅交管局。三年级开展交通安全体验活动，并参加了由省文明办、省教育厅、省公安厅交管局、中国人寿湖南省分公司联合举行的湖南“车时代的安全童年”儿童交通安全主题日暨文明交通“四赛两创”活动启动仪式。孩子们上了“车时代的安全童年”宣讲第一课现场的安全乘车演练活动，模拟了儿童汽车安全碰撞测试，让学生亲历了乘车时不使用专用安全装置可能发生的严重后果，极大加深了儿童乘车安全的意识。

4. 小小交警

四年级主题为“小小交警”，活动基地为芙蓉区交警第九支队及滩头坪社区。四年级学生参加了由省教育厅、省消防总队和市教育局联合举办的“湖南省119消防宣传周暨消防总动员嘉年华活动”。现场20多个消防趣味活动，涉及疏散逃生、消防技能、器材使用、逃生自救等方面。孩子们积极参与，并掌握了消防知识和自救本领。

5. 我是小法官

五年级主题为“我是小法官”，活动基地为马王堆派出所、省法院、省检察院。五年级学生通过社团活动，学会运用法律知识来解决生活中常见问题。

6. 勇敢的小军人

六年级主题为“勇敢的小军人”，活动基地为岳麓山雷达基地和消防武警支队。六年级学生前往市政府消防武警中队开展活动，观看了武警叔叔们的队列训练、擒拿格斗术，并向武警叔叔们表达了崇高的敬意。

通过活动的体验、参与，公民意识逐渐深入学生心中，孩子们自觉地在校内外做到遵纪守法、文明有礼。相比大道理说教式的教育活动，公民体验活动更容易被孩子们接受，大大提升了教育的效能。

（三）家校联动丰富生命成长

学校依托家校互动平台，着力建设积极、主动、合作的家长学校，让家长成为学校教育的同盟军，共同引导孩子健康快乐成长。

1. 开设家长开放日活动

5月，学校成功举办了第四届“丰富生命体验，绽放童年精彩”家长开放日活动。学校二、三年级通过“读经典，诵名篇”诵读展演活动向家长们表演了诗词吟诵、改编和创作诗歌。四、五、六年级展示了精彩的班队活动，一年级向家长们开放了10节生本课堂，老师们通过营造和谐、平等、民主的活动和课堂氛围，创设孩子们合作学习，主动探究质疑，主动发现问题、解决问题，主动获取知识的学习方式，让家长们感受了全新的教育理念。

2. 开设教育培训活动

为帮助和引导家长树立正确的家庭教育观念，学校特邀中国社科院研究生院特约教授、《光明日报》社特约顾问、广东省人民政府教育顾问、广州英豪教育研究所所长陈忠联教授分批为各年级家长进行了“将成功传给下一代”的家庭教育讲座。陈教授深入浅出、语言风趣、案例生动、富有激情的生动演说让家长们认识到：在市场经济环境下要想使孩子成功，家长就必须担负起孩子教育的主要责任；要塑造成功的孩子，必须培养孩子分清主次、不怪他人的思维习惯；要重视培养孩子的控制力；要教育孩子学会爱父母；要从身边小事做起，靠自己去争取成长的机会。陈教授就目前青少年突出的教育难题，为家长们指出了新的教育思路，受到家长们的高度评价。

3. 开展爱心牵手活动

11 月，家委会联合学校赴邵阳新宁丰田小学开展爱心牵手“暖冬行动”。由百余名家长、学生和老师组成的爱心团队抵达丰田小学，牵手贫困孩子、体验爱心课堂、捐赠爱心衣物，让丰田小学的孩子感受到了浓浓的长沙温情。该活动由家委会主动倡议，号召全校学生家长积极捐赠衣物、文具、爱心款等，帮助山区的孩子温暖过冬。倡议一发出，爱心行动迅速在学校各班级发酵、扩散，36 个“爱心伙伴”名额两天内就被“抢认”一空，短短几天就收到 5 万多元爱心款和 2000 多件(套)御寒衣物、学习用品。爱心团队的老师们给丰田小学的孩子们上了音乐、体育、美术、团辅等综合课程，这是山村的孩子们第一次接触美术课、音乐课。42 个爱心家庭分别与 36 名特困家庭小朋友结对后入户走访，了解每个结对伙伴的家庭情况，并送上了精心准备的礼包。一些家长表示将长期资助，有的还打算把孩子接到长沙来读书。

“每一个孩子都有机会，每一个生命都很独特”。家长开放活动、家长培训活动、暖冬爱心行动展现了我校全面育人、家校携手、与学生共同成长的教育理念，活动受到了长沙晚报、湖南都市频道等多家媒体的关注，也获得了家长的充分肯定和高度评价。依托家校合作平台，我们更好地为孩子们身心能健康快乐地成长而保驾护航！

点滴思考：如何理性、持续地实施公平、优质、负责任的教育

教育是慢的艺术，是熬制心灵的鸡汤，来不得急火快攻，学校管理者要能帮助每一位教师包括管理者自己认识到教师该做什么，怎样做才是有意义的。我校的办学理念是要给孩子一个幸福的童年。幸福的定义是什么？我们希望孩子们成为怎样幸福的儿童呢？只有让他们成为一群有格局、有境界的幸福公民，才能为祖国的未来担负起神圣的责任。作为教育者，我们需要理性地思考：我们要如何培养真正的人？教育该如何持续内涵发展？

我想，如果燕山二小的学生通过在学校的六年学习生活，能够形成一些好的品质影响其未来的个人作为，如：对人和事始终保持好奇心，有持续的学习求知欲望，有好的学习习惯和方法，有一定的独立思考和理解他人及事物的能力，对人友善，尊重他人，懂得感恩，心胸开阔，视野开放……在这种关注生命视野、生命尊严的教育理念下学校教育如何才能为他们未来的良好发展奠基呢？作为教师，我想我们可以争取做到以下几点。

（一）公平善待每一位学生

教育者要用仁慈、关爱对待每一位学生，无论学生来自何种家庭，拥有何种天赋或缺陷，教师都应该一视同仁，这样培养出的学生在未来才能正确地认识自我，善待他人和社会。

（二）主动提升个人专业素养

教师要不断学习与思考，只有在学科领域拥有一定深度和广度的专业知识以及将知识转化为指导学生优质学习的技能，才能对学生产生真正的指导。

（三）努力推进课堂教学改革

教师要努力关注学生的需求，从学生的心理、生理需求出发来解读学生的课堂行为举止，切实改进课堂教学，推进生本课堂的建设。

（四）积极实施丰富多元课程

通过课程的学习、体验，完善人格，掌握方法，学习技能。如以年级推进，各学科整合，探讨主题课程的实施，加强社团课程的建设，将精品社团作为课程发展需要，可以让学生从选修走向必修。

教师要回归本真，教育要回归理性。作为教育工作者的我们只有以对祖国的责任和担当来自觉地看待当下的教育行为，在未来的发展中主动承担起实施公平、优质、负责任的教育重任，才能谋教师的长久幸福和教育的长足发展！期盼未来的教育更美好！

学生“减负”从做实校本研训开始

龙晓宇

减轻学生课业负担，是全社会关心的热点问题。减负的关键在于提高课堂教学效率，课堂效率提高的关键在于教师。

笔者工作的燕山二小是芙蓉区 2009 年 9 月新建的一所高标准、高起点的现代化的小区配套学校。学校的师资配备以年轻教师、新聘教师为主，教师队伍非常年轻，平均年龄不到 30 岁。2011 年初，学校根据课程改革的精神和《国家中长期教育改革和发展规划纲要》的要求，成功申报了湖南省“十二五”规划课题“生命化教育视野下的小学减负提质的应用与实践”。为确保学校“减负”课题研究的实效，为保障学生课业减负的有效实现，教师专业素养和教学水平的提升成为新建学校迫切需要解决的问题。

校本研训是教师专业发展的引擎，是学校教学质量提升的保障。因此，燕山二小以“减负”课题为载体，不断改进研训方式，更新研训策略，规范研训管理，在校本研训实施过程中坚持一个“实”字，追求一个“新”字，让校本研训成为教师专业发展的基石，成为实现学生“减负”的保障。

制订符合实际的校本研训目标，让教师看到自我发展的希望

校本研训的目标在于促进教师的发展，要实现这一目标，就必须调动教师的积极性，让其产生不断发展的欲望。因此，学校在教师培养方面采用外聘导师和骨干教师帮扶两种方式，对已经成熟的教师，由学校出面在校外聘请专家重点指导；对新调入、新分配教师，由学校指定骨干教师进行一对一的帮扶。同时，学校针对不同的教师提出了不同的发展要求。如：对新教师明确提出了“一年上路，三年合格，五年成材”的发展目标；对骨干教师制订了“教好一门学科，带好一个徒弟，研究一个专题”的发展措施；对中老年教师提出了“立足一个岗位，奉献一

生智慧，影响一个群体”的发展要求。

选择注重实用的校本研训策略，让教师体验积极发展的过程

学校开展“校本研训”毕竟是一项研究活动，要研究就必须遵循一定的程序，确保研训活动的系统性和系列化，力求做到每次活动有主题、有计划、有理论、有实践、有反思、有总结、有实效。

（一）以需定训，确定“菜单式”培训

“菜单式”的校本培训就是利用各取所需的形式，把自主选择权交付给教师，由教师自己根据实际需要和兴趣爱好自由选择培训内容、培训方式。其核心就是本着“缺什么，补什么；需什么，供什么”的原则，根据不同学段、不同年龄、不同层次教师的发展需求，分类确定不同的培训内容。

这种培训模式是在芙蓉区教育局、教科中心提出的“菜单式教学服务”工作的启发下，实施开展的。每学期末，学校教研室给全体教师下发下学期校本培训“点菜单”，征求教师培训需求。学期初，由教研室根据教师们的培训需求，结合学校实际情况及上级培训要求拟定全员系统性培训的“菜单”，列出培训提纲，确定主讲教师，提交学校行政会审议后有计划地实施全员培训。如 2014 年上学期，学校就根据老师们的点菜需求先后聘请了湖南省政协委员特级教师黄沛清教授和湖南省人力资源所副所长刘建琼、“全国家庭教育第一人”陈忠联教授、芙蓉区教育局信息中心主任冯卫、雨花区语文教研员辛晓明老师来校分别进行了师德、家庭教育、信息、教师论文写作等方面的指导。“菜单式”培训以需定训，以此克服了学用脱节、众味难调的培训弊端，很好地增强了培训的成效。

（二）因组施训，开展“主题教研”

大家知道，教研组既是教师进行教学的组织，也是学校的一级行政组织，肩负教学、科研、管理三种职能。因此，加强教研组建设是实施校本研训的有效途径。我校在教研组建设方面，结合“学校教师例会有效性研究”子课题的实施，以师生的需要为出发点，根据各教研组的实际情况，组织开展扎实有效的“主题式”校本教研活动，着重解决“研什么，怎么研，怎么持续地研”等问题。

主题教研有很强的针对性，研训的主题是教师自己教学上遇到的问题；研训的目的是为了有效地解决教学活动中出现的问题；研训的形式是通过教研组围绕培训主题、教师个人研究主题这些“主题”展开教研活动。研训过程中，教师能运用自己的创造性思维获得解决问题的途径，也能对理论与实际、课程与教学、教师与学生的理解更加全面深刻。这种培训对教师而言更具有亲和力、亲切感，更

重要的是能有效地解决教育教学的实际问题。所以，教师参与的积极性更强，教研培训的实效性更强。

开展富有实效的校本研训活动，让教师享受主动发展的喜悦

校本研训的形式，直接决定了研训的效果。我校的研训形式，有专题学习、专题研讨、问题会诊、课例分析、课题研究等，归纳起来，就是以学为训、以课代训、以评促训、以研强训、以赛检训。在研训形式上，特别值得一提的是近年来我们做的一些新的尝试。

(一)读书学习滋养教师心灵

读书是教师专业发展的根，学校自建校以来就积极推进“书香校园”的建设，整体规划，优化师生阅读环境，营造浓郁的书香氛围；定期为教师们出资订阅教学资料和专业书刊；定期开展“教师共读一本书”的赠阅活动；分层组织开展形式多样的读书交流活动。如：行政团队每两周一次的“厚学养德，书香致远”读书交流会，每次都会轮流安排一位行政人员进行主题读书交流；全体教师每两周一次的“读书促成长”主题交流会，学校采用随机抽签的方式组织老师们把自己读书的体会及时与大家进行分享交流；各学科教研组开辟的“资料式阅读”，定期选择有价值的文章印发给教师阅读，读后交流体会，并在教学实践中运用。精彩纷呈的读书活动让全体老师的心灵得到了滋养和“洗礼”。

(二)外出学习开阔教师视野

为了帮助教师更新教育理念，获取最前沿的教育信息，学校积极创设机遇，鼓励老师们外出学习。如通过参加全国“创新杯”教学竞赛、送课下乡等活动给老师们搭建学习交流的平台和机会。学习归来，参培教师通过讲座、移植课等方式将所学所思与全体老师分享，促进共同提升，使学校对外出学习有限的投资换来了无限的价值。

(三)同伴互助共谋专业发展

1. 师徒结对同成长

为了使青年教师迅速成长，我们充分发挥校内资源的优势，采用了“捆绑考核法”实施青蓝工程。“捆绑考核”即让结对的师徒荣辱与共，师傅要对徒弟进行全方位的指导和帮助，徒弟的课堂教学、作业批改、教案设计等一切教育教学活动考核情况均与师傅的考核挂钩。在师傅们的精心指导下，一批青年教师现在都已经成长为学校教育教学的中坚力量。

2. 合作竞赛创佳绩

参加教学比赛是教师们增长经验、接受磨炼、获得提高的有效途径。为使学校教师团队快速提高，形成强大的凝聚力，我们除配合上级部门开展一些个体比赛，更多的是以年级、年段或学科团队为单位，一般四人一组开展合作竞赛活动。具体做法是：以备课组为单位，在集体研课的基础上推选一人上课、一人说课、一人评课、一人答疑，整个竞赛活动包括上课、说课、评课、对话互动四个环节。学校组织学科专家担任评委全程参与指导，此类竞赛活动的开展，有效促进了教师间的合作交流、实现共同成长。

（四）课题研究提高科研能力

课题研究是学校发展教师成长的助推器。作为一所新建学校，我校完善了校本教研体系，建立了校长室、教科室、教研组、教师一体化的教科研网络，形成了全方位、多层次的教科研格局。学校以课题研究为载体，引导教师养成勤学、精教、乐思、善写的习惯，使教师在“学习—实践—研讨—提高”这一过程的不断循环中，教育理念得到更新、教学方法不断创新、教学风格日趋成熟、教学水平明显提高、教师职业幸福感增强，从而促进学生快乐健康成长，激活全校师生生命成长的激情。

开展形式多样的区域教研活动，让教师获得教育成功的幸福

燕山二小一直秉承“实验立校、改革图存”的办学思路，在着力打造以校本研训为本，教师专业卓越、人人都有幸福感、归属感的人文校园的同时，通过多种途径，将自己的教育理念广为传播，充分发挥了辐射、示范作用。

（一）区内联动，齐头并进

很多学校的小门类学科常常因为人数太少而不便开展教学交流，为了给老师、学生们搭建更为广阔的展示自我的平台，学校经常与区内兄弟学校共同开展“手拉手”校际教学交流活动。

（二）城乡携手，取长补短

为了最大限度地发挥区域内名校优质教育资源的辐射作用，学校先后组织学科骨干教师与湖南西部新晃二完小、平江加义镇献钟小学、泸溪长坪学区开展“爱心传递、携手共进”“同课异构，送课下乡”等教学交流活动。

扎扎实实的校本研训活动，让燕山二小的老师们得到了实足的成长与进步。肖群雁、徐婧、林嘉添、黄晶、刘琳琳、刘姿麟等一大批优秀的青年教师成长为

区、市级学科骨干。老师们的课堂教学质量逐年提升，高效课堂、生本课堂的教学操作范式在一定范围内还起到了示范引领作用。学校也先后成功创建为湖南省现代教育技术实验学校、湖南省基础教育课程改革样板校、长沙市基础教育课程改革样板校、长沙市校本管理先进单位、长沙市校本研训示范校。

教师发展了，最先惠利的就是学生。当一所学校的校本研训能够真正成为教师专业发展的引擎，为学生“减负”提供了“质”的保障，学生减负工作的实施也就有了有效落实和持续推进的土壤和环境。燕山二小“减负”课题实施近三年来，学生的课业负担明显轻于同区域学校的同年级学生，但学生的学业成绩和综合素质却得到了大幅度的提升和发展，学生在科技、艺术、体育、作文、英语、信息等各级学科竞赛中成绩显著，截至2013年12月，累计获奖575人次。仅2013年，学校组织学生参加区跳绳比赛、班级演奏比赛、阳光体育大课间比赛、艺术展演等各项竞赛活动均荣获一等奖载誉归来。

当然，一所学校的教研工作不是孤立的，它仅是学校教学业务整体工作的缩影。让老师们在教育教学中收获成功的快乐，最终实现学生的幸福成长，做实校本研训是起点，也是各个学校不断探寻、努力践行的终极目标。

一个中心、两个基本点，共创属于我们的传奇

刘琳琳

班级是学校工作的基本单位，一班之主——班主任工作的好坏直接影响到学校的稳定。学校的社会声誉、家长的口碑、孩子的表现都能从一个班主任老师的工作中得到体现。承担着班级的管理工作与教学工作（很多小学的班主任同时兼任语文、数学等主科教学工作），很多班主任老师感觉身累，心也累。创造性地开展班主任工作，是当前教育形势对班主任工作的新要求，也是班主任提高自身工作水平与实效的必须。

“一个中心，两个基本点”是中国共产党在社会主义初级阶段的基本路线的核心内容。在我的班级管理中，也有“一个中心，两个基本点”。一个中心，即全面发展学生为中心；两个基本点，指坚持学生自我认知与管理，坚持家校紧密有效配合。

以全面发展学生为中心

“我们要培养什么样的人?”这是学校教育摆在中心位置上的一个最重要的问题，也是班主任开展班级工作之前就要明确的思路。我对学生提出的成才目标是：身心健康、正直勤勉、综合能力强、成绩优秀。

平时工作中，我注重学生的体育锻炼与心理问题疏导。班上出现了争吵、打架、丢钱等事件，我会组织学生思考、讨论、解决，有时别的班发生了受伤事件、甚至是寻找马航等社会事件我也会拿到班上进行讨论与交流。我组织学生积极参加各项活动，如通过“华声丽音公益行”、向泸溪困难小伙伴捐款等活动培养他们的爱心，通过鼓励他们参加区“三独”比赛、“溢美童心”全国青少年儿童书画比赛、“创作杯”全国青少年儿童作文大赛等活动展示他们的能力，通过学校运动会、合唱比赛、诵读比赛、纸桥承重比赛等活动增强集体的凝聚力。

在语文教学中，我不追求考试分数的高低，而是大力推广课外阅读，拓宽学生知识面。我会特别注重综合性学习，在学生小组合作的基础上结合学习内容进行调查研究、撰写报告，形成自己的观点。我还在本学期末进行了语文综合能力检测，将学生书写、朗读、谈话能力的考察成绩纳入语文学期总成绩。

2010 年，我所带的五(3)班在芙蓉区“唱响未来”班级合唱比赛中获一等奖。2013 年，我担任班主任工作的三(4)班在芙蓉区“教学班演奏比赛”中获一等奖。班级在学校各类比赛一般都是一等奖，考试成绩居年级前列。在近两年芙蓉区“三独”比赛中，有 8 人次获特等奖，4 人次获一等奖，2 人次获二等奖。在第五届“创作杯”全国青少年儿童作文大赛中，有 3 人获金奖，5 人获银奖，7 人获铜奖，2 人获优秀奖。有 2 名学生的作文发表在《长沙晚报》上，1 名学生的作文发表在《发明与创新》杂志上，1 名学生作品在“小学生导刊 · 中国童话网”征文活动中获优秀作品奖。另有多人在各级各类比赛中获奖。

坚持学生自我教育与管理

教学的责任在于“唤醒”，唤醒孩子心中对真善美的向往，唤醒学生发自内心的向上的愿望，最大限度地发展他们的生命潜能和发展本能。宣传教育、督促激励为主，适当惩戒为辅，是“唤醒”学生自我认知的重要手段。2009 年燕山二小建校，我接手五(三)班。入学伊始，我利用班会时间，与孩子们共同确定了班级目标、口号与行动准则，讨论“我心目中的优秀班集体”。此外，我充分利用班会课、夕会时间对学生进行各方面的教育与严格要求，经常宣读《小学生守则》《小学生日常行为规范》《燕山二小一日常规》等，让学生了解自己什么该做，什么不该做，并对优秀学生给予表扬，对调皮犯错的学生适时地给予批评指正，并鼓励其勇敢地改正。健康向上、充满朝气的班风逐步形成。2010 年，五(三)班的孩子通过共同努力，被评为长沙市优秀班集体。

2011 年接手的一年级孩子不同于高年级学生，他们才入学，纪律意识、规则意识还比较模糊，自制力比较差。怎么让这些“小迷糊”意识到自己该怎么做一个好学生呢？我将有关要求融入孩子们爱听的故事，边读边交流讨论，《一年级的小豆豆》《小朋友，上学去》等书中的小伙伴陪着孩子们度过了最艰难的入学适应期。二三年级时，我将《弟子规》《声律启蒙》引入课堂，诵读国学启蒙经典，让他们在经受传统文化熏陶的同时潜移默化地了解了与父母兄长、老师同学相处的礼仪。经过长时间的积累沉淀，同学们在纪律、学习、卫生等各个方面，都有了新的认识，并对自己提出了更高的要求。现在的三(四)班，已形成了和谐、友爱、活泼、健康的良好班风，并于 2012 年被评为长沙市优秀班集体。

同样，我也将学生的自我教育与管理融入语文教学，如组织学生编辑班报。

班报是宣传优秀、展示学生风采的窗口。二年级学生自编的《燕语报》有介绍班级重大事件、主要成绩的“班级大事记”“光荣榜”，有赞颂父母之爱的“名人名言”，也有介绍美国、日本小学生守则的小栏目，还有学生的优秀习作。

登载的习作中包含很多隐性的教育元素，如《给爸爸过节》《妈妈，我想对你说》《伟大的爱》等写父母的习作就是教育孩子体贴、孝敬父母的最好教材，《浏阳河》道出了环境恶化的后果，《一支笔惹出的祸》就是教孩子怎么和朋友相处，《网络，让我欢喜让我忧》告诉孩子上网有利也有弊……这些元素的最可贵之处在于，它不同于老师的说教，不是强行的灌输，而是孩子们自己的感受与思考，其鲜明性、生动性、示范性是孩子们最好的互相学习的范本。

坚持家校紧密有效配合

教育的效果取决于学校和家庭教育的一致性。现在的家长越来越年轻化，他们有自己的教育理念。学校教育和家庭教育各有优劣，学校资源和家长资源各有所长，两者是各自为政还是形成合力追求教育效果最大化，取决于班主任的工作艺术。我在鼓励学生全面自我发展的同时，也和学生家长密切配合、共同努力，取得了较好的教育效果。

首先，我充分利用电话、班级QQ群、校讯通家校信息平台、微信等与家长沟通，发布学校重要活动通知、家庭作业等信息。此外，我想家长之所想，急家长之所急，及时发布需要家长了解、配合的信息，如气温多变时提醒家长多给孩子备一件衣服，或是学校社团课时间有调整，请家长注意接送孩子时间之类的温馨提醒；如面向全班发布的孩子在各级各类比赛中获奖的祝贺喜报，或是面向个别家长的孩子近段时间学习懈怠、常规变差的情况通报；如感谢家长在卫生打扫、捐书捐款、校外辅导等活动中积极参与的致谢信息，或是推广一些家庭教育妙招、经验……别看这些信息很平常，但正因为有针对性、及时性、有效性，能让家长感觉到老师在用心教“我的孩子”，从而形成家长支持学校及班级工作的重要心理基础。

其次，我注重发挥家委会的作用，有效地促进家校融合。家委会有章程、成员有分工，期初有工作计划，各项开支有公示。每学期亲子活动的策划组织、资金的收取管理、对外的衔接与报道均由家委会成员完成。根据需要，家长会有时也由家委会会长主持，并就家长们关心的问题进行讨论交流。学校组织的爱心义卖、校园美食节等重大活动家委会更是全力支持，动员大力调全班参与。节假日，家委会也会组织孩子们参加一些社会公益活动。这三年，我们组织了科技馆、雷锋纪念馆、江西明月山、株洲航电枢纽、宁乡灰汤温泉、浏阳张坊镇等6次内容丰富、寓教于乐的亲子活动。此外，家委会还是家长与教师之间的“润滑剂”。有一次，我班的数学老师与一位家长就孩子的作业处理问题发生了分歧，双方很不愉快，家委会会长当晚就赶到这位家长家中进行恳谈，很好地疏通了双方的误解，达成了共识。

再次，我创新打造沟通新平台，让班级形成情感共同体。一年级，为了增进相互了解，我和孩子们编辑了《2011级四班阳光宝贝档案》，介绍各个孩子的兴趣爱好以及家长对孩子的成长寄语。为了展示各个家庭亲子阅读情况与经验，在二年级，我们编辑了《阅读点亮心灯》家庭阅读手册，推荐好书，介绍培养孩子良好阅读习惯的做法。在三年级，我班一方面开展“快乐成长1+1”亲子日记活动，每天由一个孩子写生活日记，家长写教子感悟，老师再写建议点评，扫描后传至班级群共读，另一方面组织“爱在自由里”——“陪孩子走过小学六年”读书心得与育子心得征文比赛，年底将两者汇总后精心编排了《献给我们的孩子》一书。在四年级，孩子们凝心聚力，将自己的心声与梦想酿成一捧浓浓的蜜，以“给爸爸妈妈的一封信”为主题，编印了《献给我们的爸爸妈妈》以此感谢最亲爱的爸爸妈妈。这些册子是孩子成长的珍贵印迹，也是家长和老师的温馨记忆，它们传达了这样一个信息：在这个集体，孩子、家长、老师相互学习，共同促进，一起成长，我们在创造属于我们自己的传奇，我们互相成就，共享幸福！

微信，我们最美的相遇

朱双亚

一个时代有一个时代的鸟儿，一个时代有一个时代的歌声。随着微信的普及，沟通从 PC 时代过渡到移动互联网的 M(Multimedia，多媒体)时代。微信以随时随地提供信息和服务的便利性，以及信息推送迅速实时更新的优越性迅速改变了人们的交流方式。“一切为了学生、高度尊重学生、全面依靠学生”的生本教育也如微信一样，改变了教育者的思维模式。在教育的过程中，笔者发现微信对于生本理念的落实有很大的帮助，现将具体做法阐述如下。

利用微信反馈班级管理信息，提高学生管理能力

在生本教育理念下，班级管理更多的是要求孩子学会自我管理。班干部或其他热心的同学可以充分利用微信管理班级，在班级朋友圈里用文字、语音、视频等及时记录反馈班级情况。例如，在教室或校园发现随意扔垃圾的现象，可以随手拍照上传，以形象的图片让孩子们直面不讲卫生的问题，触及孩子内心，更具有说服力度。在这个操作过程中注意引导班干部以正面评价为主，在优点和值得学习借鉴的方面可以多发生动的图片或视频，需要提醒的问题以文字或语音方式呈现，并注意保护隐私。这样同学、老师还有家长都可以及时了解班级状况，并作适时的指导和评价。这种管理模式，充分调动了小班干部的积极性，使工作落实十分到位。

利用微信召开读书交流会，留下最美的思考痕迹

学校要求每月共读一本书集中进行一次读书交流会。在实践过程中笔者发现：①集中交流的时间太少，不能覆盖全面；②每次交流，多以口头交流为主，整

理资料，需要录音再做文字录入，十分耗费时间，往往交流过后就算完，没有任何记录。微信能够随时随地发起讨论交流，将使读书交流会的时间得到大大地提升。微信还有一项很有趣的功能，可以将语音转换成文字，虽然在转换过程中，有些字会因为发音的不准确而转换错误，但仍大大降低了文字录入的工作量，可以将直接由语音转换来的文字复制后稍作整理修改，就是很好的文字记录，给读书交流留下最美的思考痕迹。

利用微信优化小组合作学习，提升组织合作能力

生本教育，很是强调前置性作业和小组合作学习。在操作的过程中，笔者发现，在前置性作业环节，小组成员之间缺乏沟通，搜集资料重复、整理资料零散、思考问题不全面，这是因为孩子们完成前置性作业都是在家里，不便及时与组员沟通导致，而微信可以很好地解决这个问题。在班级圈里，由组长或提出问题的人发起组内的对话讨论，分享资料，整理笔记，就避免了重复的工作。组长或发言人还可以利用这个平台来组织好组内的发言及相关材料。

利用微信落实诵读作业检查，提升口头表达能力

以往诵读作业检查，因时间的缘故只能是蜻蜓点水式的抽读和全班齐读，总有应付之嫌。而微信的语音功能却让孩子们从此爱上朗读，期待布置朗读作业。例如，让孩子们选择自认为读得最好的段落或最喜欢的段落在微信群里朗读。背诵的作业也可在微信群里落实完成。在这个操作环节中，教师要及时地给予评价指导，针对每一个孩子的朗读要给予鼓励性的评价。在此之前，教师自己要吃透文字，专注评价要点，做好充分准备。这里教师不是唯一的评判者，家长和孩子都可以参与进来，引导他们给其他同学中肯的评价，评价时要求先说优点，再提意见。相对于传统的诵读，在微信群里有了众多的听众，彼此之间可以相互学习切磋。在这里，每个孩子展现了最好的自己。平时胆小害羞，不敢在课堂上大声朗读的孩子，在微信群里因为避免了当面的尴尬，又因为有老师刻意的鼓励性的评价，从而信心倍增，朗读日趋进步，渐渐在课堂上也能大方自信地表达自己了。

利用微信交流，作业评改更便捷有效

作业批改是教学中非常重要的环节。一方面教师可以从学生作业中了解课堂教学的效果和学生学习中的欠缺，另一方面学生也可以从作业批改中知道自己的掌握程度和缺点不足。然而在近几年的作业批改中，笔者发现传统的作业批改方

式往往是一种单向的信息流动，无法获得学生的响应和共鸣，更谈不上由此而促进学生学习兴趣、催发改正错误的心理需要。微信让我找到了解决之道，如将孩子们的优秀作业上传到微信群，与大家共享。在此操作环节中，不能只是单纯地上传图片，针对优秀的作业，一定要强调作者，且附上教师简短的评价，要求当天作业未达要求的孩子认真学习他人的作业并更正。针对共性的错误，约定统一的时间在群内展开交流讨论，教师统一指导讲解。针对错误多、字迹差的作业，在多次提醒未改的情况下，可以截取图片以示警醒，但千万不要发布作者姓名，一般情况下采取私聊交流。由此，作业讲评形象生动有效，而且不再局限于课堂、校园。

利用微信及时展现孩子在校状态，加强家校合作

微信丰富的多媒体传播形式，更加便于分享孩子在校的一举一动，生动地展现孩子在校的状态。如孩子在校学习的视频、中午就餐的照片等，让家长及时直观地了解孩子在校的学习生活。家长与老师的沟通，不再局限于打电话、家访的传统方式，需要共同知晓的问题就群发信息，需要个别交流的就私下聊天交流，以往，家委会成员召开会议，需要约定时间，专程赶往学校商议班级事宜。现在，他们通过微信召开会议、交流看法，十分便捷有效。同时，班级朋友圈的用户还可以通过微信“朋友圈”的转载、转发及“@”功能来将家庭教育的相关内容分享给各位家长，或展开共同讨论。

嘤嘤其鸣，求其友声。微信，以其便利的互动性推动了我的班级管理，在这里每个孩子的诉求都得到了关注与解决，每个孩子的表达都得到了赞扬和指导。每一个孩子是参与者，更是管理者。孩子、老师、家长在这里寻找到共通的沟通方式。微信，我们最美的相遇。

德育天地

在小学学科教学中渗透法制教育

肖　悦

如今“依法治国，依法治教”已深入人心，在耳濡目染之下，孩子的自由、民主、公正、平等意识也在显著增强，他们的人格需求和对个性发展的需要比以往的任何一代都要强烈。开展法制教育，培养“学法、知法、懂法、守法”的小公民是学校义不容辞的责任。如何在小学学科教学中渗透法制教育，我来谈谈自己的看法。

加强教师队伍建设，提高教师法律素质

作为教师，除了必备的文化素质和业务素质外，还要学习和掌握《教师法》《教育法》《未成年保护法》《未成年人预防犯罪法》等相关法律法规。要让学生懂法，教师自己必须先懂法，首先要用法律知识来武装自己，然后才能结合学科教学，随机渗透法制教育。《教师法》要求教师“贯彻国家的教育方针，遵守规章制度，执行学校的教学计划，履行教师聘约，完成教育教学任务”“对学生进行宪法所确定的基本原则的教育和爱国主义、民族团结的教育、法制教育以及思想品德、文化、科学技术教育”“关心、爱护全体学生，尊重学生人格，促进学生在品德、智力、体力等方面全面发展”。《教育法》也明确规定学校有行使“法律、法规、规定的其他权利”。所以，提高教师的法律素养很重要，只有教师懂法，才能有的放矢地向学生进行法律知识教育；只有教师具有良好的法律素养，才能培养出具有法制观念、法律意识的合格人才。

注重学生法制教育，有机融入各学科教学

目前国内很少有小学在日常课程中安排法制教育这项课程，一般小学只是在

思想品德、大队部教育活动或班队活动中偶尔穿插一些法制教育环节，涉及的法制知识很少，因此小学生能掌握到的法律知识非常有限。如何让孩子学习到更多的法律知识，这需要教师在自己所教的学科中进行有机地融入，

如数学课上，在讲授重量单位“千克、克”时，教师可以让学生通过用手来掂量物品感受重量，并同时告诉学生“一克物品很轻，但一克毒品的危害却很大”，适时对学生进行“远离毒品，珍爱生命”的教育，使学生认识到毒品的危害；在讲授“用多少辆车带全校学生春秋游问题”中，可以延伸介绍客车超载所造成危害及相关交通法规常识；在讲授计算长方形面积时，教师可设计题“《中华人民共和国国旗法》规定，国旗的长是宽的 1.5 倍。一面国旗长是 144 米，宽是多少厘米?”通过这道题教学，既向学生介绍国旗法的一些法律常识，同时也对学生进行了爱国主义教育。

小学语文课文中也有很多可以渗透法制教育的内容，如在课文《父亲与鸟》《李广射虎》《生命的桥》中渗透《野生动物保护法》的知识；在《海洋——21 世纪的希望》《月亮湾》中融入对环境保护的认识；从寓言故事《螳螂捕蝉》了解到要以理服人，依法治国的道理；高年级学生的写作课，更是可以将电视节目中的《法治在线》《今日说法》《道德与法治》等法制节目中的案例拿到课堂教学中让学生进行分析和辩论，这既提高了学生的口语交际能力，让学生对法律知识有了一定的了解和认识，又规范了学生遵纪守法的行为，一举多得，事半功倍。

小学英语教学中也可以在英语单词、句型或课文教学中渗透法律知识，如学习方位名词 right 和 left 时，可以渗透交通法规，让学生懂得行人、车辆靠右行驶的规则；在学习祈使句“Don't. . . ”时，可以引用常见的警示标语，让学生了解一些日常行为规范；在学习地点、建筑物专有名词时了解古建筑、古文物保护等。

科学课是最好渗透法制教育内容的，如在讲授“环境问题和我们的行动”时，除了让学生了解空气的重要性及空气污染的严重症状，还可以介绍一下《大气污染防治法》，让他们知道所有人都有保护大气环境的义务。

艺术类学科是孩子们最喜爱的学科，也是宣传法律知识、播种法制种子最好的阵地。音乐课上可以教唱《国歌》《遵纪守法好少年》《交通安全歌》《我是环保小卫士》等歌曲，还可以将平日里学生的日常生活行为编成音乐童话剧、快板、儿歌等让学生进行表演，让孩子通过扮演各种角色，体验法制对人们生活的重要性。美术课上教师教学生制作环保小报、法制小报、法制宣传标语等，不但让学生学会绘画设计的技能技巧，同时也能将法制教育无声润入。

充分利用教材对学生进行法制教育，无须改变教学计划或教学大纲，也无须重印教材，只是通过教师的巧妙设计来实现法制教育，这样很容易被学生理解和接受。在丰富多彩的教学活动中，如果教师能把进行法制教育的方法、时机掌握恰当，运用灵活，那么对于提高学生的思想觉悟，抵制心灵污染，定会收到事半功倍的效果。

科学渗透法制教育，也要注意的几点问题

首先，在学科教学中渗透法制教育不能牵强附会，必须从教学内容出发，挖掘发现法制教育渗透点，找准切入点，使渗透教育的内容与学生的文化水平，知识结构和理解能力相吻合，才能使渗透教育的效果得到保证。其次，学科教学始终是以向学生传授本学科基础知识和基本技能为主要任务的课程，它不是法律常识课。因此，学科教学渗透法制教育，要以本学科的教学为主，要始终遵循“渗透式教学”，不能本末倒置，寻宾夺主。最后，在教学中如何挖掘教材，选择合适的教学方法为载体是一个关键。学科教学要做到“有备而战，不打无准备之战”。

总之，正确处理学科教学与法制教育的关系，在学科教学中渗透法制教育是必要的、可行的。作为一名教师，应在传授学科知识的同时，积极对学生进行法制教育，以便使学生形成法律观念，增强法制意识，更好地适应社会主义的法治社会。我们深信，只要我们“一切为了学生”，用科学的、发展的观点从事教育工作，就一定能为祖国培养更多的栋梁之材。

【本文为湖南省教育科学“十二五”规划课题《小学生体验式法制教育的实践研究》课题批准号：(XIK015CZXX007)的研究成果】

浅谈小学生志愿者活动的组织与实践

丁任飞

志愿者活动的宗旨和理念是奉献、友爱、互助、进步。把志愿者活动引入到小学德育教育，有目的、有计划地引导学生参与学校日常生活管理，能够培养广大少先队员的爱心与责任感，提高少先队员自主管理能力以及坚持志愿者服务精神。近年来，我校开展红领巾志愿者活动，为少先队员提供一个为学校服务奉献的平台，学生参与积极，活动效果好。下面就谈谈小学生志愿者活动的组织与实施。

志愿者活动在学校德育工作中的作用与意义

党的十八大明确指出：要深化群众性精神文明创建活动，广泛开展志愿服务。志愿服务是现代文明的重要标志，志愿者在把关怀带给社会的同时，也传递了爱心，传播了文明，促进了社会和谐，推动了社会进步。中共中央宣传部于 2012 年 2 月 27 日召开“践行雷锋精神”新闻发布会，明确指出：学习雷锋精神是当前加强社会思想道德建设的需要，深化学雷锋活动要以传承和弘扬雷锋精神为主题，以青少年为重点，以社会志愿服务为载体，推动学雷锋活动常态化、机制化。

在小学开展红领巾志愿活动，可以引导学生做文明的倡导者，在学校、家庭、社区宣扬文明精神；做文明的先行者，从身边做起，用自身行动去影响、帮助和带动周围的人，发挥示范作用。让文明精神洋溢校园，为创建一个文明和谐的校园贡献一份力量。

如何组织红领巾志愿者活动

（一）找准“自愿参与”活动定位

抓住学生上进心强，积极、活泼、爱表现的特点，在校园里通过校园电视台、升旗仪式等多种形式广泛宣传，形成“我当志愿者，我光荣”的氛围，积极引导学生加入志愿者队伍。打破老师推荐、班级评议等推荐方式，采取公开招募、自愿报名，只要有为他人服务、对工作有责任心，有爱心和团队合作能力，就敞开大门，欢迎他们的加入。这样一来，学生参与活动的积极性非常高，特别是平常表现一般甚至是不太好的同学，终于有了展示自我的机会。他们自觉地投入到志愿者活动当中来，热情地为大家服务，满足感和自豪感油然而生。这样招募的参与者积极性高、责任感强，有利于活动持久地、深入地开展。

（二）建立“校内”“校外”两种活动形式

1. 校内志愿者活动

校园是同学们生活学习的主要场所，结合老师、学生的活动需求，在校园内建立多个红领巾志愿者服务队，全面推行学生全员自主管理和服务的管理模式。如校园礼仪志愿服务队，早晨在校门口迎接老师、同学，致欢迎词。弯弯腰志愿服务队负责校园里的卫生保洁，下课期间监督同学们不乱扔纸屑、垃圾，保持校园内整洁，美化校园环境。课间安全志愿服务队，在下课期间，课间操等集会时间，提醒同学们在楼道内不追跑，不玩不安全的游戏。体育大课间、课间操等集会时间提前到所管理楼层的楼梯口并提醒同学们下楼梯注意安全，不挤不冲不跑，不滑楼梯，轻声安静靠右行。伸伸手志愿服务队，维持同学们就餐秩序，监督就餐同学在吃饭后把餐具摆放整齐。

2. 校外志愿者活动

学校可与社区、敬老院、福利院、社会公益组织等单位联系，带领学生走出校园，开展绿色环保植物活动、文明出行、道路交通安全宣传活动、慰问老人等活动，也可以立足于班级，关心帮助身边的困难同学、留守儿童等，还可以利用双休日，和家长一起开展“小手牵大手”志愿活动，把“奉献、友爱、互助、进步”的志愿者精神传播得更广。

（三）形成“大队安排，中队组织，小队活动”的操作模式

学校大队部在开学初对红领巾志愿者活动进行统筹安排：通过校园电视台，校园广播台等宣传红领巾志愿者精神以及对志愿者的基本要求。在校内设置合适

服务岗位，让每一位同学都有机会体验志愿者的具体工作。每周安排一个班级或一个年级进行志愿者活动，每周通过校园电视台或校园广播站对中队进行的志愿者活动进行宣传报道，形成良好的活动氛围。

各中队在大队部的安排下，在班上组织学生报名，中队辅导员根据学生报名的情况，确定各志愿小队名单，组织学生开展校内志愿活动。各中队还可利用周五班队活动课或周末时间开展校外志愿服务活动。一学期下来，全校所有学生都有机会成为志愿者，参与志愿服务。

各个中队还可以组织学生积极参与社会公益组织的各项活动。家长也特别支持活动，与孩子一起当志愿者。如一(4)班的师生和部分家长，利用周末时间来到烈士公园参与湖南爱心捐赠“心得乐”栏目活动，同学们和家长一起捐献了新买的文具和衣物及4000多元现金，为困难学子献上了自己的爱心。一(3)班、二(4)班、三(1)班共8个家庭利用清明假期前往邵阳城步苗族自治县长安营乡参加了“华声丽音爱心公益行”活动，大家为岩寨中心小学捐献书籍、乐器、文具等。

(四)活动内容突出“主题化”“服务性”特点

1. 主题化特点

学校的志愿者活动在传统节日和纪念日都有相应主题。承担志愿服务的班级在开展校外志愿活动时紧扣学校德育主题。如三月“保护母亲河日”，六(1)中队组织学生前往浏阳河风光带开展了“浏阳河大清扫”校外志愿活动；植树节，六(2)中队在社区开展了植树护绿志愿活动；中秋节，五(1)中队组织学生到社区空巢老人家慰问；消防日，五(5)中队组织学生在社区里宣传消防安全知识。学生在活动中既传播了志愿者精神又受到了主题教育。

2. 服务性特点

在校园里为师生服务，维持良好秩序，营造优美和谐的学习环境。在校外为他人服务、为社会服务、为地球服务，开展关爱他人、关爱社会、关爱自然的各项活动，如看望生病同学，为空巢老人送去温暖、为地震灾区募捐、爱绿护绿、保护母亲河等。

(五)构建“关爱他人”“关爱社会”“关爱自然”三个活动板块

1. 关爱他人

重点开展关爱空巢老人、关爱留守儿童、关爱残疾人等几个重点群体志愿服务活动。组织师生代表到周边社区看望孤寡老人、残疾人，帮他们收拾屋子、整理床铺，陪他们说说话、聊聊天，以实际行动关心关爱他们。关爱帮助身边学习有困难、生活有困难的同学，帮他们树立乐观向上的生活态度。

2. 关爱社会

利用广播和黑板报在全校及学校周边宣传普及文明礼仪知识、维护公共秩序、引领文明交通、文化体育、网络文明传播建设志愿服务，引导人们知礼仪、重礼仪、讲道德，推动文明的社会风尚。组织志愿者积极参与各项感恩他人，回馈社会的活动。

3. 关爱自然

运用多种形式，普及低碳生活理念，增强“保护环境、人人有责”意识，提高道德环境修养。开展生态环境保护、植树种绿、清洁环境卫生志愿服务，营造天蓝、水清、街净、地绿的生态环境，培育崇尚自然，善待环境的理念。

收获几点经验和体会

全校学生广泛参与志愿者活动，活动形式丰富多彩，并在实践中获得了以下经验和体会。

（一）活动前要有目的、有设计

没有目的，没有设计不能称之为活动。特别是校外的志愿服务要做什么，怎么做，活动有哪些步骤，需要做什么准备，在活动前要围绕主题，事先设计好。不能带着学生在外面盲目的转悠，捡捡垃圾敷衍了事，这样不但没有达到志愿服务的目的，反而还挫伤了学生的服务积极性。

（二）活动中要有组织、有准备

带领学生走出校园开展志愿活动，需要严密的组织，特别要强调安全问题。外出开展各项志愿服务活动，代表着学校，代表着志愿者形象，因此建议统一着装，戴志愿者标志，举队旗或志愿服务旗。进行各项活动前也要做好相应准备，如开展“保护母亲河”活动，要带上钳子、垃圾袋，手套等物品；慰问空巢老人，要准备一些小节目、带上一点小礼物，以使活动效果达到更佳。

（三）活动后要总结、要宣传

活动结束后，组织者要及时总结活动情况，可以写成新闻、通讯在班级博客、校园网站，校园电视台及广播站进行宣传报道，让参与的学生感到自豪与荣耀。在学生中可以开展“我的志愿体验日记”“我的志愿经历”征文活动，引导学生记录活动的过程与感受，在活动中培养情感、发展认知。

走出孤独的阴霾，拥抱自信的阳光

谢　眺

个案概况

翔翔，一名二年级3班新转来的男生，个子小小的，长得很可爱，喜欢他的老师亲密地称他为“小芝麻”。他性格内向、少言寡语，几乎不与人交流，与家人的沟通也是少之又少；课间很少参与同学之间的游戏；身体自控能力较差，无论站着或坐着，身体总会不自觉地扭来扭去，有多动的倾向；做作业速度极慢，20个字的作业需要花费一两个小时，导致平时应该在校完成的课堂作业，很少按时完成，就连考试试卷也无法在规定时间内做完；平时生活中做其他事也一样慢，比如收书包，排路队，吃饭等；学习上不肯动脑筋，经常一问三不知，尤其是看图写话，难以下笔，为难情绪严重。家人明了孩子的情况，但是束手无策，对于这样一个问题重重的新生，我决定尽快走进孩子的内心，帮助他慢慢改变。

问题分析

发现孩子诸多问题之后，我及时与家长沟通交流，了解到孩子之所以形成这样的性格，大致有以下几点原因。第一，童年的阴影和缺乏安全感是造成孩子如此性格的主要原因。据家人透露，孩子读幼儿园时，经常哭闹。有一次上课不认真，老师批评后，孩子放声大哭不能自止，被老师惩罚单独关在一个小房间，直至家长来接放学，孩子才被放出来。由此，孩子内心极度缺乏安全感。到了一年级，这种状况不但没有得到改善，反而愈演愈烈。由于父母忙于工作，没有时间陪伴，索性将孩子放在农村小学全托。寄宿制的学习生活让孩子内心倍感孤独寂寞，无人交流倾诉，导致孩子养成了不爱说话、行动缓慢、做事拖拉等不良习惯。

第二，父母缺位的家庭教育也与孩子的性格形成有关系。平时孩子由奶奶带着，父母在外打工，经常不在身边陪伴，出现了问题，家长无法及时察觉，做出正确的引导，没能给孩子最基本的庇护感、安全感，更鲜有心与心的交流沟通，待到家长幡然醒悟，察觉到问题的严重性时，再要彻底扭转孩子的个性，已是非常困难。

转化要点

对于这样一个问题复杂的学生，短时间内是很难让情况得到较大改善的，只能采取逐步改善的策略，于是我按部就班制定了以下步骤目标。首先，打开心结，走进孩子内心，让他敞开心扉，接受新的同学和老师。其次，帮助孩子努力克服多动的毛病，养成良好的听课习惯，树立自信心。最后，在学习上多加辅导，帮助他克服写字慢、不愿动脑筋的坏毛病，提高主动自我学习的能力。

辅导过程

(一)课外谈心交朋友，促使其打开心扉

1. 师生谈心，增进了解，加深信任

鉴于孩子在幼儿园阶段受到的心理创伤，我决心在翔翔面前更多地展示老师温柔、亲和的一面，给予他更多关爱，让孩子能接受我这位新老师。于是下课时，我经常找他来聊天。一开始，聊天的过程中，大多时候都是我在询问，孩子的回答也只是“嗯嗯”，点头、摇头或沉默，浑身不自在地扭来扭去。到后来，慢慢地孩子开始用简短的话语回应我的询问。我也经常摸摸他的小脑袋，牵牵他的小手，夸他长得真是可爱，招人喜欢，甚至还拉来其他班的老师一起逗乐他，称他为“可爱的小芝麻”。小家伙竟然第一次很有主见地说：“我不叫小芝麻。”虽然声音很小，但能感受到他的勇气，嘴上虽说不喜欢，脸上却挤满了甜甜的、害羞的笑容，我和同事都愈发觉得他可爱了。就这样，我们之间的聊天越来越轻松活泼，我趁势鼓励孩子，只要有进步、表现好，老师就会有小奖励品，我还特意把班级所有奖励品都拿出来让他挑最喜欢的，然后以此激励孩子努力争取进步。而事实上，他真的做到了，后来从我这儿得到的奖励品也不少，有花样铅笔、卷笔刀，最大的一次奖励是一张彩色沙画。每次得到奖励品，孩子妈妈总是兴高采烈地给我打电话，可见小家伙回到家与家人的交流也在逐渐增多。

2. 发动班级同学，主动接纳帮助新生

我发现，课间其他孩子都在进行各种游戏，翔翔却孤独地坐在课桌上发呆，

无所事事。于是，我找来班上性格最热情、活泼开朗的女生徐鑫妍做他的同桌，还特地叮嘱她要像照顾弟弟一样保护好翔翔。另外，我还跟班干部特别交代，主动热情地邀请新生加入我们这个大家庭，让他感受大集体的温暖。从此，翔翔不再孤独了，小鑫妍经常和他聊天，在学习上也给翔翔树立了好榜样。其他同学也拉着他加入游戏的队伍，虽然翔翔还是那么腼腆，很多游戏都不大会玩，但至少已经融入这个大集体了，有了朋友就不会再像以前那样孤独无助了。小家伙脸上的笑容也越来越多。

（二）课堂创造机会，展现优点，树立自信

课堂上我尽可能地发现翔翔的闪光点，用认同的眼光去鼓励他的每一次努力，让他感受到老师对自己的赞赏。比如，虽然他书写慢，但字迹工整美观。于是每次用投影仪表彰优秀作业时，我都会展示他的作业并大力表扬，以此提升他在同学心目中的位置，从而收获成就感和自信心。当老师提问，我会用眼神示意他放下自卑的包袱，大胆地回答问题，只要他勇敢地举起小手，我都会尽可能地优先给他机会回答，这样能够增强他的自信，并激发其上进心和求知欲。就这样，小家伙的自信心也慢慢愈涨愈高了，渐渐地学会正确认识自己，进而愉快地接纳自己，相信自己的能力，积极的学习动机也就悄然萌生了。

（三）课后辅导，促进良好学习习惯的养成

二年一期，孩子中午在学校搭餐。午饭后，我偶尔会安排他和其他搭餐的小伙伴做一些力所能及的小事，比如打扫教室、摆桌椅、搬搬本子。在这个过程中，他和同学们相处得越来越融洽，性格也更开朗活泼了。我还经常利用饭后至午休前一段时间，陪他一起练习静坐、写字、做题，老师耐心地陪伴和讲解，加上表扬和鼓励的力量，让他渐渐改掉了坐姿不端正、注意力不集中、行动拖拉的习惯。

辅导效果

在不断练习静坐的过程中，孩子的学习习惯已有明显改善，课堂上坐姿端正，开小差注意力不集中的情况明显减少。性格过于内向、孤独的状况也有所好转，目前已经能和班上同学愉快地相处，有自己的朋友和游戏伙伴，走出了孤独的阴霾。学习上，放下了自卑的包袱，找到了自身的闪光点，能抓住机会展现自我优点，拥有了自信的力量。做题速度也提高了不少，以前一小时完成不了的试卷，现在能按时完成，并取得优秀的成绩。

辅导反思

自信是获得成功的保证。在孩子成长的道路上，常常会遇到各种各样的挫折，这是难以避免的，然而如果没有正确对待，丧失了自信，就缺少了继续前行的勇气。翔翔的自卑源于缺乏安全感，没有家人的陪伴，老师的引导，友谊的缺失。这类孩子要从根本上帮助他们树立自信，只有找到源头，解除心结，才能重获阳光。因此老师、家人的耐心和爱心是帮助这类孩子树立自信的关键。教育是“爱”源源不断地投入，只要你肯坚持，孩子总有一天会绽放属于他的光彩！

【本文为湖南省教育科学“十二五”规划课题《小学生体验式法制教育的实践研究》课题批准号：(XIK015CZXX007)的研究成果】

教学经纬

生命化教育视野下生本课堂的实践路径

朱志湘

摘要： 燕山二小生命化教育视野下生本课堂的实施，追求让教育回归生命。本文重点从课堂和作业两个方面探索了构建生本课堂的途径与策略，体现以生命为本，以学为本的生命化教育理念，把童年应有的灵性、兴趣、发展还给学生。课堂提质，以“五步三查模式”构建生本课堂，把学习的主动权交给学生；作业减负，以开展“我的作业我做主”活动，通过申报“零作业”和“自选作业”等，切实减轻学生的作业负担。

关键词： 生命化教育　生本课堂　作业

生命化教育是立足于生命视野下对教育的一种重新认识和理解，是对可能更健全的生命的成全，是随顺人的生命自然的教育。近年来，燕山二小秉持生命化教育理念，积极探索减负提质新途径，积极构建生本课堂，把课堂的主动权交给学生，把作业的选择权还给学生，真正为孩子“松绑”，把童年应有的灵性、兴趣、发展还给学生，让孩子们沐浴生命阳光，享受快乐童年。结合我校近三年进行的省“十二五”规划课题——生命化教育视野下的小学减负提质的应用与实践，谈谈我们在生本课堂建设方面的实践与思考。

成功在课堂，把学习的主动权交给学生

生本教育是以生命为本、以学为本的教育，生本课堂应该具备主动性、生动性、生成性。主动性是学习状态，变“要我学”为“我要学”；生动性是追求课堂的情感价值，变“怕上学”为“怕下课”；生成性是鼓励不同见解，变各种“句号”为“问号”。为此，我们以“五步三查模式”构建生本课堂。

第一步，学生自学，找出学习困惑，教师“一查”自学进度、效果。学生是学

习的主体，创设“自觉学”“自己学”的氛围，充分调动起学生自主参与课堂的积极性，是打造生本课堂的基础。布置多样、开放的前置性作业和预习作业是现在老师们普遍采取的方式，鼓励学生先学：基础知识、例题自己学，有难题自己想，带着问题走进课堂。教师在“查”的基础上以学定教，有的放矢地发挥主导作用，实现生本课堂教学。

第二步，围绕困惑分组合作探究。在学生独立学习的基础上，积极开展4~6人小组合作学习，充分发挥小组成员的积极性，对学习中的薄弱环节进行监控、反思、调节、补救，增强学生的学习效能感。同时通过小组合作评价制度调动学生的参与，予以适当的激励，为实现全体学生主动学习做准备。在此过程中，教师适时适当的点拨诱导、设疑搭桥、总结提升是点燃学生学习兴趣、照亮学生思维的明灯，教师要学会启发教学，让学生“跳一跳摘到桃子”，这样学生才会学得有信心，从而提高课堂教学效率。

第三步，以小组为单位，展示学习成果，教师“二查”展示过程中暴露的问题。学生在课堂中自主学习，学习目标由学生确定，过程让学生参与，问题让学生提出，内容让学生总结，方法让学生归纳。在此基础上，让学生展示小组这一阶段的学习成果。教师在此阶段应成为学生学习能力的培养者和促进者，做学生学习的组织者、引导者、合作者。在“查”的过程中指导学生懂得如何获取自己所需要的知识，掌握获取知识的工具以及学会如何根据认识的需要去处理各种信息的方法。

第四步，教师根据展示暴露出来的共性问题，进行学法指导。俗话说：“予人以鱼，惠其一时，授之以渔，惠其一世。”教师在传授知识的同时，还应注重学习方法的指导，帮助学生掌握科学的认知方法。善于为学生创设提问的问题情境，引导学生产生疑问，进而发现问题，要给学生质疑的时间和空间，使学生可以随时质疑。会质疑本身就是思维的发展、能力的提高，通过质疑使学生获得有益的思维训练，变“学会”为“会学”，会“发现问题—分析问题—解决问题—再发现问题”，养成勤于思考的习惯。科学的学习方法为创造生本课堂提供了重要保障。

第五步，学生学习成果展示，教师“三查”学习效果。展示是解决学习内驱力的最好手段，是一把“金钥匙”。展示要依据学情调查，找到带有普遍意义和近似性的“问题”，都会的不展示、都不会的更不展示，最容易出现歧义的或者核心的知识问题才拿出来做展示。展示可以让学习成果最直观的暴露，它是教师进行学情调查的直接途径，是教师课堂决策的依据，是课堂抵达“知识超市、生命狂欢”的保证。

“五步三查模式”让学生自己去经历、去体验，让学习的过程充满生命的律动，我们的课堂从“知识”至上转变为“生命”至上，课堂立意的变化带动课堂价值追求的“质变”，实现教学的双赢，即教师教得轻松，学生学得愉快而有效。

精彩在学生，把作业的选择权还给学生

作业是教学工作的有机组成部分，是课堂教学的有益补充和延伸。自 2011 年开始，我校在“减负提质”课题研究与实践中，本着满足每一个学生学习需求和个性发展的宗旨，大力开展“我的作业我做主”活动，通过申报“零作业”和“自选作业”等策略，切实减轻学生作业负担，促进学生综合素质的提升。

学校明确规定，一、二年级不布置书面作业，三至六年级周末和节假日不留书面作业，而以培养综合素质的实践性作业代之。同时，学校出台了“我的作业我做主”活动方案，即允许成绩优异、学习自觉，渴望发展自我个性特长的学生申报“零作业”或“自选作业”。获得“零作业”资格的学生可以不做任何老师布置的任何作业。获得“自选作业”资格的学生只需根据自己的学习情况完成老师布置的部分作业。这其实减去的是学生耗时费力但又低效低能的重复抄写、大量练习作业，增加的是可选择性的“素质作业”，如劳动作业、锻炼作业、阅读作业、特长作业、科学作业和实践作业，学生可根据自己的情况选择，或是锻炼身体，或是参与实践，或是课外阅读，或是发展特长。

除此以外，学校还根据师生建议不断改进作业形式，实施了“快乐星期三”“周末作业超市”、节假日实践作业。“快乐星期三”即在周三学校社团活动开展日，由社团老师布置相应作业，如篮球练习、十字绣、书法练习等。“周末作业超市”是指在周末，以教导处牵头协调各个学科教研室分年级布置三至六项综合科目作业，如练习歌曲、跳绳、科学观察、科幻绘画、国际象棋对弈等，由学生根据自身喜好选择三项完成。节假日实践作业即在端午节、国庆节等节假日，由大队部分年级段布置相关的节日主题作业，如在端午节，安排了解端午传统、学包粽子、制作端午小报等作业。

生命化教育的使命在于对人的整体发展的成全，作业减负解放了学生，给他们以更多自由发展的空间与时间，有效地提高了孩子的综合素质，孩子们在各级各类比赛中表现精彩纷呈，获奖良多。同时，减负并没有降低教学质量，从学校每学期的学业水平检测结果来看，学校的教学质量正在逐步提升。此项活动也得到了家长的大力支持，据最近一次统计，约 80.6% 的家长认为作业减负并没有影响孩子的学习成绩，约 70.9% 的家长认为该活动有效提高了孩子的综合素质。

燕山二小生命化教育视野下生本课堂的实施，追求让教育回归生命。生本课堂的改革让教师真切地感到教育生活的幸福，让学生尽享成长和发展的快乐。我们会继续探索构建生本课堂的途径与策略，让课堂成为孩子们“激扬生命、提升生命”的舞台。

遵循识字规律，构筑灵动课堂

袁 媛

摘要：识字、写字是低年级学生学习的重点和难点，是为学生阅读和写作服务的，是为学生打好学习基础的重要内容，非常关键。学生自主识字能力不强、“回生率较高”、错别字多，这些都束缚了学生语文学习能力的提高。找寻识字规律，让识字教学的课堂变得灵动，是我们致力追求的境界。

关键词：语境　字理　联想　表演

怎样在小学低年级语文识字教学中培养学生的识字能力，让学生从想学、乐学到主动学习呢？笔者在担任低年级语文教师的几年以来也有过迷惘和追寻，现将自己摸索过程中的心得和想法与大家探讨。

转变观念，避开误区

误区一：“急功近利”——识字一次落实到位

以一年级下册语文为例，每篇课文中要求会认的一类字平均就有十几个，加上四会的二类字有十七八个。如此大的识字量对于一年级大部分孩子来说难度不小。教师为了学习目标的达成，希冀孩子在拟定课时内识记该课所有生字。若未达成理想效果，教师的失望情绪则转移到孩子身上。孩子体会不到学习带来的成就感，学习信心和识字兴趣势必下降，如此一来，识字教学陷于不良循环。

对策：分散识字与集中识字相结合，识字由课堂延伸至课外。课堂上要努力增加生字的呈现机会，让孩子们高频率地接触生字，课后还需要多次呈现、反复巩固。另外，也可在户外活动或是日常生活中培养孩子们识字的意识；还可充分发挥家校合力，在教室或是家中指导孩子动手设置漂亮的“生字墙”，不定时地读读认认。在每个单元语文园地的展示环节，一定要留给孩子展示时间，激发识字的成就感和进一步积累识字的热情。

误区二：“贪全”——平均用力

低年级要求识记的一类字有相当一部分是孩子们在课外活动或是生活体验中经常接触或见到的。如果教师没能预先进行学情分析，而是一味“贪全”，就会耗费大量精力，同时又影响了离孩子生活较远、结构复杂、抽象的生字的教学。

对策：做到心中有学生，有的放矢。备课阶段结合班级学情进行有效分析，并将当堂课的生字进行分类，较难识记的生字可多做预设和引导。这样既能使学生牢固地记忆生字，又能使学生掌握生字的使用。

误区三：课时分布不合理——以主观分析取代独立思考

眼下，有不少低年级语文课的课时划分不够科学：将第一课时定义为识字、写字及初读课文，第二课时定义为进行更深层次的阅读教学。这样一来，原本两课时的识字容量集中在一课时，使孩子们的学习任务更加繁重。在有限的四十分钟内完成以上教学目标，对于师生都是一种极大的压力。教师为了节省时间，顺利地进入第二课时的教学，难免会“越俎代庖”——以自身的主观分析取代孩子们的独立个性化思考。教师所列出的识字方法不一定是适合孩子的，他们也体验不到探索和发现的乐趣。如此一来，识字教学的效率自然大打折扣。

对策：集中识字与随文识字相结合，合理规划课时，调整课时的教学内容。创造识字语境和情境，避免让生字成为孤零零的个体。放手让学生多想、多说，教师再加以提炼、整合和推广。

遵循规律，灵动识字

（一）建立音、形、义的联系，立体识字

目前，在教材的编排和识字教学实践中常见的识字方法主要有以下几种：“加一加、减一减”（熟字加减偏旁或笔画）、换偏旁变新字、猜字谜、讲故事、看图识字、偏旁归类、形近字比较、象形字、会意字识记等。

笔者在教学实践中发现，孩子们的创造力远远大于预设。依常规方法进行引导，孩子们掌握得还是不够理想，在写话及练习题中会出现大面积运用错别字的现象。究其原因，很大程度上源于课堂上呈现的生字均是孤零零的个体。因而帮助孩子们建立起生字的音、形、义之间的联系，对于有效识字尤为重要。孩子们

在运用各种方法识字时，教师有必要进行此方面的引导。

建立音、形、义的联系，形声字的构字特点是个很好的媒介。小学语文第二册《识字4》的十四个一类生字中，有十二个是形声字，如：蜻蜓、蝴蝶、运等。引导孩子们发现这一规律时，教师可进行适当的点拨：在弄懂构字特点时，想象画面，让孩子们在脑海中形成音、形、义这一立体结构。

建立音、形、义的联系，可以放手让学生大胆想象、创造，以故事或是谜语的形式呈现。如“闹”的识字教学中，笔者先是让孩子们在词语的语境中整体感知字义，再让学生自主找寻音、形的联系。有学生在识记“闹”时汇报：“市场开门啦，真热闹。”从这一反馈可以看出，学生在理解字义的基础上对字形进行了有效分析。如此，以后的学习活动中，再遇到这个“闹”字，孩子们一定能深深记住并正确运用。

建立音、形、义的联系，不能忽视营造生字的语境。在呈现方式上，尽可能贴近主题或是文本内容。如《荷叶圆圆》一课中，教师可设置生字从荷叶背后跳出，这样生字的第一次“露面”便很好地激发了学生的学习兴趣。生字的呈现环境理应多样：文中给定的词语语境、关键词所在的句段、生字或是词语在生活中的引申用法、创造性运用后再回归文本后的重新理解。如此“一波三折”的教学中，生字在孩子们脑海中立体起来。他们不仅记住了字形，更在潜移默化中领悟到生字运用到何种语境，这种运用能力对于孩子们更为重要。

（二）依据字理，指导识字

祖国文字源远流长，传承了千百年的文化精髓。努力学习字理，科学指导识字，是作为小学语文教师应更多关注的层面。依据字理进行识字教学，可大大缩短教学时间，摒弃诸如形式化、无意义的交流探讨，从而提高识字效率。如象形字“笑”的教学，教师依象形字的构字特点进行点拨，孩子们对“笑”的深刻印象自然牢不可摧。再比如会意字“张”，可用拉开弓箭等构字特点进行教学。

（三）大胆联想，自主识字

适合孩子们的就是最有效的。教师应俯下身倾听孩子的心声，尊重他们的自主创造。联想是最好的桥梁，能帮助孩子们建立起抽象的汉字与形象画面的联系。如“拖”的教学中，可引导学生寻找字形与事物的联系。学生在识记“拖”时如此汇报：“我觉得最后一笔竖弯钩像拖把留下的长长水痕。”关于“颜”，孩子们的想法是：左边的三撇像是三支彩笔，画出美丽的图案。由此可见，联想能够帮助他们进入形象世界。

（四）依托表演，快乐识字

在学习活动中，若能充分调动孩子们“视、听、味、闻、触”则为上者。孩子们在动作展示和表情模拟的表演活动中，不仅体验到学习的快乐，同时发展了各种能力。

师生通过动作表演互猜生字，是孩子们永不厌倦的识字游戏。如“醉”的表演活动中，“喝醉的人”被两个孩子搀扶着走得摇摇晃晃。孩子们记住了其中的两个部件“人”和“十”，再通过偏旁联想法，记住“酉”字旁。“醉”字的识记便水到渠成。编排手指操也是高效的识字方法之一。在第二册《识字 5》中，有教师为第一则谜语的谜底“众”编排的手指操可操作性强，孩子们参与热情很高，效果自然不言而喻了。

总之，识字教学要遵循规律，充分调动孩子的兴趣，将孩子熟悉的语言因素作为主要的材料，利用孩子的生活经验，尊重孩子的自主思考，营造灵动课堂。

浅谈语文阅读创新教学

唐小雨

摘要：阅读教学是语文教学的重要组成部分，是培养学生综合性语文能力的重要途径。创新教学是发展学生创新思想、挖掘学生创新潜力的教学方法。将创新教学引入语文阅读教学之中，能使学生更好地通过阅读收集信息、认识世界、发展思维、获得审美体验。本文结合教学实践，从激发阅读兴趣、鼓励探索求异两个方面作了思考和探索，提出了在阅读中巧取思维的诱发点、在疑点上点燃思维的火花、培养学生的“求异思维”等教学方法。

关键词：语文　阅读　创新教学

创造力是人类智力活动中最高级、最有价值的部分。蕴含在人身上的创造潜能，取之不尽，用之不竭。有研究者认为，人类对大脑的利用率，一般人仅仅为10%，即使杰出的专家学者，也不会超过30%，也就是说，人脑的潜能资源还有70%～90%处于“库存”和“封冻”的潜伏状态。创造性是人性的重要特征，创造不是某些专家的特权，人人都是创造之神。人生追求的最高境界是创造性的自我实现，即人的潜能的自由发挥。一个没有创新能力的民族，难以屹立于世界先进民族之林。

创新教学，是在提高学生综合素养的基础上，重点培养学生的创新品质，发展学生创新思想，挖掘学生创新潜力的教学方法，是“为创新而教，为创新而学”的教学方法，是施行素质教育的有利突破口。在教学工作中，进行素质教育，开展创新教学，是时代赋予每一位教育工作者的神圣使命。在语文阅读教学中，进行创新教学，可以从以下两大方面入手。

激发阅读兴趣

兴趣，是一个人力求认识、掌握某种事物的稳定倾向。从某种意义上讲，浓厚的阅读兴趣，是思维发展的“原动力”，是创造性思维形成的开端。那我们怎样才能在课堂上激起学生的阅读兴趣呢？

（一）在阅读中巧取思维的诱发点

所谓“诱发点”，是指在教材因素中，能向“最近发展区”辐射的那些内容。巧妙地选择阅读思维的“诱发点”，精心地组织训练，就能使学生的认识活动沿着捷径奔向“最近发展区”，进行思维和创造，提高阅读训练效果。

构成一篇课文内容的要素很多，“诱发点”的选取必须仔细推敲，既要取得好又要取得巧。

首先，在课题上取。如，教学《我不是最弱小的》一文，可以这样导入课文，先出示狼和小羊的图片，对比感受弱小，再说一说生活中什么是弱小的。接着通过对课题的质疑，归纳总结出四个问题作为思维的“诱发点”：①文中谁是最弱小的？②为什么“我”会觉得自己不是最弱小的？③为什么妈妈开始说萨沙是最弱小的，后来又夸他是勇敢的孩子呢？④读了《我不是最弱小的》这篇课文后，你懂得了什么？学生带着问题，走进课本，在阅读中思考，很快就可以把握住课文的主要内容。

其次，在关键词句上取。如，教学《矛与盾的集合》一文，可以把“谁善于把别人的长处集于一身，谁就会是胜利者。”这句话作为阅读的“诱发点”。通过学习发明家发明坦克的过程，孩子们很快就明白了，发明家是想把盾的自卫、矛的进攻合二为一，由此坦克诞生了。孩子们也会从中大受启发，联想到房车就是集合了房子和车的优点、电话手表集合了手机和手表的优点……从而结合生活经验理解文中道理。

最后，在典型细节上取。如，教学《灰雀》一文，可抓住列宁与男孩的对话，透过语言和神态来体会人物的想法。课文中，当列宁询问男孩是否看到过灰雀时，孩子说：“没……我没看到。”从男孩的停顿、吞吞吐吐，可以推测出灰雀的消失与男孩有关，但列宁并未直接去批评、追问他，而是通过表达对灰雀的关心和担忧，使孩子内心受到了震动，从而改正错误。而男孩从“看看列宁”到“男孩肯定地说”，这是他下定决心要改正错误的心理变化过程。在对细节的体味中，孩子们很自然地就可以感受到列宁对灰雀的关切，以及对男孩的尊重和爱护。

(二)在疑点上点燃思维的火花

疑点，是思维的“着火点”。“学贵质疑”“小疑则小进，大疑则大进”。教学中，对于学生的质疑问难，教师应该及时予以鼓励和点拨。如，教学《槐乡的孩子》一文，当学生阅读到课文最后一段时，对“劳累一天的孩子们带着甜蜜的微笑进入梦乡”这一句的理解提出了疑问，认为不合理。对学生的质疑，我并未直接给学生答案，而是让学生回到前面采摘槐米的相关语段，然后再让学生带着想象朗读。学生通过朗读明白，虽然采摘槐米是辛苦的，但孩子们却从中收获了劳动的快乐，童年生活也因此变得充实，所以才会在满载而归时唱着快乐的歌，进入甜蜜的梦乡。这样，不仅能激发阅读的兴趣，而且还能促使学生的思维向纵深发展。

鼓励探索求异

(一)何谓“求异思维”

拥有渊博的知识，是形成创造性思维的首要条件。知识转化为创造性思维能力需要一个过程，是多种思维形式的组合运用，求异思维便是其中一种形式。“求异思维”是相对“求同思维”来说的，是指一个问题从不同的角度去寻求不同答案的思维过程。没有“求异”，就没有创新。任何的发现和发明，任何理论的提出，必然是在求异思维的基础上产生的。

(二)怎样培养学生的“求异思维”能力

要培养学生的创造性思维能力，首先要鼓励他们多发问，其次要力求摆脱习惯性认识程序的束缚。如，在一次阅读学习中，我指导学生品读《孔子拜师》时，提出两个问题：“这篇文章涉及几个人？你对他们有何评价？”问题一抛出，孩子们纷纷提出了各种各样的看法。一些同学认为，孔子虽然已经是远近闻名的老师了，还去拜老子为师，他是一个好学的人。另一些同学认为，老子都七十多岁了，还要去迎候一个三十岁的年轻人，他非常的谦虚。还有一些同学认为，孔子看到老子“穿着长袍，头发胡子全白了，看上去很有学问”，第一次就能猜到这位老人就是老子，他很聪明。学生的这些发言，充满着丰富的想象活动，表现出良好的创新品质。

总之，在语文阅读教学中，教师只要充分相信学生，放手让学生去阅读、去想象，在阅读中发现，在发现中创新，就一定能有效提高学生的语文素养。

浅谈小学低年级绘本阅读研究

刘　琼

摘要：对于阅读，二年级学生较一年级学生有着更多的需求和更高的要求，然而很多学生还没有养成自主阅读的良好习惯。因此，如何从各方面提升学生的阅读意识成为了语文教师亟须解决的重要课题。二年级学生识字量还不算多，绘本是一个很好的选择。本文将从绘本的含义及意义、绘本的选择、结合低年级课本进行主题式或相关性拓展阅读、绘本的听说读写迁移等几方面来进行阐述，希望能对其他教师提供有效的借鉴。

关键词：绘本阅读　绘本选择　主题阅读　听说读写迁移

国际阅读学会的报告中曾指出："阅读能力的高低直接影响到一个国家和民族的未来。有多少公民具备快速阅读的能力，就决定一个国家所拥有的世界级工作者的质量以及在全球经济中的地位。"笔者所带班级已升至二年级，纵观这一年多以来学生的课外阅读情况，从家长反馈学生在家的课外阅读状况来看，有一部分学生已经能够养成良好的阅读习惯，每天都能达到半个小时左右的阅读时间。然而，还有很大一部分学生仍然把课外阅读当成硬性的作业来完成，并没有形成主动课外阅读的意识。甚至有的学生在家基本上不进行课外阅读，把大量的精力花在了电子产品的玩乐上，不仅造成了视力的严重下降，更造成了上课注意力不集中的不良后果。

步入二年级，语文学习的难度相较一年级上升梯度特别明显，需要识记和书写汉字的增幅相当大。如果学生没有一定的阅读基础，不通过课外阅读巩固所学知识，学习起来会十分吃力。考虑到进入三年级就要开始学习写作文，没有一定的知识储备、汉字储备以及想象储备，要达到合格的作文输出是有很大难度的。

因此，笔者在班内推行了"全班共读一本书"的计划，并在很大程度上做到了将绘本与课文内容相结合，将课内阅读及课外阅读有机结合，旨在激起学生的阅读兴趣，养成良好的阅读习惯，巩固学生的识字、写字，并最终达到合格输出的效果。

绘本的含义及其意义

绘本，最早起源于西方，英文单词为“Picture Book”，也可以称为“图画书”。而“绘本”这个词语来源于日本。目前，国内对于绘本概念的理解更多的是直接等同于西方的图画书。狭义的绘本专指“以图和文共同演绎一个故事的书”。

然而，实际上绘本是一种图文并重的书籍形式，更偏重以图画作为其表现形式。绘本以图画的逻辑性作为意义生成的主要手段，而文字主要作为辅助性的工具来引导读者对图画意义的解读。绘本中图画具有的逻辑关系被认为是绘本区别于其他各类带有图画的书籍的重要标志。

《义务教育语文课程标准》指出，小学生应“具有独立阅读的能力，学会运用多种阅读方法”。

对于低年级的孩子来说，一开始就阅读大部头的著作，或者有很多字的儿童读本，阅读压力会比较大。低年级孩子的注意力集中时间并不长，难以做到持续性地完成一本常规书籍的阅读。久而久之，他们连一本书的阅读都没有完成过，积极性会受到打压，且没有成就感。可能到了最后，孩子们会直接放弃阅读，而转向别的课外娱乐手段了。

绘本基本上能做到图画精美，每幅图之间有其内在的逻辑性，且书中所配的文字也不太多，易于阅读。因此，对于低年级的孩子来说，绘本是不可缺少的、十分有效的阅读读物。

另外，笔者在自己所教班级中了解到，虽然在学生、家长面前经常提到阅读的重要性，但是处于快节奏的时代背景下，很多家长在家已经基本不进行阅读了，学生得不到很好的榜样指导，也容易滋生阅读的惰性。因此，笔者决定从学校生活出发，利用课堂、课余的“碎片化”时间，和孩子们“共读一本书”。由于时间不能太长，绘本则成了最佳选择。

结合低年级课本，进行主题式或相关性拓展阅读

在纷繁复杂的绘本世界中，绘本的质量良莠不齐。好的绘本能够成为孩子们平常生活中的“好朋友”，给他们带来或乐趣，或深思，或眼界的拓展。因此，如何选择绘本，也成了我在绘本阅读研究中的一个重点。

低年级绘本的选择应优先向课本中每一单元的主题靠拢。当相关主题找不到相应绘本时，就考虑依据该单元课文的标题关键词或课文中出现的关键词、关键

人物，亦或课文中呈现出来的主题来选择绘本。

以一年级上册为例：由于入学教育中出现了“爸爸”“妈妈”“我”等词语，我给孩子们选取的绘本为《爸爸去上班》。此书不仅体现了关键词，还形象地说明了孩子们在入学的同时，也很关心父母上班的状况。拼音教学中出现了“兔子”、“猫”、“月亮”等词语，那么我就给孩子们就选取了《我的兔子朋友》《小猫咪追月亮》等具有相关形象的绘本。这样选择的理由是，能够在最大限度上为孩子们提供绘本阅读的机会，不一定要非常死板地去搜寻绘本，可以进行灵活处理。

笔者秉着能够给同仁带来一定实践借鉴意义的想法，参考了韩国的科普绘本系列，以及电商平台上比较有名的海豚馆绘本、麦田绘本馆、蒲蒲兰绘本馆的作品，将一年级上册（表4－1）、一年级下册（表4－2）、二年级上册（表4－3）、二年级下册（表4－4）与绘本的结合做了如下的分类及汇总。

表4－1　一年级上册相关绘本

课本内容	绘本名称
入学教育	1.《爸爸去上班》（信谊，2010）
汉语拼音	1.《河马一家和广告气球》（麦田） 2.《我的兔子朋友》（凯迪克，2003） 3.《小猫咪追月亮》（凯迪克，2005） 4.《云朵面包》（韩，白嬉娜）
识字1　学校生活、家庭生活	1.《躲猫猫大王》（丰子恺，第一届） 2.《跑跑镇，哐》（信谊，2013）
识字2　四季、长辈、小树	1.《好神奇的树》（韩国，小牛顿爱探索科普绘本） 2.《红色音符在树梢》（凯迪克银奖）
识字3　阳光、影子	1.《影子》（凯迪克，1983） 2.《手电筒看见了什么》（博洛尼亚，2015）
识字4　商场、菜园	1.《鲷鱼妈妈逛商场》（日本，蒲蒲兰） 2.《一园青菜变成了精》（丰子恺，第一届）
识字5　雨、小鸭子独立成长	1.《下雨了》（丰子恺，第二届） 2.《哈里的大脚》（凯特，2009）
识字6　雪、植物的变化	1.《雪花人》（凯迪克，1999） 2.《一粒种子的旅行》（信谊，2013）

表4-2　一年级下册相关绘本

课本内容	绘本名称
识字1　春天	1.《小雨后》(信谊，2013)
识字2　尊敬长辈	1.《神奇的窗子》(凯迪克，2006) 2.《约瑟夫有件旧外套》(凯迪克，2000) 3.《棉婆婆睡不着》(信谊，2011)
识字3　爱护动植物保护环境	1.《九千九百九十……奶奶》(信谊，2011) 2.《黑米走丢了》(信谊，2011) 3.《警官巴克尔和警犬葛芮雅》(凯迪克，1996)
识字4　夏天	1.《池上池下》(丰子恺，第一届)
识字5　解决问题	1.《我变成一只喷火龙了》(丰子恺，第一届)
识字6　家乡	1.《荷花镇的早市》(丰子恺，第一届)
识字7　愿意等待	1.《西西》(丰子恺，第一届) 2.《安的种子》(丰子恺，第一届)
识字8　科技	1.《派勤遇到火车司机》

表4-3　二年级上册相关绘本

课本内容	绘本名称
识字1　植物	1.《小椰子成长记》(韩国，小牛顿爱探索科普绘本)
识字2　友谊、上学迟到	1.《小白找朋友》(凯迪克，2015) 2.《迟到的理由》(信谊，2014)
识字3　祖国团圆	1.《团圆》(丰子恺，第一届)
识字4　学会信任 小狐狸吃葡萄、骑驴	1.《狮子和老鼠》(凯迪克，2010) 2.《葡萄》(信谊，2010) 3.《进城》(信谊，2010)
识字5　化解矛盾	1.《南瓜汤》(凯特，1998)
识字6　关爱生病的朋友 怀念故乡	1.《阿莫的生病日》(凯迪克，2011) 2.《外公的旅程》(凯迪克，1994)
识字7　爱护环境 和父亲一起保护环境	1.《月下看猫头鹰》(凯迪克，1988) 2.《那只深蓝色的鸟是我爸爸》(信谊，2010) 3.《我看见一只鸟》(丰子恺，第三届)
识字8　水　回声　太空科技	1.《水的故事》(韩国，小牛顿爱探索科普绘本) 2.《月亮，生日快乐》(美国，月亮小熊的故事) 3.《神奇的火星之旅》(韩国，小牛顿爱探索科普绘本)

表 4－4　二年级下册相关绘本

课本内容	绘本名称
识字 1　春天的发现	1.《和春天一起去种树》（韩国） 2.《燕子和春天》（法国）
识字 2　奉献与关爱	1.《大猩猩》（凯特，1983）
识字 3　爱祖国、爱家乡	1.《北京—中轴线上的城市》（旅游绘本） 2.《龙的故乡》（中国红绘本）
识字 4　科技	1.《地铁开工了》（日本科普绘本） 2.《飞机起飞了》（日本科普绘本）
识字 5　神奇的大自然	1.《和甘伯伯去游河》（凯特） 2.《宝儿——一只没有羽毛的大雁》（凯特，1963）
识字 6　培养优秀品质	1.《遮月亮的人》（博洛尼亚） 2.《踩高跷的人》（博洛尼亚）
识字 7　善于思考	1.《聪明的变色龙》（凯特）
识字 8　恐龙 科技	1.《神奇的恐龙骨骼》（日本科普绘本） 2.《遇见你，真好》（日本，宫西达也） 3.《星空》（日本精选科学绘本）

注：括号内为绘本出处，如《爸爸去上班》（信谊，2010）代表该绘本来源于 2010 年信谊图画书奖获奖作品。

特别绘本推荐

孩子们在低年级阶段会面临各种各样的问题，如果让他们自己通过绘本去理解，比起老师和家长苦口婆心地劝解，既没有浓重的说教意味，又能让孩子觉得有亲切感，不可不渭效果显著。

在绘本的整理过程中，笔者发现各大奖项中还有很多作品也非常优秀和有意思，因此也单独列出了表格（表 4－5），以供参考。

表 4－5　低年级特别推荐绘本

主题	绘本名称
1. 换牙	《牙齿，牙齿，扔屋顶》（丰子恺，第四届）
2. 安慰恐惧	《最可怕的一天》（丰子恺，第三届）
3. 坚持梦想	《高空走索人》（凯迪克，2004）
4. 圣诞老人是否存在	《极地快车》（凯迪克，1986）
5. 挑食	《我绝对绝对不吃番茄》（凯特，2000）
6. 质疑人类文明，换位思考	《动物园》（凯特，1998）
7. 消除城市生活的尴尬	《门》（信谊，2010）

绘本的听说读写迁移

在绘本的阅读过程中，如果只有教师单方面的讲解，那么再有趣的绘本也没有吸引力。只有学生参与，绘本才能最大限度发挥其价值。绘本的听说读写迁移可以通过以下几个方面来体现。

第一，师生互动。绘本究其本质，还是一个故事。当故事引人入胜时，对孩子们来说有着很大的吸引力。如果孩子们还能自身参与到故事当中来，成为故事的一部分，相信孩子们的兴趣更会被大大激发。

例如《月亮，生日快乐》讲的就是一只小熊不知道"回声"的物理原理，一直追随着月亮的脚步，亲切地和月亮进行对话，还以为自己和月亮交了好朋友，这样一个充满童趣的故事。在故事中，小熊和月亮的很多对话，如"你好""生日快乐""再见了"都是重复的。如果在讲述故事的过程中，老师充当小熊，让所有的学生充当月亮完成对话，孩子们的兴趣一定会非常浓厚，也会聚精会神地听故事。

第二，引导猜测，激活思维。在讲述故事的过程中，如果教师进行有效的引导，学生就能完全参与到绘本过程中去，代入感极强。在绘本阅读过程中，要重视对学生读图能力与想象能力的培养，因为绘本的图画都有着内在的逻辑性，只有仔细观察，才能猜测主人公的下一步行动。例如《这不是我的帽子》（凯迪克，2014），小鱼在进行了一系列举措后，大鱼一定会有相应的行为出现，主要体现在大鱼的眼神的变化。提醒了学生注意这一点后，每到小鱼有新动作，学生就会自觉去预测大鱼的下一步活动会是什么。

第三，补充绘本的留白。听说读写四种技能，每一样都要得到充分锻炼，学生的语文和语言技能才会得到全方位的提升。绘本以图画为主，文字不多。有时绘本中的留白，可以巧妙地设计续写故事的练笔。如《小白找朋友》（凯迪克，2015）最后一页就写道："他们要去做更多更多不可思议的事情。"前文已经讲述了小白和他的朋友一起做的各种有趣的事情，此时教师就可以引导："小白和他的朋友已经变得越来越熟悉，还交到了更多的朋友，他们要一起去做更多更多不可思议的事情，你觉得他们会去做哪些事情呢?"这一发问既让学生有亲切感，又让学生有话可写，并写出真情实感。

小结

绘本以其独有的图画和精妙的文字，营造出了一种鲜活的阅读氛围，给小学低年级的师生带来了一个充满乐趣的世界。只要教师根据低年级学生自身的特点，脚踏实地、锲而不舍地进行阅读引导，相信一定会不断提高学生的阅读兴趣和阅读素养，让他们由衷地爱上阅读。

论“亲子阅读”的在小学中年段的有效推广

戴漫林

摘要：亲子阅读是少年儿童进行阅读的一种重要方式，父母和孩子一起读书可以增进亲子关系，提高孩子的阅读兴趣。本文主要阐述了在小学中年级推广亲子阅读中的有效措施和基本成效，笔者针对班上的案例进行分析、反思、总结，结合工作实践对亲子阅读的推广进行了浅析。

关键词：亲子阅读　班级推广　榜样力量　读书氛围

阅读浸润教育，书籍陪伴成长！夜晚灯下亲子共读的好时光，拥有幸福的将不仅仅是孩子，父母与孩子共读一本书，家庭会发生奇迹，会变得更加和谐，更加温暖。为了让书籍成为我们与孩子沟通的桥梁，让阅读成为我们共同的爱好与习惯，近两年我都在班上推广“亲子阅读”的活动。这项活动得到了学生的欢迎和家长的支持，下面我就具体说说活动的有效推广。

老师做好动员工作是前提条件

现在都是大班额，每个孩子的学习水平不一样，每个家庭的教育程度也不一样，为了让“亲子阅读”能深入每个家庭，老师的有效动员工作是阅读活动顺利开展的前提条件。首先，我制作了一本小册子《我们的阅读时光》，写上班级寄语并附上活动要求。然后，我利用班队课的时间在班上跟孩子们动员，告诉他们读书是一件快乐的事情，阅读不仅能提高我们的成绩和写作水平，同时也是一件终身受益的事情。当然，这个活动争取家长的支持也是非常有必要的。于是，我借着家长会跟大家明确了阅读对于语文学习的重要性，也说明了自己想在班级开展“亲子阅读”的活动，希望大家可以陪着孩子一起读书，营造一个书香家庭的氛围。这样我们班的亲子阅读活动就具备了良好的前提条件。

制订阅读活动的计划是必要条件

为了让班级“亲子阅读”活动能有效、有计划地开展，我和孩子们一起制订了读书计划。第一步当然是选择合适的书籍，我给他们推荐了一些适合小学三四年级看的书目，比如《夏洛的网》《时代广场的蟋蟀》《爱的教育》《活了一百万次的猫》等二十几本图书。第二步便是发动孩子制订自己的家庭读书计划，每个人结合自己的时间和爸爸妈妈的作息时间，约定一起阅读的时间和书目。我告诉孩子们每天一起阅读半小时左右便足矣，不要想一次性吃个胖子，重要的是坚持。当然为了活动有成效，我也给大家提出了几点要求，每周请一个家庭把自己的读书感受写在《我们的阅读时光上》，写完后还可以再评一评前一位同学的读书感受，当然也可以跟大家推荐好的读本。为了奖励大家，每学期期末我会评出班上的10个“书香家庭”并颁发奖状。有了行动计划，我们班的大部分家庭都开始了自己的亲子阅读时光。

好的开始是活动进行的助推器

“亲子阅读”活动进行一周了，我一直在想一个问题，哪个家庭来接第一棒呢？谁来写《我们的阅读时光》第一篇读后感呢？开始我计划按照学号来完成，可是这有很大的随机性，如果前面几篇完成的质量不高，后面的工作可能很难出彩。于是我在班上提议，最近大家读书感受很多的，可以自己申报先来写读书感受。班上有一些同学提出了申请，我让他们不记名选出自己最想听到的同学的读书感受，最后大家选定了我们班的学习委员杨乐仪同学来完成第一篇读后感。我想这样一来，既提高了孩子们的兴趣，让他们觉得这是一件非常光荣的事情，又提升了杨乐仪同学的自信，她肯定会以最认真的态度来完成，不辜负同学们的期望。结果果然让我很惊喜，杨乐仪同学出色地完成了一篇500多字的读后感。她写道“用爱温暖心灵，用一颗爱的心灵温暖人生！生命中，难免会遇到逆流和风暴，只要安之若素，不畏不惧，阳光一定会重新回来。”作为一个才8岁大的孩子能有这般见解，真是让我大开眼界。乐仪妈妈的读后感更是让我感动，洋洋洒洒几千字，从绘本封面到内容，从内容到意义都写得非常详细，传递着许多的正能量。看到这些，在感动、惊喜之余，我也非常高兴，我知道这个“亲子阅读”活动有了一个非常成功的开端。

及时的反馈是活动继续的有力助手

有了一个好的开始，怎么才能让我们的亲子阅读活动开展得更加有效呢？那便是及时的反馈和交流。班队课的时候，我安排杨乐仪同学带来了自己与妈妈一起阅读的绘本《当奶奶不在了》。她有感情地给同学们朗读了绘本，随后也分享了自己的读书感受。同学们听后兴趣浓厚，课后纷纷找她借这本书看。同时，我将乐仪妈妈的读后感发到家长群里，供大家分享，也附上了我自己的一些见解，家长们都由衷称赞。第一次的读后感交流给后面的家庭都做了一个很好的榜样，所以接下来的每次读后感，同学们和他们的父母都完成得非常认真，比如吕怿哲家庭分享的《时代广场的蟋蟀》、张弘毅家庭分享的《小王子》、吕安凡家庭分享的《农夫去旅行》、冯奕扬家庭分享的《夏洛的网》、何灿家庭分享的《我有友情要出租》……每次他们交给我《我们的阅读时光》，我都会在班上进行表扬，让他们自己跟同学们交流自己的感悟，就这样同学们对于阅读的兴趣越来越浓厚。为了开拓孩子们的视野，每周除了完成读后感的同学，其他同学也可以站上讲台分享自己的读书感受，把自己觉得好看的书分享给同学们。对于这个“好书推荐”环节，同学们非常喜欢，同时也促进了“亲子阅读”的有效推广。当然，家长们每次完成的读后感我也会及时拍照分享到家长群里，以促进每个家庭亲子阅读的开展。我们班石欣怡同学的家长就在班级群里反馈：“感谢这次亲子阅读活动，让我和孩子拥有一起阅读的时光，让我们拥有一起学习的时光，以前孩子写作文总是很难下笔，这次的读后感却是一气呵成，让我很欣喜。”看到家长这样的反馈，我也非常欣慰，证明我们的活动是落到了实处，颇有成效。

阶段性的总结是亲子阅读的有效保障

不知不觉，亲子阅读活动已经在我们班开展有一年多的时间了，每个学期我都会评选出一部分做得优秀的家庭，进行“书香家庭”的颁奖。获得荣誉称号的家庭我会送他们一本书作为奖励，奖品虽然不丰厚，但是也能让孩子们拥有成功的喜悦，同时也加强了其他家庭的积极性。我还会充分利用家长会的时间，请家长代表发言，分享自己与孩子进行亲子阅读的成功体验，比如肖雅涵的家长就跟大家分享道：“每天我都会和孩子看会儿书或是写会儿字，亦或是说说心里话，成功的教育就是多陪伴。”唐萌的家长在自己的发言中提到：“家长要以身作则，要营造一个良好的读书环境，如果父母自己不读书，却要求孩子读书，恐怕很难达到良好的效果。”如此，家长们也在总结交流中互相学习，在亲子阅读这条路上越走越远。

经过了一年多的努力，亲子阅读逐渐成为家长和学生的一种习惯，就如班上孩子说的“让阅读像呼吸一样自然”。当阅读成为一件自然的事，他们就不会觉得这是一种负担，而是一种享受，这也是我期望达到的境界。我们班的这项活动会一直进行下去，希望“亲子阅读”在我们班的每个家庭都开出幸福之花。

创新作文评改模式，还原作文评改“对话”本质

黄春燕

摘要：在作文教学中，回归作文批改与讲评的“对话”本位，让学生们互评作文、乐于评改，激发写作热情和批改热情；让学生成为写作和评改作文的主人；让学生做到虚心学习、取长补短。

关键词：作文教学　互评互改　“对话”

写作的本质是“对话”

写作在本质上是一种言说。每一个写作者，其实都是在“与人交流”，“对话”是写作能出现与存在的最根本的目的。作者只是想把自己的想法与现世的、过去的、未来的人或者自己进行交流。如果没有言说的对象，那么这种写作只是沟通的“预备”状态，也是一种“类静止”状态，这必定会在一定程度上影响思想的发生和言说的激情。“对话”是一个动态的、前后相继的思想交流的过程。沟通对象的多寡、趣味也极大地影响着沟通的效果、沟通的兴趣和后续沟通的动力。作文批改和讲评也是“对话”，如果这种“对话”成功、有效，将直接转化为学生写作的动力，并成为同类写作的技术指导。

常规的作文评改模式的弊病

（一）“审判官”的独白

一直以来，老师评改作文都是从一个成人的角度出发去修改、点评，难免会出现千人一面、格式化的僵局。

等到了作文讲评课，语文老师如同一个审判官，会从中心、选材、结构、语言等各方面进行评判和评价。教师首先引导孩子们回忆本次作文的写作要求，对照自己的作文进行自我反思，并认真阅读教师的批改意见。然后，教师再说全班的整体情况，对照要求，表扬学生作文中突出的优点，对共同存在的问题进行分析、讲评。最后，教师根据作文训练要求，选出有代表性的作文进行典型讲评。在这一过程中，往往是老师讲得头头是道，学生却听得索然无味。师生关系话语权的不平等让这样的讲评课并没有实现教师的“讲、评”和学生的“听”真正建立有沟通意义的联系，往往收效甚微。

（二）评改滞后性

大部分小学语文老师同时担任着班主任，烦琐的班主任工作占去了很多时间。而作文评改是一件费时的工作，所以许多老师并不能在学生写完后马上就批改并反馈。批改作文需要花费大量的精力逐字逐句批改，耗时多、工作量很大。当老师花了大量的时间改完作文时，已是一两周之后的事了，而学生拿到老师呕心沥血批改的作文时，已经失去了阅读的兴趣。他们最关心的是打了多少分，至于为什么得高分，为什么得低分，一般不愿意去追求和思考。有的同学看了分数后，对老师辛辛苦苦写的评改意见，看都不看一眼。这样的评改和讲评都有严重的滞后性，老师的辛苦可谓全都付之东流。

综上所述、必须创新作文评改方式，维护并保护学生写作的“沟通”本质。对于作文修改，新的语文课程标准也提出了新的要求，那就是：“修改自己的习作，并主动与他人交换修改，做到语句通顺，行款正确，书写规范、整洁。”孩子总是找不出自己作文的毛病，那么就先从改同学的作文入手吧。

让作文评改成为生生之间精彩的对话

（一）转变角色定位，担任“批改者”与“被批改者”双重角色

1. 明确批改的目的和意义

孩子最懂孩子的心，孩子最能体会小伙伴文章中的喜怒哀乐。无疑孩子与孩子的沟通可能会更顺畅。但是在实际操作中，我们怎样让孩子既是“小作者”最知心的读者，又能成为在写作上帮助同学的小老师呢？这就需要让每个孩子先变身为“批改老师”，让他们觉得“像老师一样读同学的作文”是一件很光荣的事，这样一来学生兴趣一定倍增，他们愿意学习怎么批改作文，能做到主动评改、乐于评改。我也会对他们一再强调要抱着严肃认真、高度负责的态度来评改，并做到虚心学习、取长补短。

2. 制订互批标准

一是通用规则，即从语言表达、标点符号、修辞手法、遣词造句、错别字、卷面等方面制订详细的评改标准。例如，结构方面：开头是否新颖，层次是否清晰，过度是否自然，结尾是否具有启发性，或发人深省。语言表达方面：语言是否简练、流畅，文笔是否优美；用词是否生动恰当、句式灵活；是否善于运用各种修辞手法，如比喻、拟人、排比、夸张；是否具有真实生动的细节。卷面要求方面：字迹是否隽秀、工整、干净整洁。

二是单元目标，即根据单元作文训练的具体写作要求，从文章的审题、中心确定、材料选择、详略处理等方面制订本次习作的特定标准。这一标准可以引导学生回忆本单元习作指导时，以老师提出的写作要求和要点，作为评改的标准。如在四年级下册“走进乡村”单元，我们制订了如下写作目标：①内容上写典型事例、典型景物；②写作方法上寓情于景；③在个人感悟上，写出自己对乡村的独特感受。这就是这个单元的习作的训练重点。互评的评语撰写和文章修改都要围绕这三个基本点展开。

3. 教师指导评改的具体方法并提出要求

通读全文，修改错别字、划出错别字更正框、修改病句及标点运用不当之处、写出眉批。把自己修改后的文章读两遍，找出主要优缺点。总评必须根据单元训练目标分两个方面撰写，一是逐条列举文章的优点，结合文章内容来写；二是写出你的建议并写上批改者姓名。

4. 指导书写评语

提前打印几篇中、下等作文及其眉批、旁批、尾批，给学生当作范例，指导学生以此标准为尺度，写出评语。评语要求具有针对性，根据本单元的写作训练目标评判，既能肯定优点又能结合作文的具体写作内容提出修改意见，意见具有针对性、方向性和建设性，尽量让小作者能读懂。

5. 教师再评

让学生互评并不是教师放弃了对学生习作的讲评指导。学生的互评效果如何，作为老师一定要把关。我等孩子们都评完后，会收回所有的作文本，再来阅读孩子的作文和同学的批改、评价。最后根据文章质量，给出一个等第，作为终结性的评价。对于修改认真、点评到位的“小老师”，我会在他的习作等第上加“5分”作为点评精彩的奖励。

（二）学生互评作文的效果

通过一段时间的实践，我发现运用这种学生互动点评的方式进行作文批改，效果还是不错的。学生每次都特别盼望写作文，因为可以看到同学对自己的评价，也能阅读、评改其他同学的作文。孩子们为了得到同学的认可，都主动把文章写好，不再把作文当作大难题。具体效果体现在以下几个方面。

1. 有利于保护学生的写作热情

从批改别人的作文入手，到引导修改自己的作文，他们能保持一种饱满的激情和昂扬的志趣。首先，在学生互评的过程中，学生觉得这种评改方式新颖、好玩。其次，许多孩子作文中存在的问题具有普遍性，别人作文的问题能够折射出自己作文中的缺点，互批作文后，再修改自己的作文，孩子就有方法可循。通过互批作文，每个学生得到了更多的关注和鼓励，互评时评语会更加详细，加上是同学作评语，他会充分理解写作的难处，会用平等的眼光去评改，进而营造一个作文评改的良好氛围。在互评活动中，学生们相互比较、相互借鉴、取长补短、学有榜样，写作兴趣提高了，表现欲强烈了。

2. 有利于培养学生的鉴赏能力

评改他人作文，实际上也是自我提高的过程。他们能从同学作文这面“镜子”中发现自己作文的缺陷；在肯定同学作文优点的同时，实际上也就是在取人之长，补己之短；在指出别人作文不足的同时，也是对自己的反思。所以，互评作文的活动，对提高学生的写作、评价和鉴赏能力有明显的促进作用。

3. 有利于培养学生创新思维

我要求学在对一篇文章做出恰当的点评之前，必须仔细阅读、认真思考，点评同学作文的过程应是分析、思考的过程。在这个过程中，学生的思维能力得到了很好的锻炼。而课后反思和自改，更是一种独立的思考活动。每位同学在拿到被他人点评过的作文后，都能认真重读自己的作文，研究他人的评语，表明自己对评语的看法。这是一次更深刻的思考，并具有一定的批判性。而思维的独立性和批判性是创新思维的重要特征。在互评作文活动中，学生大多能创造性地观照、评价他人以及自己的习作。因此，互评作文活动本身就是一种培养和训练创新能力的过程。

4. 让学生在“对话”中自主、合作学习

在点评过程中，学生全程参与，既是创作者又是点评人，各种观点在这里展示、碰撞。虽然有的学生成绩差，但其实他们与优秀学生的天资差距很小，差距较大的是他们的学习方法不恰当，没有养成良好的学习习惯。现在的学生缺乏与他人交流和沟通的习惯，团结协作精神较为薄弱，他们不太了解别人，也不懂得如何摆正自己在班级中的位置，同时他们又非常渴望交流。互批作文活动为同学们的相互沟通架起了一座桥梁，学生之间交流多了，班级的团结力、凝聚力就自然增强了。

5. 有利于营造和谐的教学氛围

传统的作文评改中，学生处于聆听的位置，即使有想法，因为缺少交流的渠道，丧失了思维和学习的主体性。以老师的评语为准，不但抑制了学生的思维活动，还使学生形成一种思维定势：老师说的都是对的，反正按照他说的做就行。学生互评作文则使学生的这种意识发生了转变，它使每一个学生既当学生又当老师，既是听众也是评价者。这样必然能营造出一种教学相长、民主和谐的教学氛围，生生互动、师生互动，围绕单元写作目标，展开对话，营造和谐的研讨氛围。

总之，笔者进行的这种学生互评作文模式还处于摸索阶段，虽然取得了一些可喜的成果，但是还有不少的问题没有解决。笔者将进一步完善点评操作程序，逐步构建一套更能调动学生学习兴趣、对写作有更明显指导作用的作文互评机制，真正实现减轻教师工作负担，提高学生写作能力的作文评改模式。

从经典阅读到表达实践

胥美燕

摘要： 阅读是开启人生智慧的钥匙，它不仅影响一个人语言能力的发展，而且从某种程度上来说，甚至影响人的一生。因此，大量的、高品位的阅读是学好语文的不二法门。本文从选择经典的阅读材料，营造浓厚的阅读氛围，采取有效的检查措施等三个方面论述如何指导学生有效开展课外阅读，让学生的语文学习因为课外阅读而变得更轻松、更美丽，让学生的生命底色因为阅读经典作品而变得更精彩、更动人。

关键词： 经典阅读　表达实践

在平常的教学中经常听到老师们抱怨："这学生到底是怎么读的书呀？学了这么多年的语文，一篇作文下来，内容空洞，杂乱无序，语句能少一点毛病就很不错了，更不用奢谈什么文采。"在做课内外的语段阅读时，往往也存在这样的情况：学生的回答常常是文不对题，表述的句子也往往词不达意。语文阅读教学的少、慢、差、费，真是令人头痛。吕叔湘先生说过的一句使人震惊、令人汗颜的话至今还常被人提起："十年的时间，2700多课时，用来学习本国语文，却是大多数不过关，岂非咄咄怪事！"由此看来，改变阅读教学现状，提高阅读教学效率，是横亘在我们每个语文老师面前的一座大山。那么如何打开阅读教学的瓶颈呢？

选择经典的阅读材料

苏霍姆林斯基指出：给孩子选择合适的课外读物是教育者极为重要的任务。要完成这个任务，我认为教育者的立足点应该从孩子出发，以孩子的兴趣为中心通盘考虑，综合开发课外阅读的源头活水。

(一)课外资料需满足孩子内心需求

我们现在对孩子的教育指导，越来越提倡“兴趣”二字，在这种思想的引导下，那就是只要孩子感兴趣的书都可以读。这听起来好像很有道理，但一旦面对孩子，这种所谓的道理有时会变得苍白无力，因为孩子似乎除了对那些我们认为益处不大、趣味不浓甚至有些无聊的东西，如《怪物大师》《知音漫客》等感“兴趣”外，根本无法获得我们所期望的“兴趣”。特别是有的学生受网络小说的影响，整天写的不着调的想象类文章，更是无法入眼。于是我们就有必要适时适当地引导，因为孩子毕竟是孩子，他们的兴趣依赖于我们的培养。

孩子的心理需求具有年龄特征，那些贴近他们生活实际、能反映他们喜怒哀乐的书籍是他们最喜爱的，如《哈利·波特》《淘气包马小跳》等系列作品都是深受孩子们欢迎的书。而那些描写奇人怪事的书籍，孩子们也津津乐道，因为这些书籍能充分满足他们的好奇心，也是平时闲聊的谈资。在课堂上我们完全可以结合课文内容或者作品出处做适当的推荐，如学了《冬阳 童年 骆驼队》，我们就可以推荐学生读林海音的《城南旧事》，学了托尔斯泰的《七颗钻石》《穷人》，我们可以推荐学生读他的《森林书屋》。这些都是符合孩子们心理的，他们乐于接受、爱看的书籍。

(二)引导孩子读古今经典，净化孩子的心灵

余秋雨先生认为：“幼小的心灵纯净空廓，由经典名著奠基可以激发他们一生的文化向往。”六年级的语文教材摘编了两篇名著：《汤姆索亚历险记》和《鲁滨孙漂流记》。教材编排了“精彩片段”和“故事梗概”，我们可以先上一节前导课，推荐孩子们读梗概、读精彩片段、读目录猜情节，激发孩子们的阅读兴趣，然后留一个星期的时间让他们去阅读，最后上一节总结课，交流读书感受，评议人物形象。这两节课之间，孩子们也会自发地去讨论这本书，甚至是作者的其他作品。此时，如果以小组的形式开展读书交流活动，评出优秀小组，孩子们则会更加积极。

当孩子沉浸在经典名著的阅读中聚精会神、目光炯炯时，我们会感受到：经典名著对于孩子心灵的呵护，精神的滋养已如春雨润物细无声。其实，我们热烈推荐名著，并不是期望名著能教会孩子提高语文成绩，而是希望它能温暖孩子们的心灵，激发他们心中积极向上、温柔善良的一面。

从阅读内容看，多数教师为学生推荐的课外读物偏重于教育性、科普性、知识性。相比之下，对文学作品尤其是儿童文学作品的推荐则范围狭窄得多，除去家喻户晓的安徒生童话、格林童话、诸国寓言故事外，当代的儿童文学所见无几。因此，我们老师也要在当今形势下多阅读好书，多寻找好书，分门别类推荐给自己的孩子们。从阅读方式上看，一二年级时我也每天在班上给孩子们讲《笑猫日

记》，那时班上的孩子基本每个人都会有一本《笑猫日记》系列的书。但是上三年级后没那么多时间就没讲了，我感觉孩子们的阅读热情也随之下降了。阅读，老师的引导很重要，坚持更重要。

积极营造班级阅读氛围

（一）树立榜样，营造良好的读书氛围

犹太人家庭有个风俗，母亲在自己的孩子出生后，总会在一本书上滴上一滴蜂蜜，然后让孩子去舔，以感受书籍之甜，阅读之美！在实际的生活中，我们不难发现：但凡是热爱读书的父母，孩子也多半会对阅读兴趣盎然。在班级，要让自己的学生喜欢读书，教师就得为孩子做出榜样。在学生早读的时候，教师拿出一本书坐在讲台安静地阅读；在学生自习的时候、夕会阅读时间，教师也同时阅读，孩子们自然而然地不再需要被声嘶力竭的管教，也会拿出自己的课外书进行阅读。如果我们老师、家长能每天抽出一点时间进行榜样阅读，那么在孩子看来，他就有了一个可以仿效的目标，他会在不自觉中进行模仿，不知不觉地，阅读的种子就会在他的心里种下，成为自己自觉行为的一部分。

（二）班级阅读交流会

在班级，让阅读成为良好的习惯，成为像游戏一样的课余生活，这是一种多么美好的景象。“班级阅读交流会”是可以选择的措施之一。“班级阅读交流”的主要做法是教师先引导班里的学生用一周或一个月的时间共读一本好书。在读的过程中，要有阅读记录卡，记录自己印象深刻的片段、好词好句、最喜欢的人、最想讨论的事等，然后在一个集中的阅读分享时间里，大家一起进行自由讨论，家长也可以参与。每个孩子发言的时候还可以把对别人认同的观点吸收到自己的语言里去，不仅丰富了自己的认知，还能够锻炼倾听他人说话的能力，一举两得。最后再适当展出一些孩子的优秀读后感或其他文字作品。有了家长、老师和全体学生的参与，学生的积极性会大大提高。我在六年级教《鲁滨孙漂流记》一课时，我就在两周自由读书之后，举行了一个答疑会，由男女生分别就名著里的内容向对方进行提问，答对者加一分，一节课内，分多者获胜。答疑会上，孩子们互相督促、互相提问，一时间兴起了班级读书的热潮。

（三）挑战式阅读

为生活和理想而阅读，是一个很高级的阅读理念。如果我们的孩子阅读能达到这一层面，那么课外阅读会变得很阳光，完全是自发性的阅读了。“挑战式阅

读”正是基于这样的理念而思考出的阅读方式。对于一些学有余力，阅读需求量比较大的孩子，我们教师要善于在生活中引导他们发现生活中的“挑战”去填补学习知识和生活经验的空白。如有的孩子发现自己买的泡泡水用完了，就想用洗洁精兑水替代，然而不管用什么比例，放多少洗洁精，泡泡水都无法成功。这个时候教师推荐《科学百科全书》，孩子们立刻就能发现只有将洗洁精、甘油、水以正确的比例勾兑才能实现。我想，在自己的阅读下完成的实验，一定是非常诱人的。

（四）电影读书节

利用流行的影视作品营造读书氛围是一个很投机的办法。现如今，很多名著都被搬上屏幕了，还有了各种版本的改编，如《三国演义》《汤姆叔叔的小屋》《水浒传》等，还有动画片《爱丽丝漫游奇境》《齐天大圣》，都是孩子们特别喜爱的。但是我们常说，看电影就像吃快餐，阅读书籍才是吃精致的大餐。如果能契合正在上映的电影同步阅读或对比阅读，举办一次“看电影，读名著”班级主题活动，相信大家一定有话说，也一定会取得非常好的效果。活动举行完后，还可以选择性地写一篇文章，既看了电影又写了文章，这难道不是两全其美的事吗？

教给学生阅读方法

语文教学这几年，我发现一个有趣的现象，一个孩子的语文成绩与英语成绩基本一致，英语读不好的，语文成绩也一般。这其中有一个共同的原因，朗读不到位。朗读训练本是循序渐进的，先把字音读准确，不加字、不减字，而后才是有感情的诵读。

（一）低年级重视字音教学，做到字正腔圆

中华汉字不仅形态优美，还有着特殊的韵律美，这就让我们的汉字读起来朗朗上口。所以我们在教授学生朗读的时候，总是先从字音抓起，要求读得准确到位，做到字正腔圆，而后才是读出感情。在我们班，学生很少出现哼读、唱读、读破等现象，甚至在齐读时，也能达到异口同声的效果。

（二）避免错误的读法

第一种，就是“饥不择食”的读书方法。这种读书方法的人，不管什么书，逮着什么看什么，不从实际需要出发，不选择有益的书，结果导致花了许多时间读书，却在思想和学习方面没有多大的收获。

第二种，就是“走马观花”式的读书方法。这种读书方法的人，读书时贪多贪

快、粗枝大叶，不善于分析和评价读物的思想内容及艺术特点，结果导致读了很多书，但却没有留下深刻的印象。

第三种，就是“寻章摘句”式的读书方法。这种读书方法的人，读起书来很细，甚至能把有些章节背下来，但是却归纳和概括不好书的主要观点，使学到的知识像一堆散沙一样，不能成为系统的东西。

（三）设立“三读”时间，确保读书实效

晨间指导读。在晨读时设置“读书课”，倡导学生在晨间相互自由地交流读书体会，畅谈读书感受。每周用一节语文晨读课开展读书活动，在语文教师的指导下进行，主要形式有集体阅读、阅读指导、阅读交流等。

午间休闲读。每周四、五中午利用十分钟时间，向学生开放相关的读书阵地。语文老师和学生一起阅读，让读书成为孩子们午间的休闲方式。

睡前放松读。为了让读书成为一种习惯，建议每个孩子都在家中的床头放一本自己喜爱的书，每晚睡觉之前打开书本阅读，让书香伴着孩子入眠。

采取有效的检查措施

（一）增加在校阅读时间

我经常在夕会课读书给孩子们听，当学生听得入迷时，我就不读了。我发现这样做，不用我直接推荐，过几天很多孩子都在读这本书。另外，在我的班级后面有一排很大气的书柜，每年我会将这一年学生要看的书买回来，放在教室的书柜里。学生中午一到校，就会到班级书柜里拿书阅读。这样，他们在校阅读的时间自然而然就增加了。我认为，这种氛围，这份快乐，对于他们一生的学习都是弥足珍贵的。

（二）坚持定期评比检查

阅读本就是一项浩大的工程。如前所述，每周用一节固定语文课的时间来检查学生的课外阅读情况，或者是举办故事大会、阅读交流会，甚至只是一个简单的阅读情况汇报都可以：你这周读了什么书？你喜欢的人物是谁？喜欢的故事情节是什么？喜欢的段落是哪里？

（三）建立奖励机制

小学生的课外阅读，需要长期的坚持，需要家长和老师一起督促，所以我觉得有一些具体的奖励机制和评价方式仍然是非常必要的。在一年级我们实行的主

要是每天坚持至少 15 分钟阅读，通过家长的反馈和本子上的记录，来评选班级“阅读之星”，颁发奖状和奖品。

结合阅读提高学生的表达能力

(一)以阅读为基础，促进表达能力提升

在五六年级的语文教材中，安排了几次课外书屋，向学生推荐了一些必读的好书。这让我们可以很好地结合教材，鼓励学生多读书，多发表观点，让学生利用课余时间阅读，在每周的固定时间，开展交流会。学生可以复述书中的故事，讲讲精彩片段，也可以交流自己读完书后的感受。发言的同学大胆往讲台一站，在同学面前讲一讲、说一说，听的同学如有疑问的还可以尽情提出来，大家一起探讨。这样一来，既锻炼了学生的表达能力，又激发了他们的读书热情。在交流中，每个学生都获得了大量的信息，他们的课外知识积累也日渐丰厚。在我校的课外知识比赛中，我们获奖的都是一些平时爱阅读、善表达的学生。我知道，这就是阅读带给他们的好处，阅读让孩子们的羽翼变得日渐丰满。

(二)以活动为契机，挖掘学生的潜力

针对我校开展的各种课外阅读活动，我为我班学生设计了声情并茂的朗读活动。首先，我节选一些优秀的课文片段或者是要求背诵的语段，指导学生有感情地朗读。当学生的情感达到饱满的时候，我会请学生加上动作、配上神情表达自己对文本的理解。最后，请他们在班级微信群里进行背诵展示，让大家都能欣赏到朗读的作品，互相点赞。学生的热情被调动起来了，在朗读的过中，他们的口动起来了，手动起来了，眼也动起来了，作品的情、意、志得以更好地表达。在这一项活动中，学生的表达能力再一次得到了提高，对文章的理解也更深了。

可见，阅读与表达有机地结合起来能够有效地提高学生的语文素养。阅读是对信息的捕捉，知识的摄取。当学生在阅读中获得的大量知识并在心中积淀后，就需要通过表达来促进交流，提高认识。这样，他们的理解力、感悟力才会越来越好，语文素养才会越来越高，综合能力才会越来越强。

浅谈信息技术在语文教学中的运用

王　燕

摘要：传统的语文教学在信息技术的辅助下，能够更有效地解析重点、突破难点。本文采用经验总结法，在大量教学实例的基础上，阐述了教学过程中如何实际运用信息技术解决教学问题，并根据实际情况总结有效经验。

关键词：信息技术　语文教学 古诗教学　作文教学

网络已经渗透进现代生活的各个方面，每个人的工作生活都离不开它，因为网络在极大程度上提高了工作和学习效率。信息技术以强大的功能，巨大的开放性，发挥着重要作用。对于教师来说，它对我们的教育教学工作也提出了新机遇和挑战。网络教学平台进入课堂，要求教师把信息技术作为促进学生学习的辅助工具与情感激励工具。这是一场变革，也是一次飞速发展的契机。信息技术运用于教学，方便了教师解决各类难题，就语文课堂而言，它的好处不言而喻。

让低段语文教学更生动有趣

人教版语文二年级下册《北京亮起来了》一课要求重点学习"华灯高照""光彩夺目""金碧辉煌""灯光闪烁"这几个表示北京夜景亮起来的词语。这些词语虽然都表示光亮，但是在具体使用上又有很大的不同。"华灯高照"是指漂亮的灯光明亮的照耀着，与"灯光闪烁"相似。在理解"华灯高照"时，我是这样引导的："华灯是什么样的灯？"在学生自由发言后，我出示了一张长安街夜景图，同学仔细观察后明白：华灯是装饰得很漂亮、很豪华的灯，高高地挂着，放射出耀眼的光芒。而"灯光闪烁"，强调的是灯光的闪动感，并不强调华美之感。

"金碧辉煌"重点强调建筑高大、装饰华丽，如金碧辉煌的宫殿。"光彩夺目"

侧重事物十分光彩、很吸引人，如光彩夺目的珍珠。我用两张图片进行区别和运用。一张是一座高大辉煌的宫殿，一张是一颗晶莹润泽的珍珠。通过不同的事物和大小对比，使学生很好地区别了这两个词语在使用上的不同。

最后，在理解“长安街上，华灯高照，川流不息的汽车灯光闪烁，像银河从天而降”。这个比喻句的时候，为什么把长安街街灯比作银河呢？我展示了一张图片，很能恰如其分地表现银河之感，学生一下子就理解这个银河从天而降和街灯川流不息的相似性。

本课借助多媒体教学，调动孩子们的视觉功能，通过直观、形象、生动的感官刺激，让学生最大限度地理解了词语和课文，既活跃了课堂氛围，又提高了教学效率。

让古诗教学更有古韵

古诗语言凝练、意境优美，虽然诗意简练但诗人的思想往往深邃。以往的古诗教学，比较注重讲解注释，毕竟懂得意思才是第一步。在体味我国古诗独有的韵味美和意境美这方面，是学生学习的难点，也是老师教授的难点。古诗中的意境美，是诗人刻意追求的创造性艺术。如果不能体会，实在是古诗学习之失。那么，信息技术能够帮助我们去领略古诗诗境吗？答案是肯定的。

首先，网络教学平台中有大量的图片资源，直观又形象：如壮观的庐山瀑布——《望庐山瀑布》、热闹的过年场面——《元日》、烟雨朦胧的寂静江面——《渔歌子》、宁静祥和又生机勃勃的乡村美景——《乡村四月》……可以说，只要你需要，这些图片都能在网络中随手可得。合理运用信息技术能够使学生在诵读中体会和品味古诗，感受到诗人所要表现的诗境就是一幅写意的中国画，自然而然地进入到古诗描述的意境中。

其次，古诗文的写作背景、奇闻轶事和典故、诗人介绍也能帮助学生深入理解古诗。诗人写一首诗，往往是个人生平经历和性格志趣的表达，如是不能了解诗人其人其身，要达到诗人所描绘的诗境也是很难的。这时候，信息技术又来担任阶梯的角色了。我们可以将古诗文的写作背景、奇闻轶事和典故、诗人介绍等相关资料融合进学习步骤中，通过图片、文字、音像等引导学生学习，既能够帮助学生理解，又可以增添学生的学习兴趣和课外知识。

最后，信息技术填补了古诗文的音乐空白。很多古诗本身是可以吟唱的，如果学习古诗，仅仅限于文字，不免失去了很多古韵。在突破这一点上，信息技术能够起到很大的辅助作用。如在学习六年级古诗文《采薇》片段“昔我往矣，杨柳依依，今我来思，雨雪霏霏”，结合其背景，学生能体会到将士离别家乡之苦，思念家乡与亲人之切。在诵读的时候配上悲凉凄清的古曲，点缀战场吹响的号角声，瞬间就能将学生拉入别离氛围之中。当然，不同的诗歌可以选择不同的音乐。如《送元二使安西》这首诗，可以选择《阳关三叠》这首古曲，离别之诗配悲伤哀婉之曲，慷慨激昂之诗可以配大气磅礴之曲……信息技术让音乐立体地作用于学生的视听，最能联之以情，动之以心，会之以意，以悟诗境。

让语文阅读教学走在课外

将音乐、图片、视频等网络常见的素材，科学地运用于语文课堂，能使课堂变得更为灵活，使教学变得更为有效。如在教学二年级上册《活化石》一课中，在介绍银杏树、大熊猫、中华鲟等活化石的时候，老师通过科普短片让学生了解到这些动物的古老和珍贵，利用网络让学生了解到更多的“活化石”。学生感触很大，纷纷表示，保护环境，从身边做起。

在教学二年级上册科普类课文《我是什么》这一课中，可以让学生在课前通过网络搜集大量相关资料，对水的不同的形态进行了解。通过自己查找资料，大部分人都对水在不同环境下产生的不同变化有了一些了解。他们对这种神奇的变化充满了兴趣。这样在上课的时候，每个孩子都不至于因为对科学知识的不了解导致上课枯燥，而课堂上充满生趣的动画片段也让小孩子感觉神奇。信息技术的运用让语文阅读教学走在课外，促进了学生从多角度积极地进行探索，更大地满足了学生的阅读需求。

让作文教学飞得更高

没有写作素材是一部分孩子写不好作文的重要原因。学生每天面对的“学校—家庭”生活，单调的日常经历很难鲜活起来，成为孩子头脑中的文章素材。所以每次一写作文，很多孩子就犯难了，要么寥寥几句，要么翻书摘抄一通。

但是网络中实例就很多了。通过网络，我们了解到“感动中国人物”的动人事迹，虽然他们也是普通人，但是做出了不普通的事迹。我们不出家门，就能欣赏到山水甲天下的桂林，欣赏到难于上青天的蜀道之美，欣赏到秀峰、怪石、云海、奇松等自然美景。这些都是孩子需要的作文素材，生活中缺乏的素材灵感，我们可以利用网络予以补充。

此外，还可以利用网络平台，培养孩子写作的成就感。现在有很多专门展示学生作文的平台，如金色少年网、中国儿童网等。刚开始学写作文的时候，就可以带领学生上网，查阅相关的优秀作文，一是可以阅读大量同龄人的作文，二是可以发表自己的优秀作文，第二点尤其重要。通过发表作文这种方式，能够激发学生的写作欲望，调动写作的乐趣。读一读别人的文章，评一评同学的作文，改一改自己的练笔。慢慢地，学生变得爱写作文了，也能从习作中体验到成功后的喜悦。

信息技术为语文课堂注入了新的血液，改变了“一支粉笔写黑板”的传统教学形式，也革新了学生“背诵抄写做习题”的学习方式。实践证明，多媒体教学手段能够充分挖掘课文内涵，能多角度启发学生思维，能更灵活的学和做，能把语文中静止的文字变成活动的形象。可以说，信息技术已经成为现代语文教学不可缺乏的手段。

小学数学教学中渗透转化思想的尝试

胡　芳

摘要： 转化是数学的一种重要的思维方法，指把研究的内容从一种形式变化到另一种形式。其涵盖具体到抽象的转化、数量关系的转化、几何图形的转化。在数学教学中应注意把握和发现教材内容中所包含的转化并渗透，同时让学生运用转化思维探索、研究新问题。

关键词： 转化　渗透

现代教学论提倡教学既要教学生“学会”，又要使学生“会学”。所谓“会学”就是掌握学习方法和思考方法，并运用这些方法去探索和发现新的问题。本文试谈在教学中如何渗透转化的思想。什么是转化呢？转化是指学生能把研究的内容从一种形式变化到另一种形式。著名教育家布鲁姆认为转化包括三种情况。

从一种抽象水平到另一种抽象水平的转化；把符号形式转化成其他形式，或把其他形式转化成符号形式；从一种言语形式转化成另一种言语形式。转化思想在小学数学教学中的主要表现在以下几个方面。

具体到抽象的转化

数概念是小学数学中最基本的概念。学生对数概念的理解需要有一个从具体到抽象，又从抽象到具体的过程。数概念体系的形成也是一个从低级到高级逐步完善的过程，在这个系列过程中包含着各种形式的转化。笔者在教学“认识 3”时便尝试着把转化思想渗透其中。

【数数量是 3 的物体】

出示挂图，提问：

“图上有几位工人阿姨在制造电视机？”(3 位)

“图上还有什么东西的数量也是3?”

学生操作：出示绒板，上面贴好一个三角形。

设问：“谁能用小棒摆出一个三角形?”

“数一数，你摆的三角形用了几根小棒?”

学生回答后，老师小结：“我们刚才数出图上有3位工人阿姨，有3台电视机，又用3根小棒摆了一个三角形，这些人和物体的数量都可用“3”来表示，今天我们学习“3”，板书：3。

【认识数字“3”】

在绒板上贴一个点子，问：“这是几个点子?”

根据学生回答，老师在1个点子图下面写“1”，再分别贴出来2个点子和3个点子图，并在图下分别写“2”和“3”。

设问：“按照数的顺序，2后面的一个数是几？2添上几是3?”

“3前面的一个数是几？3去掉几是2?”

如上所述，从三个物件，到三个点，再到数字“3”，通过这样由具体到抽象的转化可帮助学生加深对数概念的理解，便于学生掌握。

数量关系的转化

小学数学教学中最基本的数量关系有相差关系、总分关系、倍数关系等。这些基本数量关系又可派生出其他一些关系。例如，在教“数的相差关系”：12和7相差5。我引导学生转化为：比7多5的数是12；比12少5的数是7。又如在教学“倍数”：15是5的3倍。我先让学生思考15、5、3之间的关系，最后得出5的3倍是15，15的1/3是5。像这样适当地渗透这种转化思想，能使学生自觉运用这种方法去分析理解各种问题及其内在本质。

应用题的解答过程实际上也是一个转化的过程。在一年级数学下册中的“求一个数比另一个数多(少)”的应用题是这册教材中的重点也是一年级小朋友在学习过程中的一个难点。为了突破这个难点，我在教学中首先要求学生搞清楚谁和谁比？哪个大？是求大数还是求小数？然后要求学生把问题中具体情节关系转化成数学语言和关系，例如，兰兰做了12朵红花，9朵黄花，红花比黄花多几朵？问：

(1)这道题的已知条件是什么？求什么？(2)兰兰哪一种花做得多？(3)谁和谁比？以谁为标准？(4)要求红花比黄花对几条实质上就是求什么？让学生根据已知条件和所求问题得出这道题实质上是“求12比9多多少?”这样便能使学生充分的理解应用题的题意，做出正确的解答。

几何图形的转化

在教学几何平面图形的面积公式推导时，我利用图形之间的转化用拼割法，也就是把所学图形转化成已知图形来求得。

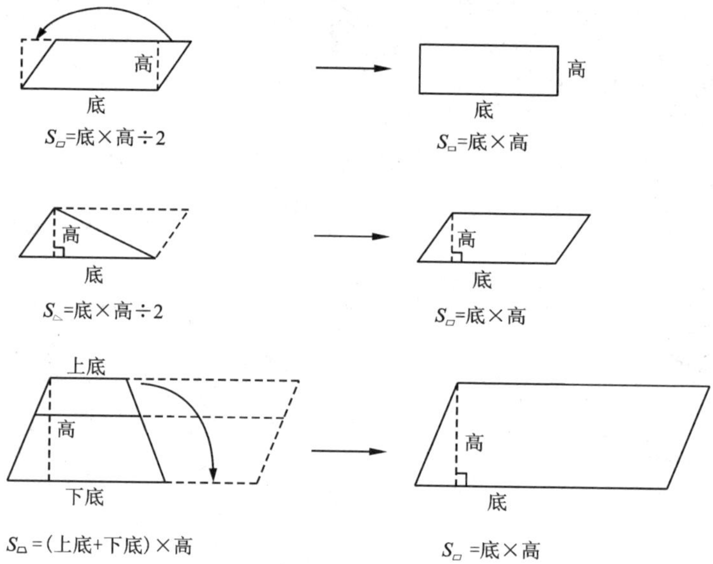

像这样，在教学中把新知转化成旧知使学生容易理解，并能突破教学中所遇到的难点，为今后的学习奠定基础。

因此，我们在数学教学中必须注意把握和发现教材内容中所包含的转化思想，有意识地把转化思想渗透到实际教学中，这样学生就能逐步了解思考的方法，同时运用转化思想去探索、研究新问题。

让数学课堂快乐起来

黄　晶

摘要：幸福快乐的数学课堂应该怎样营造呢？学习数学需要活跃的思维和良好的学习方法。本文针对数学课堂的趣味营造进行了一番思考，从人体的五官调动学生的积极性，并且结合信息技术进行深层次的激发，使得学生爱上数学课。

关键词：数学课堂　媒体教学　信息技术　情境吸引

怎样使枯燥的数学课堂幸福、快乐起来？我教学10年，稍有经验，从最开始对小朋友的不知所措到现在的游刃有余，我愿将自己在这一方面的几点收获和大家一起分享。

身体感官，激发活力

我觉得激发学生学习动力的是学习兴趣。学习兴趣，能使学生在学习过程中有着满足和愉快的情绪体验，从而产生进一步学习的需要。因此，我们老师在教学中要不断激发学生的学习兴趣，促使学生主动去探索新知识。老师们在进行新课讲授前，要尽量采用生动有趣的教学方法，积极采用设疑、激疑、质疑的手段，使学生思维活跃、兴趣浓厚。只有激发学生强烈的求知欲，使学生思维的积极性调动起来，才能，吸引学生动手、动脑，促进学生思维能力的发展。

低年级的小朋友正因为其年龄特点，注意力容易分散，学习兴趣忽高忽低，要调动他们的积极性绝非易事。而我是从三大身体感官开始，用肢体语言的表达来带动学生去认真学习。

（一）让眼睛闪动起来

眼睛是心灵世界的窗户。小朋友的注意力很短暂，往往只有十几分钟的时间。我在设计教学环节的时候，经常要学生用眼睛去寻找线索，甚至有这样的引导语“看谁的眼睛亮”“看谁是火眼金睛”。

有位名人曾经说过：“人的心灵深处，都有一种根深蒂固的需要，就是希望感到自己是一个发现者、研究者、探索者。”因此我们老师要尊重学生的主体性，精心设计知识的呈现形式，营造良好的研究氛围，让学生置身于一种探索问题的情境中，以激发学生的创新潜能和实践能力，为学生的可持续发展打下基础。

我在教学《找规律》这一课时，放手让学生去睁大眼睛观察，寻找其中的规律。学生在不断地探究中，慢慢发现了重复排列的特点，排除了自己原来的错误观点，加深了印象，达到了很好的效果。而这节课我基本上没有花费很多功夫去讲解。

（二）让耳朵竖起来

人的耳朵为什么有两个，其实就是上帝要我们学会倾听的。有位教育专家曾说过：“故事是儿童的第一需要。”他的观点虽然过于绝对，但是孩子的耳朵在数学课堂里是乐于听到美妙的故事的。因此，教师的教学要根据儿童的心理特征，发挥外界的优势，创设故事趣味教学。我喜欢根据教学内容编制一些生动有趣的故事，甚至借助多媒体通过图像的形色、声光的动态感知，激发学生浓厚的学习兴趣和强烈的求知欲望，引导学生主动积极地参与学习。例如讲授“等量代换”时，我就引用了“曹冲称象”的故事。学生就是这样受到吸引，一步步地跟着我的教学思路来学习。

（三）让手脚飞舞起来

孩子们爱玩、爱动，这是天性。尤其是对于低年级的小朋友来说，他们喜欢在课堂上游戏，在游戏中学习，而且这样学习的效果极佳。对于这点而言，组织教学的策略十分重要。

学生作为教师组织教学的对象，不仅有思维，而且富有情感。因此，对教师举止神态的变化尤其敏感。教师要成功地组织教学，必须强化自身对学生的影响力和感召力。为此，单纯的语言表达方式转换是不够的，也是不现实的。老师们应该根据对教材内容特色的理解和对各种课堂活动特点的体会，有意识地实现语言、姿势和神态的自然融合。比如在一年级数学《找规律》《位置》《认识时间》这三个单元的教学中就有很多地方可以让学生进行身体操的活动，用手势来进行方向的指示，用手脚表达时间，让全身都动起来，在快乐中寻找知识、学会知识。

媒体教学，情境吸引

人类已经进入信息时代，以计算机和网络为核心的现代信息、技术正在越来越深刻地改变着我们周围的一切环境。

在小学数学教学中，若能适时恰当地选用多媒体来辅助教学，以形象具体的“图、文、声、像”来创造教学的情景，使抽象的教学内容具体化、清晰化，激发学生思维，增强学生的学习兴趣，让学生重视实践操作，科学地记忆知识，从而提高教学质量，优化教学过程，增强教学效果。

媒体导入新课，激发学生兴趣，创设轻松情境。俗话说，好的开头等于成功的一半。一个巧妙的开头，能使学生的注意力很快集中到课堂教学的内容上去，能激发学生浓厚的学习兴趣，使学生的学习状态由被动转为主动。

媒体讲解重点，有效实现精讲，突出重点难点。由于多媒体形象具体、图文并茂，所以恰当地加以运用，可以使抽象物体具体、生动、形象地呈现在学生的面前，准确地反映教师难以讲清，学生难以听懂的内容，从而有效地实现精讲、突出重点、突破难点，大大提高了教学效率，培养了学生的空间想象能力。

媒体练习巩固，增加训练密度，提高教学效果。在练习巩固中，由于运用多媒体教学，省去了板书和擦拭的时间，又能在较短的时间内向学生提供大量的习题，同时还能免去练习的枯燥，使学生在轻松的环境中巩固练习。

运用媒体教学，让数学走进生活。华罗庚教授曾经说过：“对数学产生枯燥乏味、神秘难懂的印象的主要原因就是脱离实际。”现在的许多教学中，没有大量的时间、财力、物力来让学生运用现实中的生活材料，于是很多时候不能够使理论与现实紧密联系。但是如果我们能运用网络找到各种与应用题、思考题或计算题相关的现实材料，使学生认识到现实生活中隐藏着丰富的数学问题，那么将会大大地引发学生学习的积极性。可以说，运用媒体教学改变了传统的学科教学内容，使教材“活”了起来。

幽默语言，和谐关系

幽默的语言可以让学生缩小与老师的距离感，和谐师生关系。我在进行高年级数学教学时，就经常说些学生爱听、愿听，又比较形象有趣的话。

比如，我常常跟学生说着说着，就变点长沙话出来，“咦呀，你今天听课的精神头还蛮帅来！”“你硬霸蛮把国杂题目解出来哒啊，不错！”“那确实！”等等，学生开心得不得了，消极的情绪一下子就缓解了，甚者认真百倍。又比如，快下课了内容还没有讲完，我随即讽趣地说：“对不起，同学们，请允许我借大家一分钟，以后再还给大家。”听我这样一说，同学们都很开心并安稳地听完了。还比如，我在六年级的总复习“小数除法”中讲解商的小数点要和被除数的小数点对齐。总有个别同学马虎，老是忘了点小数点，为了让学生不再发生这种错误，我说：“咱们在学小数除法中，商中的小数点哪去了？你们是不是想多攒点儿，拿来当豆子炒着吃呀！到时可别忘了给老师留点儿。”刚说完，教室里哄堂大笑，同学们听了我的话后留下了深刻的印象，忘点小数点的现象则很少出现了。

表扬激励，快乐无限

人都是爱听赞美的话，表扬的话，尤其是小孩子。对于小学生来说，多给予适当地表扬、鼓励，是增强他们自信心的一个重要手段。笔者所在的燕山二小提倡生本课堂，以学生为本位，以学生的自我价值的实现为主体。我们明白课堂是学生的，学生的经历、体验才是课堂教学的全部。

当学生回答错误时，我们可以替他解释：“你的回答有一定的道理，但没有听清老师的问题。”接下来的时间，他肯定会听得更认真，想得更全面。当学生答非所问，教师、同学都没听明白时，我们应该让他再说说清楚，可如果支吾半天也说不上时，那我们大家一定要想方设法给他个台阶下：“噢，没把握吧，那就轻轻地说给老师听。”老师走到了学生的座位边，低头倾听学生的解释，然后老师微笑着来到讲台前，“说得有一定的道理，认真听下去，你就会明白了”。这样做，孩子以后才不会害怕发言，更不会惧怕回答问题。

总之，我们的数学课堂应该快乐，应该更多地关注孩子们身理、心理的需要，并恰当地把多媒体的运用与数学课堂教学相结合，使学生的学习内容更加丰富多彩，更具有时代气息、更贴近生活和现代科技，这样才能更加激发学生的学习兴趣，从而减轻学生过重的学习负担，提高课堂教学效率，促进素质教育实施。

设计问题情境，激活创新思维

王庆荣

摘要：培养学生的问题意识，从问题情境入手。问题情境具有强烈的吸引力，能激发学生对学习的需要，激活学生的创新思维。设计问题情境的方法有：设计"生活化"问题情境，激发创新；设计"操作型"问题情境，让学生在动手中培养创新；设计"发现型"问题情境，促进自主学习与创新；设计"游戏化"问题情境，让学生自己解决问题。设计问题情境，要遵循学生的认知规律，有意识地、灵活地设计出符合教学实际的问题情境。

关键词：问题情境　创新思维

数学教学与问题密不可分，问题是数学课的重要组成部分。问题也是小学生学习数学的需要，小学生喜欢带着问题去弄个水落石出。问题是思维的依托，数学教学中如果没有了问题，就等于"无源之水，无本之木"，一切的教学就失去了意义。"数学教学的首要目标应该是将学生培养成合格的问题解决者"。

问题情境具有强烈的吸引力，能激发学生对学习的需要，激活学生的创新思维，因此，教师在教学活动中要精心设计问题情境，激发学生探索事物的愿望，引导他们体验解决问题的愉快，激活学生的创新思维。

现代创造理论表明，以创造思维为核心的创新技能不是靠传授得到的，也不是手把手教出来的，它往往是创造者经过心理的"烘热期"和"脑风暴"后的"顿悟"。因而，课堂教学中培养学生的创新思维必须依靠潜移默化的熏陶方法，让学生在不断经历的学习过程中，培养创新思维。在这个过程中，有意地创设一些对学生来说需要开辟新路才能消除困惑的问题情境，对于提高学生的创新思维是十分有益的。

设计问题情境，不仅可以帮助学生学好知识，还能培养学生的学习兴趣，培养学生自己解决问题的能力，激发学生的创新思维。怎样设计问题情境，激活学生的创新思维呢？

设计“生活化”问题情境，激发创新

生活是学生创新思维的活水源头。美国科学家总结出名为“HANDS ON”的教育思想，这种思想强调从儿童的现实生活中取材，注重儿童主体性的探索与发现过程的经历，让学生能够解决自己生活中的问题。

我们的数学教学应紧密结合学生生活中的实际问题和已有知识，使学生在认识、使用和学习数学知识的过程中，初步体验数学知识与生活之间的联系，进一步感受数学与现实的密切联系。例如，在教学“长方形的周长、面积”时，我设计了这样一个生活情境：“我校要在教学楼放一面长方形的大镜子，如果让你用木条给这面镜子加一个框，你怎么办？这是求长方形的什么？如果让你去配这面镜子，你要配多大的镜子？这是求长方形的什么？”我发现，学生很有兴趣地主动学习。由此可见，“生活化”的数学问题不仅能使学生认识到“生活中处处有数学”的道理，更有助于学生创新思维的培养。美国心理学家罗斯杰曾说过：“人的先天潜能是无比优秀的，后天的教育就是创造一种适宜的环境和条件使之得以实践。”让学生解决“生活化”的数学问题，能给学生提供广阔的思维空间，促使学生多角度地、灵活地、创新去思考。爱因斯坦说过：“教育应当使所提供的东西让学生作为一种宝贵的礼物来接受，而不是作为一种艰苦的任务要他去负担。”“生活化”的问题情境正是学生乐于接受的“宝贵的礼物”。

设计“操作型”问题情境，让学生在动手中培养创新

心理学研究表明，思维是从动作开始的。儿童思维的发展离不开具体事物的支持，离不开直观形象和动手操作。教学实践也证明，动手操作能促进思维的活动，动作的内化。切断了活动与思维之间的联系，思维就得不到发展。因此，在教学中多组织学生动手操作，在操作中使学生的眼、手、脑等多种感受器官都参与活动，这样才能达到理解和掌握知识的目的，更好地发挥他们的创造性。在教学中，教师要经常引导学生拼拼、摆摆、剪剪、画画，在这些活动中引发学生丰富的想象力和创新的灵感，让教学内容和学生的动手操作相结合。这样能够更好地调动他们的积极性和创造性，培养他们的创新思维。

例如，在教学“圆的面积”时，学生通过剪、拼，推导出圆的面积公式后，我继续提问：“一张长方形的纸中，剪一个最大的圆，取决于什么？为什么？”然后让学生拿出纸来，同桌合作，剪一剪、试一试。学生很快就得出结论：取决于长

方形的宽。皮亚杰曾说："一切真理都要由学生自己获得或者由他重新发明，至少由他重建，而不是简单的传给他。"学生在具体的动手活动中独立思考，手脑协同，把系列的外部活动转化为内部语言状态，再通过合作交流，获得知识，增强创新能力。

设计"发现型"问题情境，促进自主学习与创新

发现是一种乐趣。布鲁纳曾说："发现并不限于寻求人类尚未知晓的事物，而应包括用自己的头脑亲自获得知识的一切方法。"对学生的学习而言，其创造力也不限于首创前所未有的新知识、新见解。波利亚指出："学习的最好途径是自己去发现。在解决问题的过程中，教师要为学生创造一个适合学生自己去寻找知识的意境。"

无意间发现数学现象或规律而进行探讨，会诱发其潜在的探究意识。正是这种探究意识，促使学生进行自主学习与创新。我们的教学要为学生提供一个充分的数学环境，让学生在这个环境中调动其数学现实，从而发现数学现象或规律。

例如，在教学"小数点移动引起小数大小变化"时，我在黑板上写出一个小数"0.9 米"，然后问学生："你能移动小数点，使它变成另一个数吗?"我把学生说的板书在黑板上：900 米、90 米、9 米、0.09 米、0.009 米。我接着问："随着小数点位置移动，小数就会变大变小，你们能发现其中有什么规律吗?"学生积极探讨，自己发现，课堂气氛一下变得活跃。

苏霍姆林斯基曾说过："在人的心灵深处，总有一种根深蒂固的需要，这就是希望自己是一个发现者、研究者。"学生一旦在自己的活动中无意识发现了新的知识，就触及了他的精神需要，他就会积极主动地去探求和创新。此时教师要创设一种宽松的、开放的学习空间，让学生独立思考、相互辩论、取长补短，尽情地分享发现后的乐趣。学生主动经历探索规律的过程，不仅品尝到思维的结果，还欣赏到思维过程的无限风光。这样学习数学，怎么不会深深吸引住学生呢?

设计"游戏化"问题情境，让学生自己解决问题

日本儿童教育心理学家七田真说："让学生在'玩'中学、在'学'中玩，会取到意想不到的效果。"爱玩是儿童的天性，在学习中设计带有"游戏化"的问题情境，能够让学生产生热爱数学的情感，这也是对学生最有影响的学习方式之一。

例如，在"有余数除法"的教学中，我先和学生一起做一个游戏，将学生带进了生动活泼、积极探索解决问题的情境中。我把标有 1 ~ 40 数字的 40 张卡片分别按顺序发给 4 个同学，使每人拿到 10 张写着不同数字的卡片。然后我说："请

同学们随便说出 1 ~40 中的任何一个数字，老师能马上说出卡片在这 4 位同学中的哪个手上。不信谁来试试?”全班同学争先恐后地给老师说数字，我都迅速给予解答。同学们都想知道有什么奥秘，学生的好奇心和求知欲被激起了，想知道里面的究竟。这好奇心是“创新”的潜在能力，是创新思维的萌芽，我们在教学中要爱护和培养儿童的好奇心。因此，我并不告诉学生原因，而是让学生拿出事先准备好的学具，分 4 人一组研究探讨，老师不时提出带有启迪性的问题，在一种愉悦的问题情境中，由学生自己探索解决了“有余数除法”的数学问题。

在“游戏化”的问题情境中，学生的学习积极性高，注意力非常集中，学生没有感到学习是一种负担，反而觉得很有趣，愿意积极主动地参与学习、探索问题、发现问题，能够很自然地培养学生的创新思维。

问题情境的设计方法还有很多，有时还是多种方法和途径的综合运用。教师要全面把握教学目的，找准创新思维训练与教材内容的结合点，在问题的疑点、关键处进行教学上的加工、创造，就能创造出形式多样的问题情境，能够更好地激活学生的创新思维。

设计问题情境，要遵循学生的认知规律，采取多种方式方法，有意识地、灵活地设计出符合教学实际的问题情境，激发学生的灵感，让学生在问题中学习，不断地解决问题、探索问题、发现问题，激活学生的创新思维。

多一分等待，多一分惊喜

杨 庆

摘要：在课堂教学中需要多一分等待，宝贵的等待时间可以让学生静下心来充分地感知并理解知识的生成；可以活跃学生的思维，多一些创造性的想法；可以让课堂多一些质疑时间。多一分等待多一分惊喜，孕育满是希望的课堂。

关键词：数学　等待　时间　过程　时机

等待是人类难得的美德，静待花开，享受自然成熟的喜悦。可是坚守在一线教师岗位的我们是否真正做到了等待呢？是否在面对“潜能生”的时候也有过行为的冒进，有过不耐烦的激烈言辞？回首我们的课堂，我有一个大大的问号！在现如今减负提质的高效课堂大趋势下，更多的时候我们是在思考如何在一节课的有限时间内让学生更高效快速地学到更多的知识，反而忽略了质疑的环节，压缩了思考的时间，加快了知识生成的过程，甚至有时候省略了本该有的操作活动中的亲身体验过程，这难免让人感觉到一丝悲哀。

在教学中给学生更多等待时间的必要性

(一)等待——让学生充分地体验知识形成的过程

《数学课程标准》指出：“数学学习要从学生的已有生活经验出发，让学生亲身经历将实际问题抽象成数学模型，并进行解释和应用的过程。”对于小学生特别是低年级的小朋友来说只有亲身体验的东西才是最真实的，如果脱离了现实生活，很多实际问题将很难抽象成为具体的数学模型，理解和应用更是难上加难。

由于生活环境、家庭背景以及基因遗传等原因，每一个个体不可避免会存在一定的差异性，即使同一年龄层次、相似生活环境，对同一问题也或多或少存在一些思维方式的不同，接受能力也有差异。学生是学习的主人，如果整堂课按照一个统一的标准满堂灌输，不可避免的会对不同层次的学生的理解能力和接受能力带来极大的困扰。但是反过来，如果在适当的时候把课堂交给学生，让学生主动去探索，这些个体的差异性又会反过来让整个的探索过程变得多姿多彩。例如，在教学"分数的意义"这一章节的时候，让学生大胆地说一说在生活中怎么得到四分之一，学生会根据自身接触的生活实例得到各式各样的产生过程，如平均分一个苹果、四个人吃一顿饭采取 AA 制、学校所有的捐款平均捐给四所希望小学等。在讲解"单位一"的时候，学生也可以将范围扩到非常广泛的范围，比如将全校学生看作单位一、全地球的人看成单位一、整个小区的房子看作单位一、人民路一天的车流量看作单位一等。这些实例来源于生活又服务于课堂教学，但是如果身为教师的我们在合适的时候没有把课堂交给学生，可以想象那是一堂多么乏味的课。但反之，巧妙利用学生的个体差异，不但能为课堂增添光彩而且能更好地加深学生对知识的理解和应用，平添乐趣。

(二)等待——点亮学生思维的火花

以往的数学教学注重教师传授知识、学生接受知识的能力。因此，长期以来造就了学生普遍处于应试教育的大环境下，创造力不高。在新"四基"的教学目标下，更注重教师的"导"和学生的"学"，倡导将课堂充分交给学生，学生才是学习的主人。师生之间不只是授受关系，更应该是教学相长，在教学过程中能够不断地碰撞出不一样的火花，共同进步。

数学源于生活又高于生活，需要将生活中的数学抽象出来，所以从学生生活中的知识经验出发，创设生动有趣的教学情境，将大大地激发学生的学习兴趣，活跃课堂。例如，在教学"圆锥体积"时，先让学生直观感受圆锥的体积可能与什么有关，然后简单判断等底等高的圆柱和圆锥的体积大小，接着猜测等底等高的圆柱和圆锥的体积大小关系，最后大胆操作验证得出结论。学生的直观感受基于学生现实生活中的经验，但这只是一种粗略的感受，如何上升到抽象数学的高度，还需要一定的想象力和判断力。比如很多学生猜测等底等高的圆柱体积是圆锥的四倍、三倍、两倍，都无所谓，有一个大致的范围就可以了。接下来的操作环节，培养了学生严谨的思维，让学生成为发现问题并解决问题的主人。整个教学过程应充分地容许学生犯错，当出现不确定答案的时候，教师不需要立马去纠错，让错误静静地等待一下，通过操作用事实说话。这样的课堂必定给学生留下深刻的印象，不但知识点难以忘怀，解决问题时用到的思维方法，以及解决问题后的喜悦和自信必定给孩子今后的学习和生活带来无穷的力量。

(三)等待——给教学带来意外惊喜

在中国的水墨画中有一个技法叫做“留白”，音乐演奏中有很多的瞬间叫做“停顿”。教学中的等待就像是这些艺术中的留白或者停顿。适当地给一些机会和时间让孩子们去思考、去解释，哪怕在回答的时候出现这样或那样的问题又有什么关系？只要敞开了学生的心扉，让他们大胆地说出自己的领悟和相应的想法，即使错了又有什么关系。更何况万一这些错误的答案给了其他同学某种灵感呢？万一学生的回答一步一步更趋于合理呢？万一真的答出来了呢？万一比你想要的结果更加美妙呢？多等待一下吧，或许你的等待将会迎来一个大大的惊喜。正如我在和孩子们一起研究“长方体和表面”这一节课时，我只给出了一个长方体的侧面图形，将其他的八条边全部隐去，然后让孩子们去想象整个长方体的样子并求出相应面的面积。有一个孩子在回答问题的时候支支吾吾，浪费了很多时间。当我正想放弃，打算请其他学生回答问题时，我突然决定再给她一次机会并告诉她：“我知道你心里面已经有答案了，只要你慢慢地把你心里面所想的说出来就可以了，或者用手势比划出来也行，我相信你！”结果孩子给了我一个大大的惊喜。她不但说出了答案，还用手势比画了出来。就是这么一句不经意的鼓励和一个普通的机会让孩子有了一次超越自我的感受。第二天，这个孩子悄悄走到我跟前说：“杨老师，现在我好喜欢数学课了。”听到这话后我非常感动，孩子简单真诚的话语让我热泪盈眶、激动不已。

在我们的教学中，到底哪些地方需要等待，我们应该抓住哪些等待的时机

(一)给足学生深入思考的时间

一个人要想解决一个问题，必定要对这个问题有一定的思考时间才能形成一定的见解，所以学生需要充分的思考时间。例如，在教学“抽屉原理”一课时，学生容易通过操作得出 4 根小棒放入 3 个杯子的结论，但是很难用一个算式得到相应的结论。这个时候作为教师不应急于得出算式，可以反过来问问学生：“刚才大部分学生都摆出了所有的情况，得出了相应的结论，非常不错，但是有一个同学只摆了一种情况就得出了结论，你知道这位同学摆的是哪种情况吗？你知道理由是什么吗？”这一问，整个班级突然安静了下来，学生充分地进入了思考的空间。正是这样不经意地一问，这几分钟的思考和讨论时间，进一步加深了学生对“至少”的理解，进而引出了平均分的思想，并自然地得出了相应的除法算式。整堂课变得自然而然。

(二)给足学生充分交流的时间

思想的火花往往是在交流和碰撞中产生的。学生可以通过交流相互补充和完善各自的想法，相当于对学习内容进行了一次深度的加工和重组，通过交流沟通学到的知识更容易应用到今后的学习中，学生的思维能力也在一次又一次的交流和碰撞中不断提升。不同层次的学生在学习和探索新知识的过程中必定会出现不同程度的差异，这时候教师应该停下教学的脚步，静静地等一等那些思维稍微慢一点的孩子，给他们充分的交流思考时间。在交流过程中，已经理解的学生可以进一步加深对这一知识的理解和表达，暂时没有理解的学生的思维也会在这一过程被激活，看到崭新的一片天地。

(三)让学生有反思的机会

当学生在课堂上出现错误的想法时，教师不要急于否定；当学生得出正确的答案时，也不要急于叫“好”，可以尝试静静地等一等，让他们说出自己的理由，进而引发全体学生的思考。这样可以多给学生一些时间进行反思，发现错误，并寻求解决问题的方案，挖掘错误潜在的教育价值。如“用简便方法计算 99×37”时，一位学生这样计算：$99\times37=100\times37+37$。突然，课堂上一阵嘲笑的声音响起。这时候，我并没有针对孩子的对错进行评价，而是反问：“刚才我听到了笑声，似乎有人有不一样的看法，如果有问题，错误的根源可能出现在哪里？理由是什么?”结果孩子们立马展开了讨论，教室不再有嘲笑声，取而代之的是激烈地讨论，有想法的学生大胆地说出自己的理由，出现类似错误的同学也认真地说出自己的想法。

在激烈地讨论中，孩子们学会了表达自己的想法，不再以嘲笑别人为荣，而是以帮助别人，认真倾听别人的想法，虚心请教为荣。通过讨论和反思，不但使错误者本人找到错误的根源，而且使其余学生在纠错中感受到成功带来的喜悦。

(四)等待在发言时

等待是一种尊重，是一种对生命的尊重。有些孩子在回答问题时，或因反应比较慢，或因思维不是很活跃表达不是很好，亦或胆子比较小不够自信，在这个时候他们多希望能有一个属于自己的舞台，有一个关心他支持他的班集体，一个给他机会相信他的老师。即使孩子一时说错，教师适当的时候点拨一下，再让孩子多思考一下，相信一定会有一个大大的惊喜等待着我们。

总之，等待需要教师极大的耐心，不要指望前一天播种，第二天立马收获。相信在我们的课堂中，教师多了一些等待，学生多了一些思考与自由的空间，我们的课堂一定会更加充满生气与活力。

思，为了更好地学

文艳珍

摘要：学和思是一组相辅相成的共同体，学是为了更多、更优的思；而思是为了更好、更深地学，二者缺一不可。在本文中，笔者更强调思对学的重要性，认为只有思，才实践于学、才会有新的认识；需要思，才会有进一步的发展。

关键词：相辅相成　实践　发展　成长

《论语》有云："学而不思则罔，思而不学则殆。"意思是：学是思的基础，而思是学的补充，它们二者相辅相成，缺一不可。而在此文中我更强调思的重要性，我认为：思，是为了更好地学。

只有思，才实践于学、才会有新的认识

最近在看俞正强老师的一本书，书名是《种子课：一个数学特级教师的思与行》。刚拿到书的时候，我被"种子课"这三个字所吸引，就这三个字激发了我看这本书的强烈欲望，我会想知道"到底何为种子课""种子课会给我们教学带来哪些便利"等。我带着这样的一份思考，这样一份期待静静地拜读了这本书。俞老师定义：种子课就是可供迁移、可供生长的课。其实通俗一点讲，就是给学生播种一颗会思考的种子，让学生通过学习形成相对完整的知识体系，整体把握一个知识块的前世今生及后延。这个过程一定有发生的基点、发展的节点，这样的基点和节点就是我们的种子课。他举例小学数学中的计量单位一共有八类，但八类中长度单位是小学生最早接触的也是最基本的，因此长度单位在小学数学计量单位这一体系中具有种子特质。而在长度单位这一系列中，第一课就是"厘米的认识"，那么这一课无疑就是最重要的，即所谓的种子课。也就是说只要把这一课

上深刻了，其他计量单位类型的课就变得简单了，无非是在一棵树上再挂上几片叶子而已。

书中还这样写道："在教学实践中，我们的老师基本上能够完成数学知识的学习，而没有数学思考的学习。如果没有数学思考的学习，数学学习就是比较单薄。这里也可以回答一个很通俗的问题，即为什么学生的数学学习越学越没有问题？原因就是老师们没有将数学思考这一方面做好。一个人在识记中是不会有问题的，无非是记对记错的问题，而在生长中是一定会有问题的，因为生长是由内而外的，哪个地方不透气，就必然会疑惑，这样人就会有问题。"难道这里所说的"会有问题"不就是新的认识吗？

然而俞老师通过自己的教学实践，形成具有自己独特见解的文章又何尝不是他的"思"所带来的新的认识呢？

需要思，才会有进一步的发展

我遇到过这样的一个情景——一对母子间的对话。一天，我在下班回家的路上遇到一对母子，孩子妈妈很年轻，小孩读幼儿园的光景。妈妈问孩子："一只青蛙几条腿？"孩子脱口而出："4 条腿。"这位妈妈接着问："那两只青蛙，几条腿？"孩子不假思索地回答："8 条腿。"我当时惊叹孩子的表达，也默默地欣赏他的家长平时对他潜移默化的数感培养。故事还没完，聪明的妈妈又问道："那三只青蛙几条腿？"孩子若有所思没有作声，孩子的母亲立即回答道："三只青蛙 12 条腿。"我默默地从这对母子身边走过，留下了一片沉思。我沉思什么呢？我在想：如果我是这个母亲我会怎样做？可是我毕竟不是这个孩子的母亲，那我还能做些什么？

首先，我回答我的第一个问题：如果我是这个母亲我会怎样做？

可以肯定的是，我不会急着告诉孩子"三只青蛙 12 条腿"。我会给孩子留出思考的空间，也许仅有幼儿园学龄的孩子并不能脱口而出正确答案，或者即使给孩子时间思考，也不一定会有我们想要的答案。但是，我想这个思考过程很重要。如果急于把答案告知孩子，孩子的思维力就得到了破坏，他慢慢地就不会思考或懒于思考，这对孩子的发展是极为不利的。不过，如果仅仅只是留足够的时间让孩子思考这样的做法我认为也不够全面。毕竟孩子还比较小，他不一定能得出答案，或许会自己随便蒙一个答案。我认为孩子能做到这一步已经比被动接受家长的答案要好了。要想做到更好，家长就得参与孩子的思考中，即便是孩子在蒙答案，那你就可以问"可能是 7 条腿吗？可能是 8 条吗？"让孩子思考多一会儿。当然最后也许还是没有得到正确答案，但没有关系，孩子的思维已经充分地被家长调动起来了，那么今后他入学时至少在数量的多少这一块是有自己的感知的。

在日常和孩子的互动中如果都能像这样子去引导孩子，我想学困生的数量会大大减少。

其次，我回答我的第二个问题：我毕竟不是这个孩子的母亲，我还能做些什么？

那时的我不能莽撞地阻挡那个孩子母亲的做法，当然更不能在事后去指责或纠正孩子母亲的做法，如此会显得很不礼貌。那我还能做点什么呢？我想到我是一个教育工作者，我面对的是一群孩子的家长，这是一大批家长啊。我可以利用家长会或者家校交流平台把自己的一些教学理念和家长朋友们分享。这样不是很好地宣传了启发孩子思考，引导孩子有效学习的方法吗？

最后，我想说：教授孩子“思”，就是为了更好地学。让孩子在学习进步，在思考中成长。

小学英语有声阅读室建设的实践与思考

陈喜琴

摘要：本文围绕“让教师轻松地教，让学生自主地学”两大问题进行研究。笔者通过小学英语有声阅读室建设的实践与研究寻找小学课堂改革创新的切入点。学校依托有声阅读室的点读互动系统在一定程度上实现了教师教学减负、学生学习增质的效果。教师在课堂由关注知识的传授转变为关注学法的指导，学生课内外英语自主学习的意识得到增强。

关键词：有声阅读　点读互动　减负提效

英语教学改革与创新是学校推进教育教学改革进程的一个主要建设阵地。2015 年以来，学校依托有声阅读室的建设，在实践中摸索和寻求实现英语教学最佳效果的可能路径中，做了点滴工作，有了些许体会，特总结如下。

有声阅读室建设之起源

课程改革要改观念、改课程、改课堂、改评价、提质量，要关注学生的全面发展和个性成长。课程改革的主阵地是课堂，课堂质量是学校教育教学的生命线。然而在教学中，教师们面临一些具体的困难和问题。

一方面，英语教师要面对现实中的大班额问题。一周仅有 2～3 节的英语课时，因为教学班多、学生多、课时少而导致教学进度紧张、教学任务重、质量检测压力大等问题。因此，老师们常常苦恼不已，教师的职业幸福感不强。

另一方面，英语教学手段比较落后。传统课堂的教学方式基本以老师带读、学生跟读为主。即使教师使用了多媒体辅助，也往往受限于资源如浩如烟海般搜寻不易、课件制作费时费力等现实问题。教师面对厚厚的教材，面对繁重的教学任务以及手段运用的不便也颇感烦恼。

如何让教师教得轻松，不再是带着学生一词、一句、一段、一文教得费力，而是抽身课堂，更多地关注学法的指导，关注学生英语思维的训练，关注学生英语学科素养的培养呢？如何让学生学得快乐，不再是被动地跟着老师学，而是能够积极主动学习甚至自学呢？

就在我们思考英语课堂到底应该怎么改、可以怎么改、能够改什么的时候，“有声阅读”跃入了我们的视野。我们知道，依托点读笔神奇的集听音、跟读、示范、录音等于一体的强大功能，能够实现课内教师轻松地教教材、课外学生自主地学英语。我们觉得可以此作为突破口和创新点，尝试探索英语课堂教学方式的改变。

于是，带着问题，英语教师一齐上路，开始摸索前行。特别感谢长沙市教科院刘建清老师和外研社湖南省信息中心陈兰珍女士、刘见阳女士对学校的厚爱、关心和帮助。在长沙市教科院和外研社的大力支持下，我校于 2014 年 12 月成功申报成为长沙市首批 11 所挂牌的英语有声阅读室建设校之一。有声阅读室落户我校为英语教学打开了一个全新的视角。

有声阅读室建设之行动

围绕“让教师轻松地教，让学生自主地学”两大问题，我校英语组通过组内定期开展有声阅读教学研讨交流活动，试图找准课堂改革创新的切入点；通过定期开展学生课外英语活动，探索课内外学习拓展延伸的有效渠道。

（一）课堂研讨创新意

一年来，英语组的教师根据课堂实际需要，利用点读笔和点读互动系统积极开展教学，做到每周一次，使用率覆盖全校各个班级。英语组集中完成了 15 次专题研讨（表 4 - 6），讨论如何合理地运用互动系统和有声阅读资源使教学更加有效。

在一次次的上课、研讨、碰撞中，英语组老师有了共同的体会：运用点读互动系统能为教师教学减负，更能方便学生自主学习。那么，教师要改变课堂教学的关注点，由关注知识的传授转变为关注学法的指导，教师要充分利用适合的资源来培养学生英语阅读的兴趣与能力，让学生主动学习、自主学习、合作学习。

英语组教师依托有声阅读室建设资源，凭借一些有创意、有亮点的教学案例、教学设计在各级竞赛中也崭露头角。如：徐婧老师运用“有声点读”功能设计的《He is playing the Suona, but then telephone rings.》参加芙蓉区“网上晒课”获一等奖，《How many》参加长沙市微课设计比赛获一等奖；邹婷老师运用“有声点读”及时反馈功能设计的《It's a red dog.》获区一等奖。研讨活动中，邹婷和邝慧湘老师利用有声绘本、有声资源、互动系统进行了课堂小班化教学探讨，体现了教师对课堂的深层思考，为英语课堂教学提供了另一种实现可能。

表 4－6　2015 年燕山二小英语组有声阅读课堂研讨活动一览表

上课时间	上课内容	执教老师
2015.4	We'll go to the zoo.	陈喜琴副校长
	I took some photos.	徐婧组长
	Did you read them?	陆江老师
	I didn't play football.	刘慧老师
2015.5	I'll draw pictures.	邝慧湘老师
	It's Children's Day today.	邹婷老师
2015.6	He is playing the Suona, but then telephone rings.	徐婧组长
2015.10	What is it?（丽声妙想绘本）	徐婧组长
	You can play basketball well.	邝慧湘老师
	It's a red dog.	邹婷老师
2015.11	A happy trip.	徐婧组长
	I am going to tell stories.	邹婷老师
	His dog can help him.	邝慧湘老师
	What is it?（丽声妙想绘本）	徐婧组长、邹婷老师
	Harvest festival	邝慧湘老师

（二）课堂操作创范式

为实现课内教师能够轻松教、学生能够自主学，在推进英语有声阅读室的建设过程中，英语教学团队常常围绕问题思考教学改进。如：教师在课堂上如何更加信任学生，多放手少包办？如何保证学生在课堂的自主学习时间更充分？如何在有限的教学时间内提高教与学的效率？课内外学习方式如何变换能让教师教得更轻松，学生学得更自由？

基于此，我们秉承“教师放手、学生自主、小组合作、相互交流、共同展示”的原则，在课内做了一些探讨。

1. 课前——学生点读自学

学生运用点读笔进行英语预习与自学，不再是被动地学习，而是自觉主动地学习。教师提前设置学习任务预习单，让学生有目的地预习、自学，并渗透学习方法。点读互动系统则让教师抽身繁重的带读示范，让教师的教学更多地关注学生学习方法的指导，使教师减负、学生自主成为可能。

2. 课中——小组合作学习

教师将学生分成学习小组，5~6 人一组。教师分配学习任务，组内探讨合作共同完成任务，让每一个孩子在学习中真正动起来，并在伙伴的帮助下不断取得学习进步。教师在此环节中更关注任务设置的合理性和科学性，以保证小组合作学习能够有效开展。

3. 课后——展示交流成果

在小组共同完成学习任务的基础上，学生进行小组汇报表演。学生的学习过程转化为成果展示交流，这增强了学生学习的自信心。教师在此过程中则注重对学生反馈结果的修正和及时指导。

这种让学生自主学习、积极参与、主动体验的学习过程，激发了学生的学习兴趣，有利于培养学生的综合能力与学科素养。

(三)课外延伸创效果

为不断提高学生英语阅读兴趣，营造英语学习的良好氛围，我们积极开展课外英语学习活动，利用外研社提供的英语课外阅读有声资源，培养学生英语阅读兴趣。

1. 定期开放有声阅读室

学校制定了有声阅读室借阅制度，安排了专人负责有声阅读室的开放，对学生的有声阅读使用情况进行及时登记。英语组老师们定期更新点读笔标号、分类整理书籍，以便更好地开展学生课外阅读。

为了让有声阅读室的资源更好地向学生开放，进一步促进学生课内英语学习向课外拓展延伸，每周二、周五中午 2:00—2:30 有声阅览室分年级、分班级向学生开放。学生们在英语教师的带领下，有序地进入有声阅读室开展英语阅读活动。

2. 开设学生绘本阅读课程

学校开设英语绘本阅读课程，让有声阅读室的资源走进学生的课外学习生活。每周三下午，徐婧、刘慧老师开设“英语绘本阅读与欣赏”社团课；每周六，刘慧、邝慧湘老师在少年宫开设了课程“英语绘本阅读”。在英语教师的指导下，学生们的英语阅读能力得到进一步培养与提升，精美的绘本故事受到孩子们的欢迎与喜爱，神奇的点读让孩子们乐此不疲。

3. 推广亲子绘本阅读活动

学校向家长和孩子们推荐适合本年段的英语绘本阅读素材，让英语阅读走进学生的生活，如徐婧老师向二年级的家长推荐了《丽声妙想系列》《丽声拼读故事会》《X 计划》《自然拼读法》《大猫系列》等有声英语绘本，号召家长带领孩子们开展英语亲子阅读活动，并得到家长的大力支持与热烈响应。

有声阅读室建设之思考

虽然学校在开展有声阅读方面做了一些课堂研讨、活动探讨，但随着有声阅读室建设研究工作的推进，也面临着一些困惑和问题。

对于教师而言，一方面，孩子们对精美漂亮的英语绘本非常感兴趣，但孩子们对英语文本的关注度低，总喜欢依赖中文进行思维和学习，不能深入了解英语，如何提高孩子的阅读兴趣并保证效果呢？另一方面，在大班化教学活动中，教师既要有效整合有声阅读资源，又要更好地培养学生英语学习兴趣与能力，还要整体推进英语阅读教学，负担过重，持续比较乏力。

对于学校而言，在目前可供学生使用的点读装备不足的情况下，如何保证有声阅读的持续良性发展还需不断拓宽思路。另外，如何获得家长对英语阅读的热切关注，让英语有声阅读的推进工作得到家长的全力支持还需要多想办法。

面对大班额等无法解决的现实问题，如何在英语有声阅读室的建设过程中，落实“有声”，开展“阅读”。是否“小班化”教学更有效？是不是“短课时”主题教学更鲜明？资源拓展、活动延伸是否有必要？这些都需要我们大力探讨。学校在有声阅读室的建设进程中还将不断面临新的挑战，这必将激励我们今后不断思考、实践与创新。我们也有信心沿着有声阅读这条康庄大道，将小学英语教学之路越走越宽！

合作学习在小学英语教育中的探索

肖　悦

摘要：随着人类社会专业化和网络化的发展，人与人之间的相互依赖与联系更加紧密，合作能力成为新时代人才必须具备的基本要素之一。这就要求我们的教育要把团队精神和合作能力作为教育的重要目标之一。美国著名的教育评论家埃里斯和福茨指出："如果让我们举出一项真正符合改革这个术语的话，那就是合作学习。"

关键词：合作学习　创设氛围　形式多样　科学评价

合作学习理论

合作学习是师师之间、师生之间、生生之间多边互动的过程，通过互相交流、彼此争论、互教互学，实现教学相长、共同提高。同时，它又是一种利己又利人的学习情景，培养幼儿与他人有效交往以及处理人际关系方面的能力。

新课标中提出："同伴群体及教师群体是宝贵的教育资源，要充分发挥这一资源的作用。"美国、英国、日本等发达国家的教育部门也普遍支持，"学生之间应进行交流、讨论，采用小组学习的方式，学生起着主体的作用，教师起着主导的作用。"由此可见合作学习的重要性。

现代心理学研究表明：学生与他人的交互作用对理解掌握所学内容能起到重要作用。儿童期语言的发展不是单纯依靠成人的示范指导甚至灌输来实现的，而是作为儿童与成人、儿童与儿童之间交往的需要实现的。

为此，在小学英语教学中，应转变传统教学模式，开展合作学习，教师和学生成为同等重要的参与者、合作者，建立起互相交流、学习的共同体。这样既培养了合作技能，提高了教学效果，又实现了全体学生共同进步的愿望。

合作学习的内涵

合作学习的内涵可以概括为四点。第一，合作学习是以多元理论的综合为主旨，即学习与习得的综合、听说读写的综合、语言活动和交际活动的综合。第二，合作学习是一种教育教学思想，一种以活动促发展的新型教学观。它要求教师必须转变观念，充分认识活动在学生发展中的作用。第三，活动形式上不单纯追求外显的操作性活动，而忽视内隐的观念性活动。第四，合作学习是一种在活动教学思想指导下的教学形式，但必须和其他教学方法结合使用。

英语教学是一门语言教学，既是智力活动，也是体力活动。我们可以把英语教学中的“合作活动”理解成“活”和“动”。“活”即活化文字、活化教材内容、活化教学。师生在教学过程中合作交流，以学生为中心。“动”即身体各部位、认知结构及人的主体意识都动起来。活动的目的是为了有效学习和运用语言。合作学习在小学英语教育中的重点在于把教材内容按交际原貌活化于课堂，形成不同性质、不同层次、不同形式的活动，让师生相互交流、共同投入，从而帮助学生逐步掌握英语这门交际工具。

合作学习的原则

合作学习的目的是教给学生能力，使他们能够准确地使用英语这门语言。合作学习在实施过程中应遵循以下原则：

第一，环境性。环境性有两层含义：一是充分利用多种直观手段活化教材和创造生动形象的英语活动情景；二是把学生放在特定的教学环境中去考虑。英语教学是一种复杂的社会文化活动，教师必须在社会环境中去了解学生，所制定的活动目标、内容、方式等要适合学生的年龄特征和智力水平，并根据个体差异，因材施教。

第二，层次性。合作学习按认知规律需逐步开展，可分三个层次：纯语言活动、准合作活动和合作活动。三个层次依次递进，认知水平由低到高，学生的创造由小到大，教师的控制由大到小，语言的输入、输出逐渐平衡。这三个层次的活动不可偏废，不能只停留在语言形式的操练上而忽视合作能力的培养，也不能忽视语言能力的基础训练而空谈合作能力的培养。

第三，创造性。活动的成功率对激发学生的兴趣和内在动机非常重要。好的活动设计，既非轻而易举又非高攀不可。要使学生具有一定的创造性，应激励学生在对原有知识消化和理解的基础上，充分发挥创造性思维去完成难度适中或具有一定挑战性的任务。这种任务的完成会使他们产生成就感和自豪感，增强信心并提高自控力。

第四，以学生为主体，教师为主导。语言教学必须以学生为主体，给学生创造更多运用语言的机会，让学生在实践中主动地掌握语言。教师要根据学生认知理论的学习机制，从直观教学入手，采用灵活组合、循环操作、螺旋推进的方法，通过快节奏、广包含、高密度的训练使同层次的知识点更快地为学生所掌握和巩固，从而使英语学习更具有效性和吸引性。

合作学习的组织与保障

合作学习的小组主要以“组内异质、组间同质”为主，即每个小组由表达能力、性别等方面不同的成员构成，成员间存在一定的互补性。每个小组的总体水平基本一致，这就为互助合作、公平竞争创造了条件。在构建合作小组中选拔并培养小组长至关重要。小学低年级学生自制能力差，好动好玩，需要组长的组织和指挥才能有效地进行合作交流。小组长需具备组织能力、自控能力和表达能力，善于表现自己。教师要督促小组长开展合作交流活动，引导小组长组织有序发言，灵活协调交流活动，对回答正确、积极动脑的同伴报以掌声，在冷场时带头发言。另外，小组长还要善于收集综合大家的意见，代表小组汇报。这样，在小组长的组织下，学生的讨论、沟通、协作等技能得到了培养和发展，促进了合作学习的有效进行。

环境作为学生的“第三位老师”，在合作学习中占有重要的地位，优良的学习环境是调动学生主动学习的助力。因此，在英语教学中，教师要努力营造一种平等、民主、宽松等氛围，促进学生对话、交流、讨论、协商、分享彼此的见解和信息。教师要有为学生服务的意识，态度亲切、和蔼，从而调动学生的学习热情。另外，对学生在活动中出现的一些错误，不必有错必纠、逢错必纠，而是要注意方式方法，对一些不影响表达的小错误，可以忽略不计，对一些共性的问题，可再重点讲解一番。这样能使学生不怕出错，敢想、敢说、敢问，从而激发学生活动的热情。

合作学习的实施

合作学习采用了小组活动与班级授课相结合的教学形式，强调以合作学习小组活动为主体形式，以集体授课为基础，体现集体性和个体性的统一。在合作学习的模式中，有集体活动、个体活动、两人活动、小组活动等形式的合作活动。教师要灵活运用，才能达到好的教学效果。

首先，师生合作，出示要解决的问题。教师的授课是合作学习策略中不可缺少的一部分。维果茨基指出："儿童在合作中通过模仿得到发展。"语言教学很大程度上是建立在模仿的基础上的。在合作中提高智力潜能的可能性，利用模仿从儿童会的东西向儿童不会的东西过渡的可能性，是教学心理学的核心。教师的讲授示范应以合作设计为基础，围绕目标为小组活动设计既有趣味性又能突出重难点、发挥小组合作学习功能的讨论题和任务。如：在购物活动中，教师先通过播放动画片中的内容，引导学生学习新知，再通过师生对话、个别学生示范、问答游戏等方式让孩子学会运用教材内容。最后，通过购物单的设计，设计出富有实用性、趣味性、创新性的讨论题，提高同伴间合作的效率。

其次，小组合作探讨，掌握运用新知。小组合作是本模式的中心环节。教师要让学生有组内、组际展开热烈有序讨论的机会，做自己想做的事。笔者常常将学生分为不同的竞赛小组，小组以"yellow、red、green、apple、pear"等学过的单词或学生的英文名命名。如在复习单词时，将孩子分为 red 队和 yellow 队，一组孩子用中文或形体语言或画画表达单词的意思，另一组孩子用英语回答。再如，在配音、表演活动中，我会引导学生合理分配角色，大家共同探讨角色的动作、语气语调以及说话的内容并进行实际的演练，最后还会评出优胜者，让他们为全班示范。

在这样的小组合作学习中，每位孩子都有参与的机会，每个人不仅要为自己的学习负责，而且还要为其所在小组的其他同伴负责。大家必须要互相帮助、努力协调才能取得成功。

另外，教师要注重对合作学习的监控。一二年级孩子的合作水平和自我监控水平较低，合作学习有时会流于形式，事倍功半。因此，教师应积极、主动地参与到不同的合作学习小组的学习活动中去，指导并监控学生的合作学习，在孩子遇到困难时，提供适当地帮助和及时地点拨。教师要充当好参与者、管理者、促进者等多种角色，教师与学生的关系成为"指导—参与"的关系。

最后，科学评价，促进进步。教师对学生在活动中的合作情况和取得的成绩都要做出科学合理的评价，而且把小组总成绩作为奖励和认可的依据，形成"组内成员合作，组间成员竞争"，使评价的重心由鼓励个人竞争转向大家合作。教师要肯定对的、指出不足，对活动情况进行适当讲解，促进全体学生的共同进步。

合作学习效果分析

首先，培养了学生合作的意识与集体观念。合作学习中大家经常讨论、交流，互相帮助、支持和监督，共同解决了各种问题，完成了学习任务。

其次，全体学生主动参与，提高了教学效果，实现了共同进步。在合作学习中，每位学生都要为集体的成功承担一部分任务，能力强的学生有责任为同伴做一位好老师，能力弱的孩子也能根据自己的能力选择不同的任务，这就促使每个人都必须积极参加学习，从而共同掌握学习内容。

最后，培养了新型的师生关系，学生的主体地位得到进一步突出。合作学习中，孩子们拥有高度的自主性，任务的设计、分工、时间都由自己把握，教师对学习过程的控制和干预降到最低程度。教师在更多的时候是顾问、指导者、参与者。师生间平等的对话与交流体现了教学的民主。

运用合作学习方式进行教学需要刻苦努力。英语教学须紧密结合交际，利用各种教学手段，在语言活动的氛围中贯穿培养听、说、读、写的交际能力。在新课标下实行合作学习，是使用新教材、实施新大纲的一个基本点，是转变教学观念，实现“应试教育”向全面素质教育转变，培养交际能力的关键。因此，实施英语合作学习教学是值得我们认真、深入研讨的一个问题。

妙用英语歌曲，提高小学英语课堂教学效率

刘　慧

摘要：小学英语教学的主要目的是激发和培养学生学习英语的兴趣。将英语歌曲引入教学不仅能够激发学生的学习兴趣，还能提高教学效率。一些英语歌曲和歌谣不但节奏感强，还朗朗上口，孩子们很乐意学。如果教师引导孩子给歌曲与歌谣配上相关联的动作，鼓励他们在听、做、说、唱、玩、演中学习英语，孩子们会学得更好。

关键词：小学英语　歌曲　歌谣　妙用

儿童学习英语有不少有利条件，他们喜欢唱歌，善于模仿，不怕重复。多数儿童乐感与节奏感强，他们学一首歌往往比学一段话容易。在小学英语教学中，歌曲、歌谣有着不可替代的作用。实践证明，小学英语歌曲教学能够起到“激发学习兴趣、提高学习效益、完善学习品质”的作用。小学生活泼好动、喜欢表演，教师可以给歌曲、歌谣配上简单的动作，在孩子们唱的时候，引导他们跳一跳、转一转、舞一舞。作为小学英语教师，可以将歌曲、歌谣灵活运用于教学的各个环节，将有意想不到的效果。

课前热身，以唱激趣

上课伊始，引导学生唱唱跳跳，不仅可以帮助学生从上一个科目的学习转换到英语学习，还能加速集中孩子的注意力，引导他们做好上课的心理准备。

NSE Book8 Module7 Unit1《What’s the time?》这一课的主要内容是说明活动、行为或事件发生的时间。要谈论时间，孩子们得知道 1–12 这些数词的表达方法。四年级的孩子在平时的学习中，数词的复现率非常高，大部分孩子都会表达这几个数词。但是，为了激起他们的学习兴趣，这次的热身歌曲，我并没有选择孩子

们熟悉的数字歌曲，而是在网上下载了这首视频歌曲《Zero, five, ten》。歌词如下：

Zero, five, ten

Zero, five, ten.
Ten, five, zero.
Ten, five, zero.
Zero, five, ten.
Zero, five, ten.
Clap your hands and count it again.
One, two, three, four, five, six, seven, eight, nine, ten.
One, two, three, four, five, six, seven, eight, nine, ten.

这首歌曲，歌词简单、曲调优美，视频中的每句歌词都有相应的动作：唱 zero 时，两手握拳；唱 five 时，左手握拳，右手五指伸开；唱 ten 时，左、右手十指伸开；唱1-10 的英文单词时，手指做出相应数字的手势。一首歌唱完后，孩子们精神饱满，迅速进入了学习状态。

NSE Book7 Module2 的两篇课文：《I helped my mum.》与《Amy painted a picture.》的主要内容是谈论自己和他人不久以前做的事情，重点是学习行为动词的一般过去时，这是学生第一次接触和学习行为动词的一般过去时。一单元学习了这四个行为动词的过去时：cleaned, finished, washed, helped。于是在进行第二单元教学时，在课前我使用一首歌谣进行热身和复习。歌词如下：

Hooray, hooray, I washed my shirt!
Hooray, hooray, I washed my skirt!

这首歌谣朗朗上口，非常好听，加入动作之后，不仅提高了孩子们的兴趣，同时也帮助了孩子们区分 shirt(衬衣)和 skirt(短裙)这两个易混淆的单词。我给每个单词都编排了动作：唱 hooray 时，双手握拳举过头顶；唱 I 时，双手合十放在胸前；唱 washed 时，做“洗衣服”的动作；唱 shirt 时，左、右手分别拉拉肩膀上的衣角；唱 skirt 时，左右手分别拉拉裙子。就这样，孩子们非常开心地唱起这首歌曲，既复习了所学的动词过去时，又为学习新知识埋下伏笔。

课中放松，学习新知

在课堂学习过程中，也可以组织学生唱歌。因为经过一段时间的紧张学习，学生的学习情绪及学习动力都会受到一定影响，此时导入一首优美的歌曲或活泼的儿歌，让他们在唱一唱、跳一跳中得到放松，这对学习将起到事半功倍的作用。除此之外，把相关的重点单词、易错单词或重点句型编入歌曲中，以优美的旋律吸引学生，化解难度。孩子们在欢快跟唱的过程中，模仿正确的发音、自我纠正错误。

NSE Book6 Module5 Unit2《On Monday，I'll go swimming.》这篇课文中，要学习 Monday，Tuesday，Wednesday，Thursday，Friday 这几个与星期有关的单词。这些单词个个都比较长，读音上也有一定的难度，对三年级的孩子来说非常难。在新授并适当操练后，我引导孩子们吟唱《Day of the week.》这首歌，并利用视频，让孩子们在一个轻松欢快的氛围中感知新单词与模仿发音。同时，孩子们也能在愉悦的曲调中得到适当放松。

NSE Book5 Module5 Unit1《I can jump far.》是一篇对话教学的课文。本堂课教学以“Can you…?”为主题，以与学生密切相关的“运动”话题为线索贯穿始终，要求学生能运用语言结构“Can you...?”“Yes，I can.”“No I can't.”询问和回答。同时，本课要学习 jump far 和 run fast 两个新短语动词。为了使孩子们能更好地巩固学习，我把新单词与新句型编入歌曲，并用孩子们熟悉的《两只老虎》的曲调配上这组歌词，以 chant 形式，配上相应的动作，引导孩子们吟唱重点句型。歌词如下：

Can you jump far? Can you jump far?
Yes，I can. Yes，I can.
Can you run fast? Can you run fast?
No，I can't. No，I can't.

孩子们跟着乐曲欢快地歌唱，陶醉其中，既巩固了所学新知识，又使课堂气氛更加活泼。

课后复习，巩固新知

有目的地选用歌曲或改编歌词，能激活学生的知识储备，运用知识的迁移为新知识的学习打下基础。因此，一节课或一个模块学完后，可以布置一些创新作业。

NSE Book8 Module4 的主要内容是谈论乐器，谈谈自己过去的一次经历及感受。音乐是一个在语言学习中较少去专门谈及的话题，但现在有不少孩子在课外都学习了一门乐器，所以我利用这个机会，让那些有音乐特长的孩子在学习这个模块时，有更多展示自己的机会。本模块中有一首歌曲《I saw the musician.》，歌词如下：

I saw the musician. He came from far away.
And he played. What did he play?
He played the violin.
Vio - vio - violin, violin, violin.
He played the drums.
Drum, drum, drum.
He played the piano.
Pia - pia - piano, piano, piano.

这首歌特别好听，歌词中有三种乐器 violin，drum 和 piano，通过边唱边做动作，孩子们巩固了乐器单词的识记，还突破了 drum 和 drums 的发音(因为有很多孩子总是省略字母 m 的发音)。于是，本模块学完后，我布置了一个创新作业，要求孩子们小组合作，以本歌曲为模板创编歌词，主要是更换乐器名称，边唱边做动作。孩子们的作业完成得非常好，上台展示时，每个组都有各自的特色，那些有音乐特长的孩子，还在班上表演了自己擅长的乐器。通过这次创新作业，孩子们不仅学会了不同乐器的表达方法，而且团队合作精神也越来越好。

英语歌曲是英语教学中的催化剂，能让课堂生动起来。单一的教学方式已不能满足现代教学要求，而英语歌曲中生动的音符和有趣的歌词能让知识动起来，让学生快乐学英语。因此，作为一名小学英语教师，在教学中要不断探索，针对不同的教学内容，巧妙地借助富有动感的歌曲或歌谣，带领孩子们在有韵律的吟唱和形象又略带夸张的动作中，快快乐乐地记住所学内容。

我的小学音乐教育“新体系”实践

林嘉添

摘要：《高等院校音乐教育专业实习课教程》（简称《实习课教程》）是由中央音乐学院教育学院策划编写的小学音乐学科新教材，着重介绍了学校音乐教育的“新体系”和教学方法。其理论支持、教学策略、教学目的和地方教材有明显不同，能够更好地培养学生的音乐能力。本文采用经验总结法，就《实习课教程》实践过程，根据实际情况总结有效经验，并提出未能解决的实际问题。

关键词：实习课教程　新体系实践　教学资源

自2013年到2015年，我连续参加了四期由中央音乐学院举办的学校音乐教育“新体系”培训。历经小学初级班、小学强化班、中学强化班、教材培训班的反复培训，堪称“资深学员”。在学习的过程中，我深深地爱上了“新体系”，被它的魅力所折服，成为“新体系”的一名“铁粉”。

每次国培的间隙，就是我的“实习期”。我的“实习”内容包括配合区教研员冯路老师做“新体系”的区级教师培训，还有就是在自己执教的班级尝试用“新体系”的理念和方法进行教学。2014年9月，我开始在一年级实践“新体系”教学。这几年的实践带给我很多感受，在这里我想重点和大家分享一下我的经历和体会。

我的实践

2014年9月，我在一年级的两个班里开启了小学音乐教育“新体系”实验。我是区里的“新体系”骨干，我明白自己肩上的担子：得给其他老师做好示范。启程前，我给自己鼓足了勇气，因为我知道我得经历一次脱胎换骨，我将遇到前所未有的困难。可我也有信心，因为我知道只要踏踏实实、积极思考，再加上团队的支持和学院老师的帮助，我一定能迎接这个挑战。我和我的同伴需要的是实践，是不断遇到问题并解决问题，我们一定能克服种种难关。就这样，我带着这两个班的孩子一起走过了近一年的“新体系”实践之路，我的教学生活也自此发生了深刻地改变。

(一) 万事开头难——最初的“无序”要挺住

带两个实验班，头一个月的“无序状态”是难以忘怀的，或者把上课称之为“煎熬”更恰如其分。上课时学生很开心、状态亢奋，总有那么一堆男生不受控制。每节课我都是大汗淋漓、嗓子费劲，上一节课犹如进行一场重体力劳动。我只能听着铃声，默默地想着“终于下课了”。上课进度出奇的慢，并且效果成“隐性”。

虽然最初上课没有给我美妙的感受，但是我没有放弃。哪有一天就建好的大楼？哪有一刻就能丰收的果实？我坚信按照书中的步骤一点点的实践，尽量按照书上的要求完成活动，日积月累，学生定会有进步。而我也正是这样做的：无论多晚，我都坚持备课到了然于胸的程度，争取把每一节课的任务和要求都琢磨透；无论多难，我都坚将一个个活动落到实处，努力保证每一个环节的教学质量。我暗暗告诉自己，也许上课的进度慢一点，但上课的效果不能减；也许学生的进步慢一点，但我的耐心不能少。我一定能行！

(二) 勤于坚持，善于发现——鼓励自己和孩子点滴的进步

我非常注重根据课堂的情况反馈调整自我。课前，我会让自己备课充分，心中要装着《实习课教程》中写到的每一个细节，还要装着书上没写但实际可能会发生的课堂情况处理预案。所以我必须非常熟悉《实习课教程》，还要非常熟悉我学生的学情。在课堂上，我很明确每一个活动的目的、步骤，每一次训练的要点，所以能逐渐做到有条不紊。又因为我特别注意课堂的情况反馈，每当学生有点滴的进步，我都能及时发现并给予肯定。学生在鼓励中逐渐学会了关注并适应“新体系”课堂的新规则，开始了新经验的建立。特别是对学生的及时表扬和肯定，极大地促进了他们学习的积极性。

短短一个月下来，我就发现上课情况有明显好转。“新体系”环扣环、螺旋上升式的教学设计真的很符合孩子们的身心特点。这节课怎么也不能完成的任务，真的下节课，下下节课就完成得很好了。《实习课教程》上的每一句提示的话语，在当时那种语境说出来，真的会有意想不到的效果。我为我的孩子感到骄傲，我为我的教学进步感到开心！

（三）且行且思——深刻领会“新体系”教学思想

头开好了，孩子们就会上正道。道上每一道关卡都会有它的“通关密法”，这个“密法”就来自“新体系”教学思想。在实践过程中，我不断地感悟着“新体系”教学法的思想。我对以下这些思想感悟特别深。

1. 以掌握系统的感性音乐经验为主要教学目标

学生在从《实习课教程》的第一节课开始，就有大量的、丰富的音乐体验。比如：一年级上的开学第一课，就有“跟着走”“叫名字”“满天星”“太阳和星星捉迷藏”四个活动。“新体系”希望通过感性音乐活动培养学生对音乐课的兴趣，培养学生理解音乐的情绪，也在不间断的感性音乐活动中积累感性音乐经验。第一节课，学生对这种形式、这些材料可能还很陌生，但是随着体验次数的增加，我能明显发现，孩子们在接下来的活动能够或多或少地运用他们之前的感性音乐经验了，而且这种经验在每一次被唤起的时候都在加深。

2. 以内心音乐联觉为重要的音乐能力

《实习课教程》的每个材料教学设计中，都是将五感打开，将内心的音乐联觉放在很重要的位置。联觉是指孩子们一种感官受到刺激时，另一种感官所产生的一种感觉。例如：《实习课教程（小学一年级下册）》的第二单元《春声》，在课前教室布置上，要从视觉上呈现春天的绿，甚至可以放一些有香味的花，让孩子们从嗅觉方面感受春天；接着，在《春天来了》这个材料中有擂鼓模仿春雷，有搓手模仿春雨，都是从听觉上刺激孩子们，第二段双手交叉顺双肩往下捋边，用了触觉；《春天来了》三段中都有固定音型的律动，让孩子们从动觉方面深入理解春天。

教学中，这五方面的感觉，在孩子内心都会横向、纵向的起作用。运用五感和联觉来体验一首作品的情感，任何单一手段教学都达不到。这种活动的积累让孩子们对音乐、对歌词更加敏感，一步步丰富了他们的内心音乐联觉。以后，当他在听到一首新的音乐作品时，他的感受、他的情感体验都是全面的、丰富的、享受的。

3. 以人为本

关于以人为本，我以教材中使用的材料设计为例来说明。节奏方面，《实习课教程（小学一年级上册）》所选用的材料都是稳固恒拍，让学生感受四分和八分节奏，直到《实习课教程（小学一年级下册）》的《解冻》才加入二分音符、休止符。音符方面，《实习课教程（小学一年级上册）》所有的材料都只有两个音 mi 和 sol，或者三个音 mi、sol、la，并且让学生知道了 mi 和 sol 是隔着的，sol 和 la 是挨着的相互关系，直到《实习课教程（小学一年级下册）》的《冬去》才一次性加入 do 和 re。

也许这种设计慢于全国各个版本的教材，但通过实践体会，我认为这才是真正的“以人为本”。恒拍中每种节奏、每个音符的学习，并不是以这节课上孩子能否在钢琴伴奏下拍对、唱准为标准，而是需要在长时间、反复的体验、表达、合作中形成经验，才能牢固它。只有在牢固旧知识的基础上才能轻松地进入到新节奏、新音符的学习。

通过实践证明，《实习课教程(小学一年级下册)》教授给孩子的节奏感、音准是要明显好于使用其他教材的孩子。不仅如此，他们甚至可以脱离钢琴歌唱、可以完成二声部的合唱与律动、可以完成多声部的《卡农》。这些都源于教材的“以人为本”，源于他们熟练地运用之前感性音乐活动中积累的感性音乐经验。

4. “初尝甜蜜果”——学生能力素养的增长

一年级刚入学的学生，其实就是幼儿园大班的孩子。他们在幼儿园里面养成了各式各样的习惯，很不好调控。

但是随着《实习课教程》学习进行到半个月、一个月、两个月……再到之后的每节课，我发现他们变了：变得会主动地在音乐教室排队等候上课了；变得不是叽叽喳喳而是认真聆听老师、同学的讲话了；变得会注意老师每一个动作、眼神、表情，积极地跟随模仿了；变得会努力记住每一首童谣的歌词、感觉和动作了；变得会自然而然地跟随音乐的节奏和情绪律动了……有一次，二声部、三声部合唱首次获得成功，学生都被那一种奇妙的感觉包围着。之后，每一个人都更加用心参与，做“卡农”竟然一路顺利了。这两个班的孩子才接触正规的音乐课一学期，才接触“新体系”一学期啊！

与现行教材相比，《实习课教程》有着无与伦比的优势和魅力。我喜欢和孩子们一起围成圈，开展既有序又自由的开放式活动；喜欢他们下课了迟迟不愿意走……

我的经验

“新体系”不仅对学生产生了潜移默化的影响，就我自己而言，也是一次深度的再学习。《实习课教程》编写得非常科学，符合孩子们的生长，也符合音乐的生长。按这套教材教下去，“让音乐属于每一个孩子”的美好愿景完全能够实现。不过，教材编得再科学，驾驭它也需要一个过程。作为过来人，我愿意将实践中的一些经验与大家分享。

(一)关于备课

1. 备课要充分

教师备课充分，就成功了一半；备课不充分，课堂效率就会大打折扣。备课不能"备一课、上一课"，一定要有提前量。学期前必须通读教材，明确本学期的学段教学目标，以及大致的教学步骤和进度安排。备课前还需继续通读本单元的教材，明确单元目标，再联系前后单元进行详细备课。建议提前一周备课。

2. 要把握教材设计意图

要尊重《实习课教程》的设计进度，理解教材上教学节奏安排的意义。但是，也不能不顾学情，无视实际情况，死死踩着进度走，在实际教学中一定要根据学情进行灵活的处理。不管是老师课堂上的提示，活动重复的次数，下节课的复习重点和之后环节衔接……，都需要老师根据课堂的情况做出调整。

3. 要做好教材上的二次备课

老师要通过二次备课，对《实习课教程》进行整理提炼。结合"小标题"和"关键词"，为自己设计出一个更加清晰明确的"简案"，这样更容易把握住教学步骤和重难点。每次上完一节课，教师还要根据学生的具体情况做备注，以便下节课能更加主动地改善调整教学。

4. 要注重集体备课

个人力量总是有限的，集体智慧无穷大。同伴之间一定要多多请教，相互帮助。芙蓉区"新体系"研训的一个重要活动项目，就是由学员轮流开放当周的课堂教学，课后再进行一个半小时的交流讨论。这样的活动对每一位实践者都能产生很积极的作用。通过实践 + 观摩 + 交流，我们对教材的理解会更加准确透彻，也更能避免操作的失误。

(二)关于上课

1. 教师要多注意关注全体学生

早期课堂难组织是正常的，把握住要求不变、灵活调整、鼓励为主、观其变化的原则即可。教师须关注每一个孩子上课的表现，特别是不爱表现的孩子，采取课上鼓励、课下交流的方式促进全体学生的均衡发展。教师要多关注那些胆小内向和容易游离走神的同学，有时一句话一个眼神就能把他们拉"回来"。对于习惯不好的同学要有耐心，多与其交流，软硬兼施。

2. 教师要多注意关注学生课堂行为

教师多用动作、眼神和精简有效的语言规范和提示孩子们的课堂行为。对于违反游戏规则的孩子，要给予批评。按书中方法短时间"惩罚"后，鼓励其参加之后的活动，并连续观察其表现。对于表现优秀的孩子要及时注意树立榜样，榜样的力量无穷大，优秀孩子的正确示范有时胜过教师的反复讲解和示范。尤其是一些有难度的活动，更要注意选择学生榜样带好头、做好示范。

3. 教师要注意有目的地培养学生能力

教师在各阶段的课上要有目的性地培养学生的各项能力。例如：聆听习惯、观察能力、跟随模仿能力、身体协调能力、节奏感乐感、运用空间的能力、合作能力、看指挥的能力、歌唱能力、识谱能力、合唱能力，等等。不能让学生感觉一帆风顺，每节课都要设计一些有挑战性的活动，鼓励他们迎难而上。

4. 教师要做好示范

教师的示范要规范，需要反复地练习，确保课上每次给出的都是最正确最靠谱的东西！这包括：用正确的情绪速度，熟练背唱每首音乐作品；熟练运用科尔文手势；熟练三线谱的书写；熟练钢琴的演奏和伴奏；在活动中熟练地运用指挥手势；熟练转调。

5. 教师要把握好课堂节奏

教师要把握好课堂节奏，合理安排每个活动的时间。在活动中不需要对孩子“要求完美”，消除“堂堂清”的想法。因为每种能力都有个生长期，经过几节课的重现、复习、巩固，孩子每课都会进步一点点！而实践证明，这种在课堂上“适可而止”的效果更好。

6. 教师课堂表现要立体

教师课堂表现要立体，动作示范要标准到位；动作、表情要尽量赋予夸张的表现；语音语调要做到抑扬顿挫，能够吸引学生抓住重点。

7. 教师给自己和学生展示的机会

多给孩子们展示的机会，多上教研课、展示课，增加孩子们的自信心、表现欲，这其实也是督促教师教学的好方法。多交流，多分享！千万别总独自“默默奉献”，在其他老师的评课中自己也能收获不少。

谈如何在小学音乐课堂中培养学生创造能力

丁任飞

摘要：音乐是创造性最强的艺术之一。音乐新课程把创造视为一个新的音乐学习领域，在音乐教学时，重视音乐创编活动，有意识、有目的、有计划地组织一些创编活动，如创编节奏、创编歌谱、创编歌词、创编表演、创编画面、创编故事等，能够充分挖掘他们的艺术创造潜能，体会创造的快乐，充分诱导学生创造力的发挥。

关键词：小学音乐教育　创造活动　创造力

音乐是创造性最强的艺术之一。不少音乐老师以完成音乐教学内容为衡量执行教学目标的标志，没有对培养学生各项能力进行探索与思考。新课标鼓励音乐创造，发展学生的创造性思维，重视音乐创造活动，根据教学内容和任务精心设计教学过程，能让学生轻松、快乐地在创造活动中培养着创新能力。下面就如何在音乐课堂开展创造活动谈谈自己的看法。

全面分析，制订音乐创造活动的教学目标，精选各年级的教学内容

认真学习音乐课程标准内容，了解各年龄段的创造要求，结合学校学生的实际情况，制订各个阶段的创造教学目标。音乐创造包括三类学习内容：一是探索音响与音乐，二是发掘学生潜能的即兴创造活动，三是运用音乐材料创作音乐。

(一)各年级音乐创造活动目标

表 4-7　1~6 年级音乐创造活动教学目标

	探索音响与音乐	即兴创造	创作实践
1~2 年级	能够运用人声、乐器声模仿自然界或生活中的声音； 能够用打击乐器或自寻音源探索声音的强弱、音色、长短和高低	能够将成语、短句、诗歌或歌词用不同的节奏、速度、力度等加以表现； 能够在唱歌或聆听音乐时即兴地做动作； 能够用课堂乐器或其他音源即兴配合音乐故事和音乐游戏	能够运用线条、色块、图形，记录声音或音乐。 能够运用人声、乐器或其他音源，创作 1~2 小节节奏或旋律
3~6 年级	能够自制简易乐器； 能够运用人声、乐器声及其他音源材料表现自然界或生活中的声音	能够即兴创编同歌曲情绪一致的律动或舞蹈，并参与表演； 能够以各种音源及不同的音乐表现形式，即兴创编音乐故事、音乐游戏并参与表演	能够创作 2~4 小节的节奏短句； 能够创作 2~4 小节旋律； 尝试用电脑创编音乐

(二)音乐创造活动内容

开学初，同一学校的音乐老师可以在一起集体备课，也可以独立思考。对执教的教学内容进行分析，适时安排音乐创造活动。创造活动既可以设计成充满新意的单项教学活动，也可以与其他领域的教学结合。如，湘版音乐教材四年级下册，在第一课“我长大啦”：可以在歌曲《别来接我》中创编歌词，在听赏《幻想飞行》乐曲中创编打击乐器伴奏参与表现，或创编律动表现对音乐的感受。第二课“春”：可以在歌曲《春晓》中创编各种大自然的声响作为歌曲前奏或尾声，如风声，雨声，鸟叫声等，以营造出春天的意境。在歌曲《春风》的教学中，可以让学生创编歌曲，描绘春天美丽的景色等。关于如何运用人声、乐器或其他材料模仿或表现春天的各种声响也可以单独做一个教学活动。教师应根据教材内容、学生情况适时安排创造活动。

探索有效教学手段，确保音乐创造活动效果

（一）营造和谐互动的课堂氛围，激发学生的创新意识

音乐课堂如果一味使用“老师教、学生学”的传统教学模式，学生常常处于被动接受音乐的地位，那么学生热爱音乐的情感及创新意识会受到极大地抑制。应当通过活动体验，引导学生主动参与到音乐的学习中来，突出学生的主体地位，营造一种平等、和谐、互动的教学氛围。在这样的氛围下，给予学生自由的想象空间，让音乐与活动沟通起来，让每一位学生用独特的方式诠释音乐，并自由表达。通过肯定、鼓励等方式，激发学生的创造热情，让学生体会到创造的乐趣，使学生敢于创造、乐于创造。

（二）教授音乐创造的方法，鼓励学生大胆创造

小学阶段的音乐创造一般是把已经掌握的音调、节奏、动作等重新加以组织，形成新的形式与内容，如创作一些简单的音调、片段的旋律或节奏，或者是根据音乐感觉自编动作表现等。教师应根据学生的年龄特点，循序渐进地教授一些创编的方法，为他们搭建创造的平台。音乐编创活动的主要方法有以下四种。

1. 模仿法

模仿原曲调节奏或歌词进行创作。将音乐中的某一对象根据经验用另一对象进行替代。如歌词创编，原歌词：“飞呀飞呀飞呀飞呀飞，谁能飞？小鸟能飞？小鸟怎样飞？伸着翅膀飞呀飞，飞呀飞。”模仿创作：“飞呀飞呀飞呀飞呀飞，谁能飞？蝴蝶能飞？蝴蝶怎样飞？张开翅膀飞呀飞，飞呀飞。”

2. 想象法

想象音乐形象，自由创编节奏或动作。如音乐《清晨》律动，引导学生根据音乐的感受想象，自编动作表现，体会不同乐段的不同风格。

3. 迁移法

复习以前学习过的作品，将已有的配器经验、创编动作经验迁移运用到新的作品中来。如在欣赏乐曲《春节序曲》，选择鼓、碰铃等打击乐器创编合适的节奏参与伴奏。

4. 重组法

将节奏或旋律重新组合，换一个位置再来一次，形成新的节奏谱或乐句。如民间锣鼓经《修宝塔》运用了节奏递增的方法，在学习后，可以鼓励学生按照节奏递增的特点进行创编。

(三)采用多种创造形式，搭建音乐创造活动平台

1. 创编节奏

节奏是音乐的灵魂，赋予音乐活力。在小学音乐教学中引导学生创编节奏，可以让学生更好地体会音乐美，更重要的是能培养学生思维的灵活性和创造性。引导学生运用重组法、加减法联系生活来创编节奏这种形式，使学生体会到参与之乐、思维之趣、成功之悦，从而成为学习创造的主人。如《农场的早晨》综合性音乐表演教学，最后让学生们共同创作一首表现动物的音乐。有的学生用蛙鸣筒发出“×○×○”的节奏，说是小青蛙在唱歌，有的用双响筒连续敲奏“×××××××”的节奏，说这是马在田野上奔跑，也有的学生用人声来模拟鸡鸣声、狗叫声以及各种鸟鸣，课堂上呈现出各种动物的声响，学生既活泼又兴奋。

2. 创编歌词

在学生学会歌曲，对旋律很熟悉的基础上运用模仿法、迁移法学习自编歌曲，既丰富了歌曲演唱的情趣，又能激发学生的创造力。如歌曲《王老先生》，原来的歌词是“王老先生有块地，咿呀咿呀哟，他在地里养小鸡，咿呀咿呀哟，叽叽叽，叽叽叽，叽叽叽叽，叽叽叽叽叽，王老先生有块地，咿呀咿呀哟”，学生们有的把歌词换成了“王老先生有块地，咿呀咿呀哟，他在地里养小羊，咿呀咿呀哟，咩咩……”有的把歌词换成了“王老先生有块地，咿呀咿呀哟，他在地里养青蛙，咿呀咿呀哟，呱呱……”等。孩子们一遍一遍地唱，每一遍都唱得都不一样，一连唱了十几遍，依然是兴致盎然。

3. 创编旋律

在学生认识唱名、掌握音准后，引导学生运用模仿法、迁移法进行旋律创作。教师可采用“旋律问答”“乐句填空”等形式开展教学。如歌曲《乃哟乃》全曲只用了三个音 do、mi、sol。在歌曲学习后，引导学生用 do、re、mi 三个音或 do、mi 两个音进行旋律创编。同学们发现原来简简单单的几个音，自己也能把它们变成一首一首动听的曲子，学习的积极性一下就被调动起来了。创编活动在训练学生创造力的同时，极大地提高了学生学习兴趣。

4. 创编简单的打击乐合奏

打击乐是学生参与度高并易于操作的音乐活动形式。在学会打击乐的操作方法后，运用模仿法、想象法等，由学生根据自己对音乐的理解及感受自由选择打击乐器或探索自制打击乐器进行演奏。如在教学“风雨雷电的故事”时，引导学生运用乐器声及其他音源材料表现生活中风雨雷电的情景。

5. 创编音乐律动、故事、游戏

音乐活动离不开自由律动、游戏与舞蹈。每个孩子都能在音乐游戏中展开想象的翅膀自由发挥，自由动作。教师可运用迁移法、模仿法、想象法，引导学生

参与编创活动。如在音乐游戏“保护小羊”中，可以先引导学生编创故事情节，再进行表演。

6. 创编表演

孩子们具有丰富的想象力，奔放的幻想激情和出色的表现能力。在学习歌曲的同时或学会歌曲之后，教师应让学生大胆地去想象、去表演，并通过各种途径和手段，让学生在感受音乐之美的同时创造美。例如，组织学生创编音乐剧。

音乐创造活动中应注意的几个问题

(一)音乐创造活动要强调音乐性

在音乐的创编中，老师一定要对学生作出一些规定，提出一些要求，尤其是体现音乐性的要求。创编歌词时，要提醒学生注意歌词的韵律感；创编节奏时，要提醒学生注意节奏是否符合表现内容的要求；用乐器创编节奏时，要注意节奏与乐器音色特点是否和谐；创编律动时，要强调动作与音乐的配合。如果是具有民族特点的，还要强调运用具有民族特色的动作来表现乐曲；创编旋律时，更要提醒学生注意音高、音准，要强调旋律性，注意与乐曲所表现的内容是否符合，注意乐曲的结束感，等等。音乐创造活动一定不能脱离音乐，随意进行。

(二)音乐创造活动要关注每个学生

在创造活动中，表现欲望强、思维活跃的学生往往受到老师的喜爱。他们的突出表现往往让授课的老师忽视能力一般或较弱的学生。笔者认为这种做法是不妥的。在音乐的创造活动中，教师应该关注到每个孩子，可采用创编接龙、小组合作等方式，让所有学生都参与创造活动并给予指导。

(三)音乐创造活动要视循序渐进

小学生的认知能力有限，在进行音乐创造活动时，一定要考虑到学生的接受能力，应由易到难、由简到繁逐步提高难度，让学生体会到创造的乐趣。

重视音乐创造活动、鼓励音乐创造是音乐新课程标准的重要的内容，我们应该坚持深入持续地开展音乐创造活动，为学生提供创造的空间、创造的机会，在培养学生音乐素养的同时，促进学生创新能力发展。

室内体育课在常规模式下充分利用活动空间

肖群雁

摘要：室内体育课，作为体育课的重要组成部分，是为了教学需要而组织学生在室内完成的课堂教学，是室外体育课教学的有效辅助及补充。对于体育教师而言，如何在人均仅有一平方米左右的教室空间内，以及受教室内课桌椅摆放限制的条件下，开展有效的体育活动，成了一个迫在眉睫的问题。本文通过对长沙市芙蓉区中小学室内体育教学的四个案例展开分析，研究如何在常规的教学模式下充分利用有限的室内活动空间，开展体育教学活动，让体育教学更好地走进教室。合理的利用有限的教室活动空间，不仅有利于体育教师教学活动的开展，而且能更有效地提高学生的学习兴趣及锻炼效果。

关键词：室内体育课　活动空间

问题提出

由于南方地区夏季高温多雨的气候特征，以及近年来"雾霾"等环境问题的日益严重，室外体育课的正常进行受到了严重的挑战。尤其是对于一些没有室内场馆的学校而言，如何在狭小的教室空间内、在受到课桌椅摆放的限制条件下开展体育活动，成了学校体育教学亟待思考的问题。作为一堂合格的体育室内课，如何在不影响其他班级正常教学，保证学生课间正常休息以及课与课之间正常连接的同时，最大化地调配室内空间、充分利用有限空间组织学生活动又是值得老师们思考的一大难题。

研究方法

案例分析法：选取长沙市芙蓉区中小学室内体育教学的四个案例进行分析。
文献资料法：通过查阅相关体育期刊、体育网站，搜集与课题有关的资料。
访谈法：通过对体育教师以及专家进行访谈调查，完善结论，提出建议。

案例分析

为了适应天气的变化，应对“雾霾”等日益严重的环境问题，以及响应全国首届中小学室内体育课教学评比活动，长沙市芙蓉区的中小学开展了一系列的室内体育教学活动，本文主要选取了其中四堂室内体育课进行研究分析。

案例一

教学内容：肩肘倒立。

教室规格：7×9米。

学生人数：40人。

课桌摆放：在常规四大组的摆放前提下，通过课桌的转向、小范围内课桌的移动与拼凑，将室内的零碎空间进行了有效整合。

空间利用：通过在课桌上摆放体操垫进行示范讲解、优生展示及纠错；通过课桌间空地上错落摆放13床体操垫进行学生分组尝试与练习。

器材：升降式桌椅40套、体操垫13床、球13个、多媒体设备一套。

分析：在这一堂课当中，首先，在教学内容的选择上，老师选择了练习所需空间相对紧凑的肩肘倒立。其次，在课桌摆放时，老师在保证学生人身安全的前提下，通过课桌的转向，小范围内就近课桌的拼凑，最大化地整合了室内零碎空间。老师在保证学生充足练习空间的同时，充分利用课桌间隙来错落摆放13床体操垫，供3－4位同学一组进行尝试与练习。再次，在空间利用方面，通过课桌椅的转向以及小范围的移动，将室内空间分成桌上和空地两处。老师通过在课桌上摆放体操垫，进行讲解示范、优生展示及纠错。这样在合理利用课桌拼凑空间的同时又保证了每位同学的视线需求，让每一位同学都能看得清楚。

案例二

教学内容：仰卧起坐。

教室规格：7×9米。

学生人数：40人。

课桌摆放：常规的四大组摆放。

空间利用：在两个并排摆放的课桌上摆上体操垫进行练习。

器材：升降式桌椅42套、21床垫子、4面旗子、1个秒表。

分析：在这一堂课当中，特别的是所有的教学程序基本上都是在课桌上完成的(除了热身活动、保护与帮助以及放松活动以外)。从学生尝试，到教师示范与讲解，再到学生练习，优生示范与纠错，以及最后的游戏环节都是在课桌上完成的。学生两人为一小组，十人为一大组进行练习以及游戏比赛。这样既合理地组织了教学，又最大化地利用了桌上空间，保证了学生的练习密度与负荷。

案例三

教学内容：室内障碍跑。

教室规格：7×9米。

学生人数：40人。

课桌摆放：在常规四大组的摆放前提下，通过对小组的再分配，形成中间三大组，两边各一小组靠墙的摆放布局。

空间利用：利用组与组之间的“小巷子”进行跑、钻、跨练习以及游戏。

器材：多媒体设备一套、升降式桌椅40套、卡纸40张。

分析：这一堂课当中，老师大胆地选择了障碍跑这一需要大范围练习空间的教学内容。在课桌的摆放方面，通过小组间的调整，将教室活动空间整合为四条小巷子，满足了教学内容的练习需要。在教学设计方面，这一堂课主要是钻、跨两个技术动作的学习，利用长条形的“小巷子”以及座位空间进行小组间滚动式练习。这样既有效地利用了教室空间又增加了学生的练习密度。在游戏设置上，为保持与课桌摆放相适应，老师选择了舞龙游戏并加以改编及创新。在器材使用方面，老师选择了自制器材，利用卡纸进行不同的折叠来进行钻、跨、游戏。这样既有效地节省了器材的放置空间，又最大限度地保证了学生的活动空间。

案例四

教学内容：啦啦操手位。

教室规格：7×9 米。

学生人数：40 人。

课桌摆放：在常规四大组的摆放前提下，通过课桌的左右转向与分离，形成两桌相对、前六后四的四个大组。

空间利用：利用大组间空地站立学习，以及小组桌上合作讨论学习、游戏。

器材：升降式桌椅四十套、多媒体设备一套、矿泉水瓶 80 个。

分析：首先，本节课在教学内容的选择上，老师选择了比较适合在室内开展的啦啦操手位教学。因为是手位的教学，所以受到桌椅摆放的影响相对其他教学内容来说要小得多。其次，在课桌的摆放上，通过课桌的方向改变与分离，整合成为前六后四、两桌相对的四个大组，既充分地保证了学生的练习空间，又符合常规的教学模式。再次，在教学设计方面，采用简单且占用活动空间很小的踏步进行教学，主要利用课桌椅之上的自由空间学习啦啦操手位，同时让孩子们小组合作，利用课桌拼凑而成的大桌进行小组合作学习。所有的自制器材以及教具、辅助学习工具都是放置在桌椅上，在节省活动空间的同时，合理有效地利用了教室空间。最后，在游戏设置方面，老师利用矿泉水瓶自制的沙铃，让学生在课桌上摆放所学啦啦操手位的字母标志，合理、充分地利用了桌上空间。

结论与建议

(一) 结论

第一，合理的选择教学内容有利于室内空间的最大化利用。选取练习空间相对较为紧凑的垫上运动、室内操、原地练习、部位练习活动等教学内容能更好地、更合理地使用有限的室内活动空间。

第二，在遵循常规教学的模式下，合理地、小范围地调整课桌椅的摆放有利于室内空间的合理利用。在不影响其他班级正常教学，保证学生课间正常休息以及课与课之间正常连接的同时，通过对课桌的转向、拼凑以及小范围移动来节省桌椅摆放空间、创造桌上活动空间、整合零碎空间，有利于室内体育课教学的有效开展。

第三，通过对室内体育课堂教学的精细设计，最大化地合理利用现有空间。好的教学设计是一堂课成功的前提，同样，通过精心的教学设计合理有效地利用地面、课桌椅、桌上三层活动空间有利于室内体育教学的开展。

第四，匠心独具的自制器材能更好地节省空间，让学生获得更多的练习空间。利用自制体育器材，能更好地节省器材的放置空间，减少体育器材的放置数量，腾出更加充足的活动空间给予学生活动与练习。

第五，合理地进行小组分配与自主合作学习能更好地调配学生练习空间，增加课堂练习密度与负荷。通过小组分配进行轮换练习与配合，能够整合单个练习空间，保证练习质量；通过小组自主合作学习，能最大限度发挥学生的作用，提高活动空间的利用率。

（二）建议

第一，合理地选择教学内容。尽量选择练习空间相对较为紧凑的垫上运动、室内操、原地练习、部位练习活动等教学内容。

第二，在不扰乱常规教学的前提下，通过课桌椅的转向以及小范围移动，整合和创造三层活动空间，满足教学内容的练习需要。

第三，对课堂进行精心设计，对每一处活动空间进行多层次和高利用率的安排。对地面、课桌椅、桌上三层活动空间进行有利的结合使用，最大化地利用空间。

第四，通过自制器材的使用，提高现有器材的利用率，节省器材的放置空间。

第五，对学生进行小组分配组合，合理分工，提高有限空间的整合率以及单个活动空间的利用率。

【本文为长沙市教育科学“十三五”规划课题《提高小学生核心素养的室内体育课研究》课题批准号：(201629)的研究成果】

游戏练习法在一年级学生足球运控球教学中的运用研究

涂小满

摘要：青少年足球教学训练是我国足球发展的一个很重要的部分。燕山二小作为芙蓉区体育强校，特别注重在训练方面的研究，本文依据六岁儿童的生理特征及运动特征选择了足球运动中最基础的运控球进行教学实验，运用游戏练习法设计课堂教学。主要采用实验研究法，在实验中安排了对照组、实验组，共32名一年级学生进行教学研究分析。从儿童的身体素质、技能及运控球技术等方面进行实验前后的对比分析，进行了为期六个月的教学实验研究，实验研究中发现，加强身体协调性、灵敏性游戏的设计运用，会使得足球运控球的学习较为容易。

关键词：游戏训练法　一年级　足球　运控球

前言

少儿足球是中国足球的希望，肩负着中国足球腾飞的历史重任。但是我国目前还没有制定出少儿足球训练大纲和较完备系统的教学计划方案，这是导致我国青少年训练水平低下的主要原因。本文通过游戏的方式，对一年级学生在足球运控球教学方面进行实践探索，从而使足球教学训练达到科学性、有效性、趣味性，为少儿足球在教学训练方面提供一点理论依据和实证支持，为广大足球老师和教练提供一些参考和帮助。

研究方法

(一)文献资料法

通过查阅文献得知，国内在少儿时期分年龄、分阶段的足球教学研究较少，在一年级这个阶段足球教学研究也较少，研究主要集中在基本技术训练上。

侯晓梅在《对少儿足球训练特征与方法的研究》中认为："少儿足球训练内容应具有多样化和充满趣味性，训练活动要以球为中心，让孩子们体验多变的足球运动，领悟和把握多变的运动形式。"

庞云泽、刘徐宁在《关于少儿足球训练诸问题的讨论》指出："少儿阶段的无意注意占优势，很容易开小差，如果不注意训练方法与手段的多样性、娱乐性和趣味性，便难使少儿运动员集中注意力，并调动起他们的积极性。"

吴岩《青少年足球训练科学化的几点思考》的观点："体育乐趣是青少年训练的出发点和归宿，但在我国青少年足球训练方面出现了较多的问题。"

没有明确的目的，缺乏系统性，训练效率低，训练成人化，缺乏创新，缺乏个性张扬的足球教学是我国少儿足球教学中普遍存在而又被忽略的问题。另外，我国的少年儿童学习压力大，学习时间长负担重，参与体育锻炼的时间少，面对这样的国情，如何在有限的时间内进行科学训练显得至关重要。

(二)实验研究法

1. 实验分组

实验组：燕山二小一年级一班学生 16 名。

对照组：燕山二小一年级二班学生 16 名。

2. 实验方式

对两班的 32 名一年级学生利用每天放学后进行 90 分钟的训练，并制定教学计划。

3. 实验控制

(1)采用不同的教学方法：燕山二小一年级一班学生采用游戏练习法教学；燕山二小一年级二班学生采用技术传授式教学。

(2)不同的教学内容、进度。

(3)不同的课堂教学设计模式。

(4)上课的时间一致，场地情况相同。

(5)教练水平相当。

(6)年龄相当，均为一年级学生。

4. 测试方法及目的

【20 米快速跑】

方法：从起跑线站立式起跑，冲刺到 20 米终点停表，记录时间。

目的：主要测试儿童的速度素质，快速奔跑能力。

【立定跳远】

方法：儿童双脚站于起跳线后，双脚同时蹬地用力向前跳，测量所跳远度。

目的：测试儿童的弹跳能力、下肢的爆发力。

【10 米往返带球】

方法：从起点开始快速带球跑向十米处，绕标志桶转折后，快速带球返回，记录所用时间。

目的：测试儿童的带球跑及控球能力。

【足球踢远】

方法：儿童从开始线将球大力踢出，球停止滚动后测量最远距离。

目的：测试儿童单脚支撑时下肢的爆发力及双腿的协调配合。

【运球绕标】

方法：从起跑线开始摆放六个 30 厘米高的标志桶，每个间隔两米，共十米。测试者从起跑线开始使用单、双脚的不同部位运控球，往返绕过所有标志桶并通过起跑线，测试完毕，记录时间。

目的：测试儿童脚的不同部位运控球能力。

【20 秒脚内侧拨球】

方法：双脚原地使用脚内侧钟摆式拨球，脚内侧每拨球一次计数一个，限时 20 秒，计总次数，失误不计数。

目的：测试儿童的球性、球感及原地拨球的控球能力。

【20 秒脚底拉球】

方法：在 4 米 ×2 米的长方形内，左右脚脚底交替拉球，每单脚拉球两次换脚，限时 20 秒，计总次数。

目的：测试儿童的球性、球感及拉球的控球能力。

结果与分析

本研究从 2016 年 6 月上旬至 2016 年 11 月下旬，对两个组的 32 名一年级学生进行了教学实验研究和各项指标的测试。共完成 60 课时的教学计划，在足球运控球方面采用两种不同的教学方法进行了多角度、多形式的教学对比研究。燕山二小一年级一班学生采用游戏练习法教学；燕山二小一年级二班学生采用技术传授式教学。教学实验从 2016 年 6 月上旬至 2016 年 11 月下旬，对参与实验的学生身体素质、技能及足球运控球的测试，并对数据进行了分析研究，最后将实验研究结果进行分析并得出结论。在测试类别、内容方面选择了部分身体素质、技能、运控球动作进行测试对比。选测的身体素质有：20 米快速跑（速度）、立定跳远（跳的能力）；选测的足球技能有：10 米带球往返（带球跑）、足球踢远（双脚协调及爆发力）；选测的运控球动作有：运球绕标、拨球、拉球、扣球、晃动。实验证实，所选内容符合小学一年级学生的心理特点及运动特征。

（一）实验前教学内容、进度对比分析

表 4－8　实验组和对照组教学内容

实验组教学内容	对照组教学内容
足球游戏	足球与体操运控球
足球游戏	足球与赛跑运控球
运控球	拨球（结合游戏）带球跑
运控球	拉球（结合游戏）、射门
运控球	扣球（结合游戏）、传球（对墙传、二人传）
对抗性比赛、游戏假动作	对抗性比赛、游戏传接球及比赛
运控球	晃动（结合游戏）运控球、传球
运控球	拨球（结合游戏）运控球、传球
运控球	拉球（结合游戏）运控球、射门

根据表 4－8 我们不难看出，实验组在教学内容方面主要以运控球为主，主要教学方式是游戏的方式，并且结合游戏进行教学安排和设计。一年级学生在足球技术、战术方面是零基础，游戏贯穿教学的始终，各种运控球的教学都采用游戏练习法的方式，并且循序渐进，先从各种足球游戏玩起，逐渐过渡到有目的的技术教学，并结合游戏进行，最后再到对抗性的游戏和比赛。并且强调，教练应根据队员的接受能力、完成情况、训练需要做出及时的调整和改变，同一主题并不是内容上的简单重复，在原有基础上要有变化、有递进。对照组以基本技术教学为主，包括运控球、射门、传接球等，在运控球方面的教学占较大比重。并对教练提出教学和管理方面的具体要求，有游戏等方面的安排。在训练主题方面，对照组有出现两个主题的训练相结合的内容，如“运控球＋射门”，而实验组每节课只有一个主题的训练内容。

(二)身体素质及运控球测试结果统计分析

表 4－6　身体素质及运控球测试结果对比分析平均值

分组	20米快速跑(秒)	立定跳远(厘米)	10米带球往返(秒)	双脚内侧运球绕杆(秒)	双脚外侧运球绕杆(秒)	右脚运球绕杆(秒)	左脚运球绕杆(秒)	20秒脚内侧拉球(次)	20秒脚底拉球(次)
对照组	4.21	141	11.88	20.15	22.37	19.89	22.04	35.65	18.29
实验组	4.72	146	8.09	16.92	19.46	17.53	20.80	47.66	24.73

表4－9记录的数据是两组队员经过六个月不同训练后的测试成绩。与对照组相比，实验组在立定跳远、双脚脚内侧运球绕标、20秒脚内侧拨球方面有显著提高。在10米往返带球跑、右脚运球绕标、左脚运球绕标、20秒脚底拉球方面有非常显著差异。20秒快速跑无显著性差异。这组数据我们可以看出，实验组在控球能力方面比对照组明显得到提升。

(三)对照组与实验组教学友谊赛比赛结果统计分析

对照组与实验组在实验的过程中一共进行了六场教学友谊赛，分别在2016年6月、7月、8月、9月、10月、11月进行。每场比赛时间为30分钟。

表 4－10　对照组与实验组教学友谊赛比赛结果

月 组别	6月	7月	8月	9月	10月	11月
对照组	3	2	3	2	3	1
Vs						
实验组	2	4	3	5	4	5

从比赛结果看(表4－10)，实验组在六次的教学友谊赛中占据了较大的优势，总体战绩一负一平四胜，比赛胜球数平均1.5个球。比赛分别在从六月份开始每个月的下旬进行，共六场比赛。随着训练时间的推移，参赛队员们的水平也在不断地提高，由此可以看出，实验组在整体实为为上强于对照组。

结论与建议

(一)结论

首先，游戏练习法在针对小学一年学生足球运控球教学方面有着较为积极的作用，游戏设计的多样性、丰富性能使孩子们对足球保持长久的兴趣，并愿意主动参与其中。适合学生生理需求，便于掌控和驾驭课堂。在教学中起到支架作用，便于施教，能较快掌握一定的运控球动作。

其次，针对不同的运控球动作采用不同类型的游戏练习方法是一种较好的学习途径。实验研究中发现，加强身体协调性、灵敏性游戏的设计运用，会使得足球运控球的学习较为容易。

(二)建议

运用游戏练习法教学，要依据儿童实际情况、场地器材、个人能力等灵活掌握，合理引导。

谈美术教学课堂文化形成的三要素

刘姿麟

摘要：“文化充盈于课堂之内、师生之间，离开文化，课堂将成为无源之水、无本之木。”课堂文化是学生成长的养分，对于提升学生素质、张扬学生个性的作用和影响是十分巨大的。课堂文化的形成离不开师生的思考、理解和再创造。因此，笔者认为，美术教学课堂文化形成的要素包括情境、活动和评价。

关键词：美术　课堂文化　思考　创造　要素

美术作为人文学科的核心之一，凝铸着浓郁的人文精神。在一定意义上说，人文性质应该是美术课程的基本性质。人文的核心是“人”，以人为本、关心人、爱护人、尊重人。在美术教育中，我们提倡生本教育，体现人文精神。在小学美术教育生本课堂的发展中，怎样做到体现人文精神，营造美术课堂文化至关重要。有学者提出，当代的美术教育不仅仅是知识与技能的培养，也越来越关注学生美术素养的形成，即如何获得“知识与技能”和如何运用“知识与技能”。笔者认为，美术教学课堂文化直接影响着学生知识与技能的形成，以及素养和能力的转化。

那么，美术教学课堂文化形成的要素有哪些呢？

我认为美术课堂文化的形成离不开情境、活动、评价这三要素。

情境，美术教学课堂文化形成的基本要素

情境的创设，为课堂文化的形成营造学习氛围，是学生思考的萌芽阶段。

（一）创设多元的主体文化情境

创设多元的适合学生认知特点的文化情境，不但能激发学生主动学习的兴

趣，而且能极大地调动学生主体探究、质疑、创造的热情。情境创设一定要紧密联系课堂内容，否则对教学所起的作用是十分有限的，甚至有可能起反作用。曾经见过一位老师关于色彩的教学，课前准备了一段魔术表演，又是音乐又是跳舞，风风火火地抽出各种彩色丝带，让学生看得目瞪口呆，之后课堂上却没有再提及过。课堂内容与情境创设的严重脱节，让学生不知所云毫无收获，整堂课脑海里出现的都是音乐和魔术，反而影响了学生在美术课堂的学习。

一件美术作品在创造的过程中所体现的文化生活特征就是美术文化情境。美术课堂应该努力挖掘其中的人文背景，创造多元的课堂文化情境，使学生通过作品本身理解时代特征和文化环境对美术作品的影响。

（二）融入体验的情感文化情境

美术教学越贴近学生的生活，就越能激发学生的情感，引起自发体验的兴趣。

比如湘版教材中《变化的魅力》一课——画变形的人物。曾看过一位老师课前在讲台上准备了一面巨大的哈哈镜，一上课就请所有的孩子来玩哈哈镜，发现其中的秘密。学生们开心极了，在镜子前面左照右照寻找变化的秘密。这也使他们在后面的学习和创造中有据可循。这就是体验式的参与情境。在授课中将美术作品、美术活动带进课堂，甚至将不同国度、不同时间的美术作品综合引入，使之与学生的生活发生联系，让学生在自己熟悉的生活情境中去体验美术带来的快乐。

（三）延伸创新的生活文化情境

教师往往在课堂教学的开始环节设计过度，而对课堂内容的发散和延伸有些忽视，显得虎头蛇尾，导致授课时常常力不从心而草草收场。无法在课堂形成高潮后继续延伸和升华，实为一大遗憾。

比如湘版教材《花格子小牛》一课，我课前准备好各种各样的花格子小牛在草丛中的教具，创设小牛们去城堡参加格子聚会的故事活动情境。学生在观察的过程发现牛的共同点——穿花格子。接着引入城堡闯关的情境、美美牛与国王见面的情境、聚会评比的情境，情境串联了一整堂完整的课，活动在情境中进行，情境在故事中延续。最后抛出思考，格子还可以应用到生活中的哪些地方。

学生的美术学习必然要向着生活实践能力提高转化的方向发展。而我们的美术课离学生太“远”了，学生在课堂上的所学，在课后往往丢之脑后，无法形成连续性。应该看到，“学以致用”是教学的关键一步，让学生把认识、体验、探究、创意继续下去，延伸到课外的生活中去，引导学生在生活中欣赏美、体验美、创造美，这才是美术课教学的根本目的。

活动，美术教学课堂文化形成的核心要素

活动的开展，促使课堂文化浓厚，是学生酝酿思想与创造发现的并行阶段。

（一）游戏活动

孩子的天性就是爱玩、爱看、好奇，我们应该投其所好，孩子爱什么就给他什么活动，但是一定要有意义，在游戏中尽可能地解决美术教学的重难点。如湘版教材“这个地方有点怪”一课，老师为解决物体的“重组”这一教学难点，设置了拼一拼的游戏活动。他准备了珊瑚、气球、风火轮、大象、小翅膀等教具，请小朋友上台为奇怪公园拼出不同的交通工具。于是，风火轮珊瑚形成了、飞象产生了……孩子在玩的过程也加深了对重组的印象，还在视觉的影响下，搜集了重组的素材。

（二）比赛活动

比赛是迎合孩子爱争上游的心态。如湘版教材《线的秘密》一课，老师为了解决瓶子的多样造型的教学重点，先是展示了造型各异的瓶子，然后营造了一个比赛活动，比比哪一组画的瓶子的造型最多。学生有了前期的观察，在这个阶段再投入个人的思考和尝试，比赛活动的过程就是一个思维发散和创造力提升的过程。

（三）尝试活动

尝试是抛出问题的过程。只有学生发现了问题，才能激发他们自身探究的兴趣，自主思考解决问题。如湘版《花格子小牛》一课，老师在学生观察到小牛身上格子的不同款式后，让他们尝试画格子。在反馈尝试作业时，老师发现学生的尝试作业中，有的画的方格，有的画的菱格，有的能力很强的学生画的格子还有疏密变化。这些都是学生通过视觉感受小牛的格子后，再尝试的结果。此时，老师再对格子进行归类，帮学生形成系统的思维。在这个尝试的过程中，学生肯定会出问题，比如能力稍微差点的孩子画格子的线条不直，没有画到画纸的边缘，非常麻烦的一个一个的画格子等问题。老师把这些问题一一归类，抛给孩子，让他们思考解决的方法。这一尝试活动最大限度解决了美术教学的困难，营造了浓厚的美术课堂文化，以学生为学习的主体，形成了一种探讨的学习氛围。

（四）观察活动

美术课堂是以视觉为中心的学习活动。欣赏观察是美术课堂必不可少的活

动。如湘版教材《巨匠童心》一课，老师在范例探讨的时候，将齐白石的画作《小鱼都来》进行改造、对比，让学生进行观察，总结出“聚散”“主宾”“虚实”在构图中的应用。学生在图像试读、审美判断的美术素养培养上得到了很好的训练。这也是生本课堂的教学策略：先观察后表达，先对比后归类。

（五）创造活动

创造活动是对所学的知识与技能的实践活动。在创造活动中，学生的思维和动手能力得到综合发展。绘画、制作都是创造活动。创造活动可以是个人为单位的独立创作，也可以是集体创作、小组合作。小组中以合作为主，组间以竞争为主，竞争与合作相伴进行，使课堂气氛既紧张又愉快，充分激发了学生的好奇心和集体荣誉感。组员之间，彼此充分表达自己观点的同时也听取、分析、同化别人的想法，开放的思想不断融合、鲜明，不知不觉达成了默契，增进了友谊，习得了人际交往的更多技能。

（六）交流活动

交流活动在欣赏评述的课型中应用较多。学生需要交流，不仅是听，而且还要有机会说，以讨论他们所观察到的事物和他们的想法。比如美术课堂上欣赏毕加索的《格尔尼卡》，在了解了作品的背景，欣赏了画面的细节后，老师让学生开展交流活动，探讨《格尔尼卡》一些细节的寓意。100 个人心中有 100 个哈姆雷特，教师应该尊重孩子的想法，引导他们在交流中形成正确的价值观和人生观。教师在教学过程中要有的放矢地引导学生讨论，启发学生质疑问难，营造“情意共鸣，信息传递，思维活跃”的课堂气氛，以增进师生之间的情感交流。

评价，美术教学课堂文化形成的关键要素

多元的评价，可以提升课堂文化内涵。评价阶段是学生思考与创造的开放化提升阶段。评价之前，教师要树立一个评价的标准。美术教学评价是美术教育的重要组成部分，科学全面的评价不仅帮助教师掌握学生心智及创造力的成长情况，也能及时给予学生启发和帮助，而且能使教师明确学生表现自我时的需要并给予激励和支持。

评价的目的不是为了给学生的作业区分好坏，而是通过评价保护学生个性、培养学生兴趣、提高学生审美，让美术教学课堂文化呈现一个高潮。在评价过程中，老师应运用一切能用的方式、方法，让学生真正做到敢想、敢说、敢画、敢做，用多元化评价的方式促进课堂教学的效果，让学生真正地成为课堂的主人。在评价的过程中，让学生学会思考，善于创造。

在课堂文化的长期影响下，教师与学生的素质必将一起得到不断提升与发展，教师在不断地反思中进步，学生在不断地探索中发展。促进人的素质和谐发展与提高，是教育的本义，人的素质发展与文化的发展是互为因果、互为促进的。良好的美术教学课堂文化能促进学生的思考，发展学生的创造力。营造良好的美术教学课堂文化是我们努力的方向。

让艺术魅力走进小学美术课堂

陈 旖

摘要： 美术课堂教学本身是艺术的教学，而艺术教学的魅力如何在小学课堂中去体现才能将艺术之美完全展现？这需要教师细心寻求、深入钻研和精心设计，在情境中感受艺术的魅力，在教法中领略艺术的魅力，在课堂语言中去体会艺术的魅力，在现代教学技术中去认识新兴艺术的魅力，最后在生活中去展现美术课堂上所学的艺术魅力。

关键词： 小学　美术　艺术魅力

情境之魅

创设良好的课堂情境，是根据教学内容和要求，结合学生的实际水平，通过创设适宜的课堂环境氛围和特定的教学情境，使学生在情绪上受到感染，情感上产生共鸣，从而达到理解课堂教学理论，掌握教学目标的目的。

巧设情境，能快速地将学生带入角色，体验情境之魅，唤起学生的学习兴趣，激励学生积极思维、主动学习的欲望。例如在“大嘴巴精灵”一课中，我将森林舞会这个情境主题贯穿整个教学环节。从一开始大嘴巴精灵王的选举游戏就极大地激发了学生的创作欲望，在学生动手的环节中不需要教师的启迪和引导，学生也能自己创作出各种媒材和形状的大嘴巴精灵，使得教学效率事半功倍。

教法之魅

美术与音乐虽有视觉与听觉之别，但其在节奏、韵律、意境方面都有相通之处，康定斯基曾对绘画和音乐做出了精彩的描述：“色彩好比琴键，眼睛好比音槌，心灵仿佛是绷满弦的钢琴，使人的精神产生各种波澜和反响！”

美术教学中，教师可以运用音乐名曲创设一种浓厚的艺术氛围，陶冶学生的情操，激发学生的灵感与激情。如水彩、国画、素描或手工教学中，教师在学生制作美术作品时播放音乐，使学生心情轻松愉悦，不会感到技能练习的乏味，同时又在节奏、韵律与意境中受到一些启发，更好地完成美术作品的制作，增强教学效果。

“教有法而无定法”，美术教学情境的创设方法也是灵活多样的，往往在一堂课中要结合运用。美术教学中创设良好的教学情境，不仅可以激发学生学习的兴趣，还可以取得事半功倍的教学效果。苏联教育家孔德拉秋克说：“教学的成败在很大程度上取决于教师是否能妥善地选择教学方法。”教学方法运用得当有利于学生更好地投入到学习之中，提高课堂教学效率。例如“春天的色彩”这一课，要让孩子们画出春天的颜色，我们就要让孩子们了解春天，感知春天。但一年级的小朋友对季节变化的认识还不够，所以在这里老师可以引用《春天在哪里》这首歌，让孩子们跟着音乐去感受旋律的起伏，想象歌词描绘的场景，欣赏与歌曲匹配的画面。在这样的艺术氛围中作画，学生的创作激情能很好地被激发出来，为学生好作品的诞生提供了可能。再例如在“毕加索”一课中，老师带领学生对其美术作品进行欣赏教学，也可找一些与作品相关的历史背景、影视资料、作者生平故事等穿插其中，将学生置身于特定的情境中，帮助学生去理解美术作品所要表达的情感。因为有些优秀美术作品的创作有它特定的文化背景和社会背景，单凭画作本身学生很难很好地去理解它，借助于历史背景、影视资料、作者生平故事等却能将某些社会情况再现给学生。这既有助于学生对作品的理解，也激起了学生欣赏的动机和兴趣。当然这些资料的运用需要艺术地把握住度，否则过多过杂的课外资料不但无法增加美术课的魅力还会失去其学科特点。用一位美术教育界资深专家的话说：“那是荒了自己的田去种人家的地。”我们在使用某种教学方法时，应该更多地考虑是否有利于本课的教学；是否有利于激发学生的学习兴趣；是否有利于学生对知识的把握。如果对教学没有帮助，再好、再精彩的东西也不要用。对教学方法的运用应该是锦上添花，而不是画蛇添足，这样才能体现出它的艺术魅力。

语言之魅

语言是人与人之间相互沟通、和谐交往的纽带，也是教师完成教学任务的主要手段。在美术教学中如果掌握好语言的艺术性，其结果是可想而知的，教师有效地把信息传递给学生，学生很轻松地接收到了有用的信息。只有符合学生的心理、生理发展规律，运用形象生动、准确精练的语言进行正面讲解和引导，融知识性、思想性、趣味性于一体，才能加深他们对作品的肯定和理解，缩短教师与学生之间的情感距离，从而使学生敢说、敢想、敢做、敢画，使课堂气氛更为轻松愉悦，提升课堂教学效益。

美术专业术语是美术教学中必不可少的组成部分，教学中一定要潜移默化的养成孩子们说专业语言的习惯。教师应该从低年级就开始用简洁易懂的语言和学生进行交流讨论绘画的鉴赏方式，表达相关的专业知识，有意去培养他们的表达能力。

教师的一句话有时甚至可以影响学生的一生。美国诺必塔小学校长皮尔·保罗的一句："我一看你修长的小拇指就知道将来你会成为纽约州的州长。"使罗杰·罗尔斯成了纽约历史上第一位黑人州长。皮尔·保罗不是未卜先知的神，但他的话却在若干年后变成了现实。在这个事例中，是他的一句话了给罗杰·罗尔斯奋斗的目标和动力。因为他的话使杰·罗尔斯拥有了强烈的自信心和不懈奋斗的动力，最终造就了一代纽约州州长。当然教学语言的艺术性需要的不光是教师广博的知识，更需要的是教师的爱心和灵活、机智的应变能力。这样的语言艺术就像夜空中闪烁的点点繁星，让你的课堂教学散发出迷人的魅力。

课堂上的语言魅力不仅仅来自于老师，更应该来自于学生。我经常鼓励学生在课堂上大胆发言，说出他们的想法。例如在"森林之王"一课，我发现一个孩子画了一只猪，被铁笼子关起来了，他在旁边用稚嫩的文字写着"过年杀了它"，当时我百思不得其解，就问他："你写的老师看不懂，能告诉我吗?"他开心地看着我说："把它关在笼子里养得肥肥的，到过年的时候把它杀了，拿去卖钱，卖不掉的家里吃掉啊!"他把画面要表达喜悦的情绪，真情流露地传达到了我的内心，真是让人忍俊不禁的童心啊!

技术之魅

运用现代教育技术优化美术教学，改善教学环境，活跃课堂气氛，激发学生的学习兴趣和学习动机，有利于开发学生的潜能，培养创新意识。将多媒体技术运用于美术课堂教学，是实现教学手段现代化、自动化，增强艺术教育的感染力与说服力，开展素质教育的一条重要途径。

现代教育研究证明，如果教学过程中仅靠单一种方式来刺激大脑，就容易造成大脑的抑制状态，难以调动学生的学习积极性。相对于传统的教学方法来说，笔者的体会是：在小学美术教学中实施多媒体教学，主要包括教师多媒体教学演示和学生上机操作两种形式。这是一种科学与艺术相结合的教学手段，为美术教学带来"教"与"学"的重大改革。例如电脑绘画中那种近乎游戏的教学方法，特别适合小学生的年龄特点，尤其是对绘画基础薄弱的学生，会减轻心理压力。电脑绘画操作灵活多样、可塑性强，有时会出现一些意想不到的效果，使他们产生一种惊奇的感觉，容易激发学生的兴趣，创作过程中常能体会到成功感、自豪感。把美术学习作为一种乐趣而不是负担，那么，美术教育岂不是真正实现了愉快教育？

当然，多媒体技术只是一种手段，是教育信息的承载体，不能把它作为目的，更不能代替教师的讲课。在信息社会，老师必须在实践中不断更新知识储备，熟练掌握运用现代教育技术，使美术课有利于实现素质教育目标。

生活之魅

在新一轮课程改革背景下推出的《全日制义务教育美术课程标准(实验稿)》要求，小学美术教育应："注重美术课程与学生生活经验的联系"，教师应加强"美术与学生生活经验的联系"。新的美术课程标准针对以往美术教育过于强调学科中心，过于关注美术专业知识和技能，在一定程度上脱离学生生活经验的弊端，提出进行教学方式方法的改革。

艺术源于生活，高于生活。丰富多彩的生活是美术课堂取之不尽的资源，如果脱离了学生的生活经验，那会使课堂失去原本应有的魅力。"小泥人"一课属于"造型·表现"学习领域，强调感受、体验和游戏性，将看、画、做、玩融为一体。本课的教学内容是让学生试着用泥巴捏一个生动的小泥人，从中体验泥塑这一民间美术的独特魅力。刚好当时的校园旁边就有农田，于是我带着孩子们走进大自然，在田埂边上挖泥、和泥、揉泥、拌泥。我一边跟他们讲着小时候玩泥巴的趣事，一边同他们交流玩泥的心得。没有刻意地说教，孩子们自然而然地了解了捏、卷、刻、贴、接等泥塑的基本技能。回家的时候，学生们兴高采烈地拿着自己的"大作"边走边唱。看见他们如此的欢乐，我真正认识到美术课堂一定要走下讲台、走进生活，才能完全展现出它的艺术魅力。

美术课堂所需要的艺术魅力，绝不是泛泛几点就能概而括之。这需要美术教师们由内而外地不断积累与提升自我的艺术魅力，才能带给学生无限精彩的艺术课堂。

优化设计

《观潮》教学设计

刘琳琳

【教材简析】

《观潮》是人教版小学语文第七册第 1 课，记叙了一次钱塘江观潮的盛况。正所谓“八月十八潮，壮观天下无”。作者描述了潮来前、潮来时、潮头过后的景象，以及大潮由远而近、奔腾西去的全过程，描绘出江潮由风平浪静到奔腾咆哮再又恢复平静的动态变化，写出了大潮的奇特、雄伟、壮观。

【设计理念】

构建生本课堂就是要让学生成为课堂的主人。本课内容浅显易懂，因此我把注意力放在怎样调动学生的主观能动性，让学生主动参与到语言文字的实践活动中来，将生本课堂的理念贯彻到品词析句、朗读背诵、小组讨论等各个环节中。在小组合作这一学习方式的运用方面，我注意讨论的时机，选择在讨论、揣摩作者写作方法时进行小组内头脑风暴，从而深化了学生对课文的理解，突破了教学难点。

【教学目标】

1 在学习课文的过程中通过联系上下文、结合生活实际理解“人声鼎沸”“横贯”“山崩地裂”“漫天卷地”等词语的意思。

2 边读课文边想象画面，感受大潮的奇特、雄伟、壮观。尝试背诵课文的第 3、4 自然段。

3 体会作者描写钱塘江大潮的修辞手法，并掌握运用到自己的写作中。

【教学重点】

引导学生从语言文字中感受钱塘江大潮奇特、雄伟、壮观的自然景观。

【教学难点】

学习掌握作者描写钱塘江大潮的修辞手法。

【课前准备】

课件、钱江潮图片。

【课时安排】

2 课时。

【教学流程】

复习导入——进门考

1. 师：我们上一节课学习了《观潮》，奇特、雄伟、壮观的钱塘江大潮一定给你留下了非常深刻的印象。今天的进门考有八道题，你能全部答对吗？

2. 进门考。

(1) 钱塘江大潮，自古以来被称为天下奇观。(√)

(2) 农历八月初八是一年一度的观潮日。(×)

(3) 课文是按照潮来前、潮来时、潮头过后的顺序描写钱塘江大潮的。(√)

(4) 课文中形容潮来前江面很平静的词语是“若隐若现”。(×)

(5) 听写词语：笼罩、启蒙、恢复、薄雾。

3. 同桌互查词语听写情况，统计进门考情况。

设计意图　这一设计来源于现在孩子普遍选择上的课外辅导班所采用的进门考、出门考。其目的是迅速让孩子集中注意力，进入学习状态，同时也是对上一节课所学内容的回顾与检测，“短、平、实”是其显著特点。

品词析句，感受钱塘江大潮的奇特

1. 师：我们之前感受了钱塘江大潮来前的风平浪静。潮来时，是怎样惊心动魄的场面呢？请大家默读课文第3—5 自然段，找一找，哪些词句写出了钱塘江大潮的“奇”呢？划出相关语句，还可以做批注，写下自己的感受。

2. 学生按要求自学、思考。

3. 交流、朗读、说体会。[**提示：**朗读指导时教给学生读文字、想画面的读书方法。]

预设一：午后一点左右，从远处传来隆隆的响声，好像闷雷滚动。顿时人声鼎沸，有人告诉我们，潮来了！潮来时，即使还看不见，但声音足以动人心魄。[**关键词：**“隆隆”“闷雷滚动”“人声鼎沸”。]

(1) 指名朗读自己找到的句子说体会。

(2) 根据文字想象画面，进行朗读指导。结合上下文理解词语“人声鼎沸”的意思。

(3) 有感情地朗读，读出声势，读出期待。

预设二：过了一会儿，响声越来越大，只见东边水天相接的地方出现了一条白线，人群又沸腾起来。宽阔的潮头激起白色的水花，远远望去，好像是一条白线。[**关键词：**“一条白线”“沸腾”。]

结合课文插图一理解，并反复朗读体会。

预设三：那条白线很快地向我们移来，逐渐拉长，变粗，横贯江面。再近些，只见白浪翻滚，形成一堵两丈多高的水墙。浪潮越来越近，浪头之高、范围之宽，足以让人感受到它的逼人气势。[**关键词：**“横贯”“两丈多高”。]

用一条长绳横贯教室，帮助学生理解词语“横贯”。一丈约 3.33 米，两丈多高约有 7 米，让学生联系生活实际想象三四层楼的高度来理解这一度量单位。

预设四：浪潮越来越近，犹如千万匹白色战马齐头并进，浩浩荡荡地飞奔而来。那声音如同山崩地裂，好像大地都被震得颤动起来。[**关键词：**“千万匹”“浩浩荡荡”“山崩地裂”。]

前一句写形态，潮水汹涌澎湃，气势非凡；后一句写声音，潮头震耳欲聋，摄人心魄。在学生朗读、说体会后，观察课文插图二，播放有关钱塘江大潮的视频片断，再读课文第 4 自然段。

预设五：霎时，潮头奔腾西去，可是余波还在漫天卷地般涌来，江面上依旧风号浪吼。潮头过后，余波、风浪久久不息，气势仍然浩大。[**关键词：**“漫天卷地”“风号浪吼”。]

设计意图 既尊重学生朗读时的独特感受，又给定范围、教给方法。品词析句的交流环节坚持先朗读后谈感受，遵循从“感性”到“理性”的原则。值得注意的是，不要过早地出示有关图片、视频，要始终坚持让学生在朗读中想象、感受文字背后的画面与情感。

回顾全文，感受钱塘江大潮的魅力

1. 师：大家的朗读仿佛让我感受到了钱塘江大潮的壮观、神奇。你们想亲眼看看钱江潮吗？（展示朱婧潇同学收集的潮来时的壮观景象的图片）

2. 师：怎么样？还想再看吗？郭常思同学在双休日搜集了不少资料，精心制作了钱塘江大潮的PPT，掌声欢迎小郭老师为大家做介绍。（请郭常思同学结合PPT介绍钱塘江大潮的全过程）

3. 师：不只朱婧潇、郭常思同学被钱塘江大潮的奇特、壮观吸引。千百年来，多少文人墨客写下了赞美钱塘江大潮的诗句。我们一起来欣赏。（出示课件）

课件设计 千里波涛滚滚来，雪花飞向钓鱼台。人山纷赞阵容阔，铁马从容杀敌回。

——毛泽东

八月十八潮，壮观天下无。

——苏东坡

海面雷霆聚，江心瀑布横。

——范仲淹

海神东过恶风回，浪打天门石壁开。浙江八月何如此，涛如连山喷雪来。

——李白

天地黯惨忽异色，波涛万顷堆琉璃。

——杜甫

4. 师：在诗人的笔下，钱塘江大潮是多么的壮观啊！让我们一起用朗读再现这段潮来前、潮来时、潮头过后的景象吧！（全班合作朗读）

设计意图 分层次展示学生课前预习作业是对孩子良好学习习惯的肯定，也是课堂教学的有益补充。历代文人墨客赞美钱塘江大潮的诗篇不仅激发了学生诵读的热情，更丰满了语文的学习，实现了从“教课文”向“教语文”的转变。全班朗读既是对课文内容的回顾，也是学生在涵咏精彩文字后对整体的回归。

一分钟速读比赛

1. 师：接下来，我们进行一分钟速读比赛。朗读的内容是课文第 3、4 自然段。[**要求：**声音要大，吐字清楚，速度要快。]

2. 教师范读，学生练习。

3. 进行比赛、评奖。

4. 借助灯片中的提示，尝试背诵第 3、4 自然段。

设计意图　一分钟速读比赛可以瞬间点燃学生朗读热情，营造全班“朗读潮”，让课堂书声琅琅。速读要求熟悉文本，也是在无形中增加了学生与文本的多次接触，为后面的背诵打下基础。这比命令式的“请大家背诵……”来得更有趣、更有实效。

关注表达，揣摩作者的写作方法

1. 师：作者是怎样把钱塘江大潮的壮观、雄伟、奇特写出来的？他有哪些写法值得你学习呢？

2. 先学生自主思考，再小组讨论。

3. 全班交流，补充评议。

（1）先概括后具体的结构。

（2）按照潮来前、潮来时、潮头过后的写作顺序。

（3）通过比喻等修辞手法将钱塘江大潮写得生动具体。

设计意图　本环节力图体现“自主、合作、探究”的学习方式，用小组合作的方式突破教学难点。先学生自主思考，再小组探究，然后汇报交流，补充评议。可在学生小组探究时，从字、词、句及表达方式等方面进行询问、提示。如“哪几个词用得好？”“作者运用什么方法，将大潮来时的汹涌澎湃写得如此生动？”这样将有助于学生发现更多文本的秘妙，使阅读理解更有厚度，课堂更有张力。

课堂小结、布置作业

版式设计

观潮

潮来前：　风平浪静　　　　　　　　读文字、想画面
潮来时：　汹涌澎湃　惊心动魄　　　比喻
潮头过后：风号浪吼　恢复平静

设计意图

板书简明扼要，重点突出。左边是课文的写作顺序，中间是关键词语，右边是关于读书方法、表达方法的提炼。需要说明的是“汹涌澎湃”“惊心动魄”“风号浪吼”等词语都是在学生品词析句环节交流感受时谈到的，再让孩子自己书写到黑板上，这样做调动了学生的积极性，也是“生本”理念的一种体现。

《打电话》教学设计

颜海燕

【教材简析】

《打电话》这节课是人教版小学数学五年级下册的综合应用，是继“烙饼问题”“沏茶问题”“等候时间”之后，再次向学生渗透运用运筹思想解决实际问题的内容。教材的素材是：合唱队在假期接到一个紧急任务，老师要尽快打电话通知到 15 名队员。让学生帮助老师设计一个打电话的方案，并从中寻找最优的方案。这节课旨在让学生进一步体会数学与生活的密切联系以及优化思想在生活中的应用，培养学生应用数学知识解决实际问题的能力，同时通过画图的方式发现事物隐含的规律，培养学生归纳推理的思维能力。

【设计理念】

《打电话》是有关优化思想的学习，这一思想在前面的知识学习中已经奠定了基础。《打电话》所使用的素材是学生所熟悉的，问题和学生的生活经验密切结合，学生对这一问题的研究很有兴趣。“打电话”这一问题为学生提供了充分探究的空间，学生在尝试寻找“答案”时，不是简单地应用已知的信息，也没有可直接利用的方法、公式。尽管不是所有的学生最终都能出色地完成任务，但是他们都尽自己的思维能力“走”得足够远。

【教学目标】

1 知识与技能：使学生在解决问题的多种方案中寻找最优方案，初步体会运筹思想在解决问题中的应用。

2 过程与方法：经历设计打电话方案并找出最优方案的过程，体验画图分析，交流讨论的学习方法。

③ 情感、态度与价值观：通过画图的方式发现事物隐含的规律，培养学生归纳推理的思维能力。

【教学重点】

理解打电话最优方案的方法。

【教学难点】

能够运用打电话最优方案的方法解决一些实际问题。

【课前准备】

多媒体课件。

【课时安排】

1 课时。

【教学流程】

创设情境，导入新课

1. 师：在生活中，同学们是不是经常与家人、朋友打电话呀？打电话看似简单，但这里面也蕴含了很多数学知识，今天我们就来一起研究打电话中的数学问题。（板书课题：打电话）

2. 师：一个合唱团有 60 个人，暑假期间有一个紧急演出，李老师需要尽快通知到每个队员。用打电话的方式，如果每分钟通知一人，要多少分钟？（板书：逐个(60 分钟)）

3. 师："尽快"是什么意思？（板书：用时最少）

化繁为简，合作探究

1. 过渡：通知 60 人，数据较大，数学中在研究较复杂问题的解决方法时，我们通常可以从简单的问题开始研究，然后慢慢地发现规律，最终找到解决问题的方法。

2. 感知：从通知 3 人中初步感知。

师：要通知 3 个人，如果每分钟通知一人，最少要多少分钟？

生：3 分钟和 2 分钟。

师：哪种方案省时？为什么？（板书：同时打）

[**解析：**2 分钟的方案节省时间。第 2 分钟时，知道消息的两个人都同时在打电话，没有人闲着。]

师：那么第 2 分钟最多又可以通知几人？为什么？[**解析：**2 人，前一分钟知道消息的总人数是 2 人。]

3. 探究：从通知 7 人中初步探究。

师：如果要通知 7 人，每分钟通知一人，请你设计一个打电话的方案。

出示合作要求，让学生组成小组合作探究并上台展示方法，注重学生的生成，并予以指导。

[**提示：**先选用时不是 3 分钟的设计方案；再选用时 3 分钟的设计方案。]

师：比较几种方案，哪种用时最少？省时的原因在哪？第 3 分钟最多又可以通知几人？为什么？[**解析：**4 人，因为前一分钟有 4 人知道消息了。]

师：现在知道消息的总人数是多少？

让学生把用时最少的方案展示在黑板上。教师用手势辅助学生理解。

根据图示填写表格。[**提示：**引导学生观察图示之后，填写时间和知道消息人数的表格。]

师：猜一猜，如果再多 1 分钟(4 分钟)最多可以有多少人知道消息？

让学生猜测，并请几位学生说说自己的想法。

4. 总结：深入探究，总结规律。

师：你有什么发现吗？[**提示：**观察表格。]

版式设计

第几分钟	1	2	3	4	5	6	7	…
通知到的人数	1	3	7	15	31	63	127	…
知道消息的人数	2	4	8	16	32	64	128	…

师：为什么总是不断地扩大 2 倍呢？5 分钟，6 分钟，7 分钟有多少人知道消息？[**规律：**后一分钟知道消息的总人数总是前一分钟的 2 倍。]

师：观察时间和知道消息的总人数有什么关系？[**提示：**分析归纳建立模型。]

师：如果是第 n 分钟，知道消息的有多少人？[**规律：**第 n 分钟，知道消息的总人数就有 n 个 2 相乘。]

5. 应用规律。

师：要通知 60 名队员，最少要多少分钟就能通知到每个人？

师：要通知 60 个人，逐个通知要多少分钟？如果用我们今天学的方法只要多少分钟？

师：在救援灾区等紧急场合时，节约的时间又可以挽救更多的生命！所以我们应该提高效率，用最优的方法解决问题。

练习巩固，实际运用

1. 感受数据倍增的魅力。（课件出示）

师：这种数据增长的现象有很神奇的力量，我们一起来欣赏。爱因斯坦把这种数据增长的现象称为“世界第八大奇迹”。

2. 联系实际。

师：生活中，还有哪些地方有类似规律的应用呢？[**解析：**核裂变、细胞分裂、浮萍生长。]

3. 变式练习。

师：如果每分钟通知一人，李老师、刘老师和张老师三个人同时通知，3 分钟最多会有多少人知道消息？

课堂小结，提示细节

1. 师：今天，我们讲的打电话的方案都是一种理想状态，实际生活中如果要这样有效率还必须注意什么？

[**提示：**画好打电话的示意图，确定谁通知谁，并且建立通畅的网络。]

2. 师：在生活中除了打电话能快速传递信息，还有别的方式吗？

[**提示：**微信、QQ、电子邮件等。]

3. 师：这节课，我们从最常见的打电话开始，研究了很多有趣的问题，也有不少收获，希望同学们做生活的有心人，爱学习，会学习！

《100 以内数的认识》教学设计

吴　静

【教材简析】

《100 以内数的认识》的教学是在学生已经认识了 20 以内的数及计数单位“一(个)”“十”的基础上进行的。教材在编排这部分内容时，突出了学生的观察、操作等实践活动，让学生在“做”中掌握数概念，培养学生观察、操作能力以及同学间交流与合作的能力。这一课教学就是要帮助孩子建立 100 以内数的概念，为以后学习数学其他知识奠定基础。

【设计理念】

我从学生已有的生活经验和认知基础出发，利用丰富的教学资源，让学生在动手、动脑、动口中学习和探究新知。在这节课中，我尊重学生，突出学生的主体地位，积极营造一种民主、和谐的学习氛围，让学生在具体情境中感知 100 有多少，体会到数数策略的多样化和十进制的优越性。同时通过创设矛盾的问题情境，激发学生寻找解决问题的策略。于是，学生在动手操作中，在合作交流中，将亲身经历把现实问题抽象成数学模型并进行解释和应用的过程。这样的教学设计既发展了学生的符号感，又体现了建构主义关于“学生的学习不是被动接受的过程，而是一个主动建构的过程”的理念。同时，还把学生的视线从课堂转移到现实生活，进一步培养学生的数感和应用数学的意识，让学生体会到数学知识的无处不在，感受到学习数学的价值。

【教学目标】

1 使学生能运用不同的方法正确数出数量在 100 以内物体的个数，能正确数出 100 以内的数，知道这些数是由几个十和几个一组成的。

② 能根据提供的素材，估计数量在100以内的物体的个数。
③ 通过对100以内数的认识，进一步培养学生的数感。

【教学重点】

建立100以内数概念，正确数出100以内数。

【教学难点】

数数时接近整十数到整十数的过渡。

【课前准备】

1. 课件、小棒、3个透明杯子分别装20、50、100颗黄豆。
2. 课前完成前置性作业一份。

《100以内数的认识》前置性作业

班级：　　　　　　姓名：

一、自学数数

孩子们，我们已经学会了从1数到20，你会从20往后数到100吗？

思考：

(1)除了平时我们喜欢的一个一个地数，你还会几个几个地数？请你试着数一数。

(2)对于每一种数法你有什么发现？

二、动手实践，自学数的组成

准备材料：家长可以为孩子准备一些物品，如：小棒、黄豆、花生米、糖果等。(家长可以为孩子多准备几种，从数不同的物品中建立数感。)

1. 认识整十数

(1)数出100个物品。

(2)如果要让别人一眼就看出你数的物品数量为100，你该怎么摆放？

(3)观察你摆放的物品(十个十个的放一堆)，你有什么发现？

2. 认识几十几的数

(1)随手抓出一把，数出它的个数。(记住你数的个数)

(2)如果也要让人一眼看出有多少个，你该怎么摆放？

(3)观察你摆放的物品，你又有什么发现？

自学情况反馈

（请家长协助孩子真实记录）

1. 通过自学我学会了：

2. 我要举例：（可以是会做的题目列举）

3. 我想提问：

【课时安排】

1 课时。

【教学流程】

引入

1. 小朋友，这节课我们要来学习《100 以内数的认识》。通过自学你们都学会了什么？

2. 学生交流课前自学所得。

3. 这节课我们重点来学习数数以及数的组成。（板书课题：数数、数的组成）

设计意图　课前设计预习汇报环节，了解学生的学习基础，更好地为以下学习做准备。

新授

1. 师：小朋友你们真棒！自己学会了数数，你们都能从“1”开始一个一个的数到 100 吗？接下来我们来玩数数接龙，谁来先来数数看？［**提示：**纠正学生错误的表达方式，如二十一数成二一。］

2. 师：除了一个一个的数你们还会几个几个的数？（板书学生的几种数法）

3. 检测学习成果。

师：从 88 往后连续数出 6 个数。

师：29 后面是多少？你怎么想的？那 39 后面是多少？49 呢？59、69、79、89、99 呢？

师：从 40 往后 2 个 2 个数到 60。

师：从 55 开始五个五个地数数到 100。

师：看样子小朋友们在家自学数数非常认真，都学会了几种不同的数数方法，很棒！［**提示：**小结，给予肯定和鼓励。］

设计意图 从学生熟悉的数数开始引入，穿插数数接龙游戏，调动学生的学习积极性，重视让学生通过边操作边数数的强化训练，突破学生在数数的“拐弯处”即接近整十数时的难点。

4. 认识整十数。

师：吴老师了解到我们班的每一位孩子都在家还学会了数物体的个数。

师：这是多少根？表示 1 个什么？（出示 1 根小棒）

师：这有多少根？以前我们学过满了 10 根就要怎样做？它表示 1 个什么？（出示 10 根小棒）

师：这是什么？（出示计算器）还记得我们以前认识的数位吗？右起第一位是什么位？第二位是什么位？（根据学生回答板书数位）

师：这是 100 根小棒（出示 100 根小棒），怎样做能让人一眼就看出是 100 根呢？［**提示：**10 根 10 根的一捆。］

师：那如果是数其他的东西呢？比如这一叠本子？（出示一叠本子）［**提示：**10 个 10 个的放一堆。］

师：好，我们一起来数这堆小棒，10 根一捆放一堆。现在我们一起来数一数。看我们 10 根一捆摆放的小棒，你有什么发现？［**提示：引导学生发现 10 个十是一百。**

10 个十是一百，3 个十是多少？6 个十呢？7 个十呢？

师：100 是 10 个十。我们知道满十要向前一位进一，所以在数位表上我们今天还要认识一个新的数位“百位”（板书在十位的左边），你们知道百位是我们数位表中右起的第几位吗？

设计意图 充分尊重学生，让学生用自己的经验、自己的方法，动手、动口、动脑去数数，从直观到抽象，逐步感知十进制计数方法，加深对计数单位“一”和“十”的理解，同时培养学生积极探索，主动发现，自主构建知识的良好学习态度和习惯。

5. 认识几十几。

师：这有一堆小棒，我随手抓一些，怎样做才能清楚地看出有多少根？[**提示：**十根十根的放一堆，没满十根的放在一边。]

师：假如我拿出的是 36 根小棒该怎么摆呢？[**提示：**左边放 3 捆，每捆 10 根，右边放 6 根。]（出示课件演示 36 根小棒摆放过程）

师：左边 3 捆表示什么？右边 6 根表示什么？那我们可以说 36 是由多少个十和多少个一组成的呢？

师：我们知道 36 是由 3 个十和 6 个一组成的，你们知道 42 是怎么组成的吗？25 呢？51 呢？

师：你还知道 100 以内的哪些数？它是怎样组成的？知道 5 个十和 2 个一是多少吗？

练习（口头出题）：2 个十加 3 个十是多少？5 个十减 3 个十是多少？4 个十加 5 个一是多少？

估算建立数感

1. 建立数感。

师：我们大部分孩子都回家数过黄豆，估一估老师这个杯子里面大约有多少颗黄豆？[**提示：**20 颗。]师：这一杯呢？[**提示：**50 颗。]师：知道这一杯吗？[**提示：**100 颗。]

2. 思考：

师：请你们想一想多少个这么多是 100 颗？（出示 50 颗的杯子）你想到了什么？[**提示：**100 里面有 2 个 50。]

师：多少个这么多是 100 颗呢？（出示 20 颗的杯子）你又想到了什么？[**提示：**100 里面有 5 个 20。]

师：我们知道了 100 颗黄豆有这么多，我们班有 100 个人吗？想不想知道我们全校有多少人？

设计意图 通过各种途径培养学生的数感。针对一年级学生的知识基础和认知特点，力求提高学生的估数能力，在充分动手操作的认知过程中，建立学生的数感。

巩固练习

一、我会填

(1)21 里面有(　)个十和(　)个一。

(2)50 里面有(　)个 10。

(3)3 个十和 9 个一组成(　)。

(4)(　)个十和(　)个一组成 54。

(5)88 里面有(　)个十和(　)个一。

(6)8 个一和 7 个十(　)。

二、猜一猜

(1)上海的金茂大厦有多少层？

(信息 1：十位上是 8；信息 2：个位上是 8)

(2)(信息 1：十位和个位上的数都是 0，信息 2：它是我国目前最大的面值的人民币)

三、联系生活解决问题

双层巴士限乘 70 人，如果我们全班都乘坐，位置够吗？

《年 月 日》教学设计

颜玉兰

【教材分析】

《年 月 日》是人教版小学数学三年级下册第四单元的内容，属于数与代数中量与计量知识范畴，是在学生已掌握时间单位时、分、秒的基础上的延续，是进一步研究时间单位、建立时间观念的基础。

【设计理念】

学生在三年级上学期已经学习了时、分、秒，并在实际生活中积累了年、月、日方面的感性经验。有关年月日的知识，也越来越多地出现在他们的生活和学习内容中，所以三年级学生对其有了初步的了解，但那些知识都是零散的，对于时空观念尚未初步形成的小学三年级学生来说，时间单位仍是比较抽象的概念。另外，三年级学生对现行历法中年、月、日的制定有一些了解，但对闰年、平年的有关知识比较陌生，所以在学习这部分知识时会感到困难。

【教学目标】

1. 知识与技能：

- 使学生认识时间单位年、月、日，知道大月、小月、平年、闰年季度等知识。
- 能判断某月是什么月，记住各月及平年、闰年、各季度的天数以及判断平年、闰年的方法。

2. 过程与方法：

- 初步学会选择有用的信息进行简单的归纳、推理。
- 逐步培养学生“交流与合作”的能力。

❸ 情感与态度：培养学生热爱科学、乐于探求知识的情感。

【教学重点】

认识时间单位年、月、日，掌握它们之间的关系。

【教学难点】

正确判断平年和闰年。

【课前准备】

通过查阅等方式了解关于年月日的知识、完成前置性作业。

《年、月、日》前置性研究作业

____年级 ______班　姓名：________

一、我知道

1. 我们已经学习过的时间单位有(　　)、(　　)、(　　)。

2. 1 时 =(　　)分　　1 分 =(　　)秒

二、我会做(任选一个年份的年历进行观察)

1. 我观察的年历是(　　　)年，这一年有(　　)个月。

2. 一年中，每个月的天数有(　　)种不同的情况。

有的月份是(　)天，这样的月份共有(　)个月，分别是(　　　　　　)；

有的月份是(　)天，这样的月份共有(　)个月，分别是(　　　　　　)；

有的月份是(　)天，这样的月份共有(　)个月，分别是(　　　　　　)；

3. 一年中(　)月比较特殊，因为(　　　　　　　　)。

4. 通过计算，我知道这一年共有(　　)天。

三、我会学

1. 学习方式：①询问家人或朋友　②自学课本(46 ~ 49 页) ③上网搜索 ④其他(在你采用的学习方式的序号上打“√”)

2. 通过学习，我还知道以下这些有关时间方面知识：

自我评价	家长评价	同伴互评	教师评价
☆☆☆☆☆	☆☆☆☆☆	☆☆☆☆☆	☆☆☆☆☆

【课时安排】

1 课时。

【教学流程】

谈话导入，年历探秘

1. 导入课题。

师：同学们，我们已经了解了哪些有关时间单位的知识呢？（板书：时、分、秒等），你还知道哪些时间单位呢？今天这节课，我们就来探讨一下关于年月日的知识。（板书课题：年 月 日）

2. 质疑解惑。

师：昨天颜老师让大家回去了解了有关年月日的知识，哪些同学愿意表达下你的意见呢？（根据学生的随机发言，有序地进行板书）

（1）对于刚才同学们分享的这些知识，你们有没有不同意见？

（2）那除了黑板上所呈现的这些知识以外，你们还有没有新的发现呢？

3. 对照板书进行有效梳理。

师：通过学习，我们清楚一年有 12 个月，其中 7 个大月，每个月 31 天，分别是 1 月、3 月、5 月、7 月、8 月、10 月、12 月；4 个小月，每个月 30 天，分别是 4 月、6 月、9 月、11 月；还有一个特殊的 2 月，平月 28 天，闰月 29 天，所以相对应的平年 365 天，闰年 366 天。

4. 查漏补缺。

补充记忆大小月的方法。

（1）拳头记忆法。

师：你们有什么好的方法能够轻松记住每个月的天数呢？

师：谁愿意上来教一教其他同学呢？伸出哪只手的拳头都可以，从食指上凸起的地方开始数就可以了。1 月大，2 月平，3 月大，4 月小……7 月大，注意，数 8 月时，回过头来，一定要从数 1 月的地方开始数。8 月大……12 月大。

师：这里每个月有多少天(指着拳头凸起的地方)？除了二月以外，其他凹下去的地方表示每个月有多少天？

师：同学之间互相数一数

（2）儿歌记忆法。

师：还有别的方法吗？老师还有用儿歌记忆的方法。（出示课件）一、三、五、七、八、十、腊，三十一天永不差。四、六、九、冬三十整。腊就是指 12 月，冬是指 11 月。咱们一起唱一唱吧。你可以选择你认为简单的方式进行记忆，闭上眼睛默记一分钟。

师生：(拍手)一、三、五、七、八、十、腊，三十一天永不差。二、六、九、冬三十整。

(3)单、双数记忆法。

师：同学们还有什么好的记忆方法吗？

生：七前单数七后双数是大月。

师：他用单数、双数的方法来记的。大家看，1 月、3 月、5 月、7 月，这几个月份数都是单数；8 月、10 月、12 月这几个月份数都是双数。

师：所以可以以 7 为界限，对吗？

师：那除了一个特殊的 2 月，剩下的就是小月。

5. 记忆大小月练习。

师：你们知道今天是几月几日吗？3 月份是大月还是小月呢？

生：小月。

师：哪个月是大月，哪个月是小月，大家记住了吗？接下来，就让老师看看你们是不是真的记住了，老师报月份，你们说大小。(分别报 1 月、4 月、9 月、12 月、2 月)

6. 平年、闰年。

师：2 月是一个很特殊的年份，颜老师呀，把 2004 年至今年，这 9 年来，每年 2 月份的天数做了一个统计，你们发现了什么规律？[**提示：**每 3 个平年就会有一个闰年。]

师：按照找规律的方法，如果要你把这些年份分组的话，你会怎么分呢？为什么？

师：你还有什么发现？[**提示：**引出单数年份一定是平年。]那难道双数年份就一定是闰年吗？

师：同学们说得很有道理，对于双数年份，我们可以用我们刚才找到的分组的规律进行类推，可以用刚才大家找到的这个“4”，进行简单的计算，方法就是，用年份除以 4，如果没有余数，那这一年就是闰年，它的 2 月就会有 29 天。

师：接下来老师和大家一起来试试，请同学们在 1900—2050 间任报年份。(学生计算，万年历验证)

生：2026 年、2024 年、1900 年。

师：老师不得不遗憾地告诉你们，1900 年并不是闰年，为什么呢？为什么 1900 除以 4 没有余数，但不是闰年呢？或许这个资料可以帮助大家。(出示课件)同学们找到答案了吗？如何来判断 1900 年是不是闰年呢？除以 4 可以吗？要除以 400。因此，闰年出现的规律我们可以总结成这样三句话“四年一闰，百年不闰，四百年再闰”。

师：列竖式是一个我们必须知道的方法。老师还想给我们优秀的同学们介绍一种简单一点的方法，想知道吗？（4 的倍数）

师：同学们，通过刚才的学习，我们对年、月、日方面的知识有了一个比较完整的了解，年、月、日的知识，清楚了吗，平年、闰年的判断，掌握了吗？接下来，老师就来考考大家。

联系实际，解决问题

课堂练习

一、判断题

1. 每年都是 365 天。（ ）
2. 因为 2100 年能被 4 整除，所以 2100 年是闰年。（ ）
3. 25 个月就是 2 年多 5 个月。（ ）
4. 凡单月都是大月，凡双月都是小月。（ ）
5. 小华说：“我爸爸 4 月 31 日才从北京开会回来。”（ ）
6. 小明说：“我弟弟是 2004 年 2 月 29 日出生的。”（ ）

二、填空题

(1) 一年有（ ）个大月，（ ）个小月。

(2) 今年一、二、三月一共（ ）天。

(3) 5 月 1 日的前一天是（ ）月（ ）日。

(4) 8 月 30 日的后一天是（ ）月（ ）日。

(5) 1998 年的二月有（ ）天。

(6) 2008 年北京举办奥运会，那一年有（ ）天。

三、解决问题

1. 2014 年 2 月 27 日是星期四，明年的 3 月 5 日学雷锋纪念日是星期几？

2. 小强在外婆家连续住 62 天，正好是两个月，你猜一猜是哪两个月？如果住 59 天，应该是哪两个月？

3. 2015 年 2 月 26 日是星期四，3 月 1 日是星期几？

课堂总结，拓展延伸

1. 全课小结。

师：通过今天的学习，你有哪些收获？[**完善板书：**教师帮助学生将相关的知识点进行归纳和整理。]

2. 拓展延伸。

师：其实，在我们生活当中，除了我们已经学习的年月日、时分秒这些时间单位之外，还有一些常用时间单位，你们知道吗？[**师生共同介绍：**年代、世纪、季度、旬、星期等知识。]

师：关于时间单位方面的知识，还有很多很多，由于时间关系，我们不可能在课堂上一一学习，老师为大家准备了一个主题学习网站，感兴趣的同学，课后可以上网自主学习，有困惑的同学，也可以在网上与颜老师或同学们进一步交流学习。

3. 实践作业。

制作 2015 年年历：今年的 12 月 31 日是星期三，你能用你所学的知识制作一个明年的年历吗？

“把握呼吸，重构《我和你》”教学设计

林嘉添

【教材简析】

《我和你》是2008年第29届北京奥运会开幕式的主题曲，由陈其钢词曲创作，由中国歌手刘欢和英国歌手莎拉·布莱曼演唱。《我和你》为4/4拍，F宫调式，是一个方整性的单二部曲式，完全符合“起承转合”的逻辑结构。歌曲采用我国的五声调式来进行创作，歌词非常简单，整首歌曲优美朴实，既与国际接轨，又凸显中国特色，闪耀着人性与情义的光华，表达了全世界人民相会北京的激情和各国人民对和平与友谊发自内心的渴望。

【设计理念】

《我和你》是一首人人会唱，却难以唱好的歌曲。要想唱好这首歌，需要对歌曲的创作背景有一定的了解，这样才能感受到它与历届奥运主题曲相比所具有的独特气质——宁静、温暖、触动人心。演唱者需要用轻柔的声音加上连贯的气息才能表现出歌曲的情感内涵。初中二年级学生有一定的歌唱经验，他们的肺活量可以完成长线条的演唱，再加上他们对新鲜的音乐类型充满了好奇，我特地设计了节奏布鲁斯风格的律动演唱。

【教学目标】

1. 能够用轻柔的声音，连贯的气息，有感情地演唱《我和你》。
2. 能够积极参与课堂上的各种音乐学习活动。
3. 能够通过身体的律动感受R&B风格，并且能演唱此种风格的《我和你》。

【教学重点】

1. 感受歌曲温暖、平实的情绪。
2. 根据音乐划出莎拉·布莱曼呼吸的长线条并演唱。
3. 模仿老师节奏布鲁斯风格的律动并演唱。

【教学难点】

用手划音乐，找到莎拉·布莱曼呼吸悠长、平稳、流动的特点并演唱。

【课前准备】

课件、钢琴、音乐。

【课时安排】

1 课时。

【教学流程】

导入

师：同学们，你们知道奥运会是几年举办一次？2008 年奥运会是在哪个城市举办的呢？

师：通常像这样的世界级的体育盛会——奥运会，每届都会有它的主题曲，老师为大家准备了三段奥运会主题曲的片段，让我们一起来聆听，历届奥运主题曲都有什么样共同的特点。

[**小结：**历届奥运会的主题曲都高亢激昂、充满激情，听众既能体验到奥运精神，又能感受世界的和谐。]

新课学习

1. 聆听《我和你》。

师：接着我们要一起欣赏的是 2008 年北京奥运会的主题曲《我和你》。这是由我国歌手刘欢和英国歌手莎拉·布莱曼共同演唱的，和历届奥运歌曲相比，《我和你》有着独特的气质，一起静静地聆听吧！

师：歌曲欣赏完了，如果用一个词或一句话形容你的感觉？你会想到什么？

[**小结：**《我和你》没有了之前大多数奥运会主题曲那样的激情和昂扬，取而

代之的是极其简单宁静的旋律。整首歌歌词朴实，节奏舒缓，极其优美，触动人心。]

2. 介绍《我和你》创作背景。

师：在北京奥运会的筹备期，组委会共收到来自全世界近九万首候选歌曲，其中不乏那种激情热烈，突显奥运盛况和体育精神的优秀作品，甚至还有很多是世界著名的音乐家和乐队专门为北京奥运会精心创作的。那么，是什么原因使这首词曲极其简单朴实的《我和你》从海量的作品中脱颖而出的呢？让我们一起来认识与这首歌相关的三个关键人物，听听他们是怎么说的！

设计意图

陈其钢(《我和你》词曲作者)：此前大多数奥运歌曲都是偏激昂和力量的。《我和你》其实一开始并不是主题曲，而是为了国旗入场仪式写的，当有了《我和你》这个旋律之后，整个导演组觉得它非常符合开幕式的感觉，就把它作为主题曲的候选曲目。

张艺谋(奥运会开幕式的总导演)：这首歌很走心、很平实，就像邻居在你窗前诉说。奥组委用了数年的时间征集了几万首歌曲，但是并没有收到满意的作品。当时许多的作品都是以汉城奥运会的《手拉手》为模板创作的，这和导演组平和、温暖的创作意图并不相符。

刘欢(主题曲的男演唱者)：这是一首非常不同的，另辟蹊径的奥运会主题曲，从另一个角度诠释了世界大同、人类和平。

[**小结：**其实，中国很多年前就在申办奥运，一直等到2008年才真正成功，这一路是多么的艰辛。歌曲中舒缓宽阔的旋律、舒展的感觉，我觉得就是当时中国人民的心怀。]

3. 师范唱。

师：接下来请大家听老师弹唱一遍这首温暖人心、亲切平和的《我和你》。

4. 生试唱第一次

师：接下来，请同学们跟着老师的琴声加上歌词唱一遍。

师：注意音准、注意长音。

师：注意声音不要扁平、立起来一些，把歌声送的远一些，送到老师这里来。

师：第三句最开阔，用你的歌声去欢迎各方朋友，第四句重复，弱一些演唱。

师：同学们，这首歌曲难唱吗？

5. 生用手划音乐。

师：莎拉。布莱曼都说难唱，那么这么一听就会唱的歌到底难在哪呢？我们还是从她的歌声里来找答案。我在听莎拉·布莱曼演唱的时候，觉得她的歌声非常美，这一遍请大家用手指来划音乐。同学们先起立，双手叉腰不碰撞，保持好间距。请伸出右手的食指，我们边听莎拉·布莱曼的演唱边划音乐，划音乐的时候把手抬起来一点，让我能看见你们划的音乐，大胆地尽情地划出来。

6. 师用手划呼吸。

师：刚刚我仔细看了同学们划的音乐，都很不错，有的同学在划节奏，有的同学在打节拍，还有的同学划的是音乐的情绪等，接下来你们看看老师来划音乐，你们看老师划的是什么？

师：我划的是呼吸，是莎拉·布莱曼演唱时的呼吸。你们觉得她的呼吸有什么特点？[**提示：**轻柔、悠长、平稳、舒展、流动）。]

师：这首歌不是只唱给中国人自己听的，而是唱给全世界听的，所以要把歌声送得很远很远，送到全世界每一个角落。

7. 师生一起划呼吸。

师：说了这么多，这一遍我们一起用手来划出莎拉·布莱曼演唱时的呼吸，跟着音乐一起，带上自己的呼吸。听到的音乐、手势的动作、自己的呼吸都是融在一起的。

8. 莎拉·布莱曼的理解。

师：关于这首歌的演唱，演唱者莎拉·布莱曼有话要说，我们来听听。

出示课件

莎拉·布莱曼：这首歌的旋律是很简单的，相信在这届奥运会之后，很多人都能随口哼唱出来。但是，想要把它唱好，还是要经过专业地训练。因为，气息的控制对于这首歌曲很重要。

9. 生带手势演唱。

师：刚刚同学们应该已经感受到了她的呼吸，也就是她的气息。现在我们带着手势来唱一次，你的歌声一定是跟着你的手走，把你的歌声传到远方。记住几个关键词轻柔、悠长、平稳、流动。[**提示：**第一遍，注意手势协调、强调起音要轻柔；第二遍，强调歌声的流动。]

10. 欣赏常石磊版。

师：关于《我和你》还有一个鲜为人知的小故事。歌曲最初的演唱者其实另有他人。当时，作曲家陈其钢选了非常有实力的歌坛新秀常石磊来演唱，而导演张艺谋则认为一定要选择知名度很高的歌手，两人还因此大吵了一架。我认为常石磊的歌声更加轻盈，更加动听，你们想听听吗？请你们用手势来捕捉常石磊的呼吸。

11. 演唱常石磊版。

师：你们觉得常石磊版《我和你》的不同之处在哪？我认为常石磊版更加宁

静、缥缈、空灵，更符合陈其钢老师的想法。比如莎拉·布莱曼的气息是这样(长线条)，那常石磊是怎样的？推出去之后，越送越远还是推出去之后？他更多的感觉放在了心里(唱做示范)我们起立也来模仿唱一遍常石磊版的《我和你》。

拓展

1. 介绍 R&B 示范律动。

师：刚我们感受了刘欢、莎拉·布莱曼版的长线条的、有很好气息控制的《我和你》，也听了常石磊更轻柔、更缥缈的版本。接下来我们换一种感觉，同学们，你们知道黑人音乐吗？听说过 R&B 吗？

师：R&B 翻译为“节奏布鲁斯”，源于黑人音乐，是很动感的音乐。听着这种音乐，你的身体就会想动起来，会情不自禁地用身体来打节奏，你们听。

师：请问刚刚有几种不同的音色？[**提示：**三种。]

2. 教律动(用一定时长反复稳固律动)。

师：(口念恒拍“呲—呲—呲—呲”)请大家跟着我的节奏摇摆起来，放松你的身体。现在请大家拿出右手放在胯这里，嘴巴没有声音，跟着我的节奏来动。

师：拍胯，Dong—呲—呲—呲。用你自己的身体感受一下这个拍子，身体放松，呼吸顺畅一点，我要变了。

师：加响指，Dong—Ha—呲—呲。

师：加拍胯，Dong—Ha—DongDong。

师：加拍手，Dong—Ha—DongDong—Da。

师：加速。

3. 师在生固定律动音型中演唱 R&B 版《我和你》并教唱。

师：请稳住你们的节奏 Dong—Ha—DongDong—Da。你们稳住给我伴奏，我要唱 R&B 了。在这种感觉中要唱歌，千万不要唱得那么满。

4. 师生交换声部。

师：一半同学唱，一半同学念拍节奏。[**提示：**教师根据情况协调两声部，然后交换。]

5. 小结。

师：今天音乐课，我们学习了三种版本的《我和你》，有刘欢、莎拉·布莱曼的版本，有原唱常石磊的版本，还有我们一起合作完成的 R&B 版本。不同的演唱形式、不同的处理，就像给歌曲穿上了各式各样的衣服，都非常好看，音乐是不是很好玩呢！

《障碍跑》教学设计

肖群雁　蔡　欣

【教材简析】

小学水平二的《障碍跑》教学，作为一节室内课，就必须考虑教室场地的局限性和共振对周边课堂的影响。障碍跑的动作技能练习，运动负荷较大，对速度、灵活性和协调性的要求较高，不仅能促进学生提高下肢力量和灵敏、协调素质，还能鼓励学生展现自我，调动他们对障碍跑的热爱，更能促进学生全面发展，培养团结协作、勇于克服困难、顽强拼搏的好品质。三年级学生的身体和体质状况都处于发展期，柔韧、灵敏素质相对较好，但是神经系统对运动系统的支配不够完善，在感知事物的过程中视觉仍然占有主导地位。因此，本节课通过跨越和钻越两项动作技能的练习，提高学生的协调性和灵敏性，并采用视频辅助教学，以提高学生的学习效率。由于三年级学生活泼、好胜的心理特点，本课多采用游戏比拼的方法来进行练习，这样能使学生在玩中学、学中玩，从而激发他们的学习兴趣，有利于终身体育意识地形成。

【设计理念】

本课设计以“健康第一”为指导思想，秉持“以生为本”的教育理念，针对学习水平二的学生的身心特点，运用启发式的教法和情境导入的教学方法，调动学生的积极性，让学生在“练习”中发展，在“合作”中进步。通过在教室这个有限的空间里，利用多元的教学手段激发学生的学习兴趣，让孩子们在“尝试—引导—实践”的教学过程中轻松地掌握动作技能及锻炼身体的方法。

【教学目标】

① 通过小组讨论及辅助练习，使100%的学生能主动参与练习，95%的学生

能学会障碍跑的钻、跨技能；5% 的学生能基本掌握障碍跑的钻、跨技能。

② 通过练习提高学生的钻、跨技能和协调能力。鼓励学生在活动中努力展示自我，积极主动地与同伴一起愉快的游戏。

③ 创设多种游戏，激发学生学习兴趣，使全班学生积极参与体育活动。

④ 在学习和交流中，通过遵守游戏规则，培养学生观察和合作意识。

【教学内容】

① 障碍跑教学以教材《田径》为基础，主要教授学生掌握钻越和跨越两项动作技能。

② 游戏：舞龙大赛。

【教学重点】

掌握跨越与钻越的动作技能。

【教学难点】

钻、跨动作的协调及连贯配合。

【教法与学法】

1. 教法：主要采用情境导入、小组讨论、视频完整示范与直观法、练习法、巡回纠错法等教学方法。

2. 学法：小组合作学习、自主学习。

【课前准备】

桌椅 40 套、彩色卡纸 40 张、音响及多媒体设备一套。

【课时安排】

此教学单元安排 2 个课时。

第一课时：初步掌握跨越和钻越的动作要领，重点体会钻越时的“一伸腿、二低头、三穿过”的动作要领；第二课时：进一步学习跨越和钻越的动作技能，改进钻越的时机和提高动作的连贯性。

【教学效果预计及安全预案】

1. 通过本节课的学习，预计95%以上的学生初步掌握钻、跨的动作要领。

2. 本节课学生的运动强度为中等，最高心率为145次/分左右，平均心率130次/分左右，练习密度为45%左右。

3. 在跨越练习时，没有跑动的同学必须用双手保护住桌角，以防练习的同学撞到桌角。

4. 器材选用安全、轻盈、稳定性强的卡纸。

5. 跑动的路线设置，每次只有两名同学在跑动，然后再统一向后移动一个位置，确保跑道的通畅。

【教学流程】

开始部分

教师以森林管理员的身份导入情境，引导孩子们进入动物被盗事件，激发他们的探险精神，并以热身操“快乐的歌”为准备活动，让孩子们在欢快的节奏中充分地拉伸身体的各个关节。

基本部分

1. 情境升华。告知学生必须跨越一条河流和钻越一个山洞才能解救小动物们，将学生的学习兴趣推到一个高潮。

2. 自主探究的学习方法。让学生以小组合作的形式，自由尝试各种通过障碍的练习，充分发挥学生的想象力和创造力。所有练习采用的方式都是全组人员参与，确保每位学生都能够动起来，提高本课的练习密度。[**提示：**每个小组设置不同的小溪及山洞。]

设计意图 让学生边练习边思考，如何快速有效地通过障碍。教师在学生练习的过程中发现问题，通过设置合理的辅助练习来及时解决问题。例如，在钻山洞阶段，许多学生的重心降不下来，教师可提示采用两人一组的秘籍练习方式帮助其解决。

3. 游戏(舞龙大赛)阶段。安排学生扮演龙头的角色，并邀请一位学生来击鼓伴奏，渲染出欢乐的气氛，让学生在舞龙的过程中能够齐心协力，发挥出团队的力量。

结束部分

1. 跟随老师在轻松愉悦的音乐中边唱边做放松操。

2. 颁奖典礼，颁发机票给获得红宝珠最多的一个小组。

【本文为长沙市教育科学“十三五”规划课题《提高小学生核心素养的室内体育课研究》课题批准号：(201629)的研究成果】

图书在版编目（CIP）数据

照亮生命的阳光：燕山二小教育科研成果汇编／朱志湘著．--长沙：中南大学出版社，2018.3
ISBN 978-7-5487-3030-9

Ⅰ.①照… Ⅱ.①朱… Ⅲ.①小学教育—教学研究—文集 Ⅳ.G622.0-53

中国版本图书馆CIP数据核字(2017)第249451号

照亮生命的阳光：燕山二小教育科研成果汇编

ZHAOLIANG SHENGMING DE YANGGUANG：YANSHAN ERXIAO JIAOYU KEYAN CHENGGUO HUIBIAN

朱志湘　著

□**责任编辑**　唐天赋
□**责任印制**　易红卫
□**出版发行**　中南大学出版社
社址：长沙市麓山南路　邮编：410083
发行科电话：0731-88876770　传真：0731-88710482
□**印　　装**　湖南雅嘉彩色印刷有限公司

□**开　　本**　720×1000　1/16　□**印张** 16.75　□**字数** 325 千字
□**版　　次**　2018年3月第1版　□**印次**　2018年3月第1次印刷
□**书　　号**　ISBN 978-7-5487-3030-9
□**定　　价**　58.00元

图书出现印装问题，请与经销商调换